VOYAGES LITTÉRAIRES

SUR

LES QUAIS DE PARIS

— LETTRES A UN BIBLIOPHILE DE PROVINCE —

DEUXIÈME ÉDITION

SUIVIE DE

MÉLANGES TIRÉS DE QUELQUES BOUQUINS DE LA BOITE A QUATRE SOLS

PAR

A. DE FONTAINE DE RESBECQ

> LE LIBRAIRE.
> Monsieur, vous plaît-il de voir des livres du temps?
> DORIMONT.
> Montrez-m'en quelques-uns.
> (P. CORNEILLE, *La Galerie du palais*, sc. IV.)

PARIS
FURNE ET Cie, LIBRAIRES-ÉDITEURS
45, RUE SAINT-ANDRÉ-DES-ARTS
—
1864

VOYAGES LITTÉRAIRES
sur
LES QUAIS
DE PARIS

PARIS. — IMP. SIMON RAÇON ET COMP., RUE D'ERFURTH, 1.

VOYAGES LITTÉRAIRES
SUR
LES QUAIS DE PARIS

— LETTRES A UN BIBLIOPHILE DE PROVINCE —

DEUXIÈME ÉDITION

SUIVIE DE

MÉLANGES TIRÉS DE QUELQUES BOUQUINS DE LA BOITE A QUATRE SOLS

PAR

A. DE FONTAINE DE RESBECQ

           LE LIBRAIRE.
Monsieur, vous plaît-il de voir des livres du temps?
           DORIMONT.
Montrez-m'en quelques-uns.
      (P. CORNEILLE. *La Galerie du palais*, sc. IV.)

PARIS

FURNE ET Cie, LIBRAIRES-ÉDITEURS

15, RUE SAINT-ANDRÉ-DES-ARTS

—

1864

PRÉFACE

Les *Voyages littéraires sur les quais de Paris*, publiés en 1857, avaient eu surtout pour but d'attirer l'attention des amateurs sur des ouvrages d'une certaine valeur, tels que les éditions originales des classiques français ; mais des trouvailles de ce genre sont rares, et tout le monde sait que presque toujours les chercheurs de livres ne rentrent chez eux qu'avec de véritables bouquins. C'est ce qui m'est arrivé le plus fréquemment. Il faut qu'on sache cependant que ces modestes acquisitions ont souvent un charme profitable. Sans se passionner pour le médiocre, on peut goûter mille détails charmants dans ces innombrables publications qui n'ont vécu qu'un jour. En effet, comme l'a dit M. Géruzez dans ses *Essais d'histoire littéraire*, il y a deux littératures distinctes. « l'une exprime les modes, les caprices mobiles de la société à une certaine époque; l'autre, les sentiments durables, les éternels intérêts, les immuables instincts de l'humanité. Le trésor littéraire des nations ne se grossit que des ouvrages où sont burinés ses passions générales et ses grands intérêts; la religion, le patriotisme, la morale, la liberté, tel est le fond commun, l'étoffe des œuvres qui subsistent, que les générations se transmettent et qui deviennent le glorieux patrimoine du genre humain. Celles qui expriment la fantaisie, les caprices, les petites passions, les petits intérêts, forment ce qu'on pourrait appeler la littérature de consommation : l'époque qui les produit les dévore et les ensevelit; c'est une pâture quotidienne, ce n'est pas cette nourriture universelle, ce pain mystérieux qui se multiplie et qui ne manque jamais quel que soit le nombre de ceux qui se le partagent. »

Les volumes que j'ai analysés ont été choisis dans un bien plus grand nombre qui, depuis ont passé de nouveau dans les boîtes des quais.

Oui, j'aime à le dire, il y a quelquefois de bonnes

fortunes dans la boîte à quatre sols (je dis vingt centimes pour être d'accord avec la loi), plus d'un chercheur de livres l'a éprouvé comme moi. Ce n'est pas que je veuille assurer qu'on trouve dans cette boîte des livres *rarissimes*, bien que cela puisse arriver cependant pour des ouvrages en langue étrangère (notamment en italien) que le commun des fureteurs, moi le premier, ne connaissons pas. *Quatre sols!* c'est le chiffre moyen auquel se vendent ces vrais bouquins que les étalagistes recherchent pour faire nombre. Ces livres entrent généralement dans la vie des quais (qu'on me pardonne cette expression) par la boîte à douze sols. Le marchand qui les y place suppose bien qu'ils n'y séjourneront pas longtemps ; — son intention est de les en retirer après trois ou quatre jours si l'acheteur n'a pas mordu à ce premier taux. — Le pauvre bouquin parcourt alors très-rapidement les cases à huit sols, cinq sols et quatre sols. Tel est l'élément producteur de cette boîte après laquelle vient celle de dix centimes, pour enfin nous servir de l'expression légale. Si on demande quelle sorte de livres vient le plus fréquemment remplir les flancs de cette boîte singulière, je répondrai que le plus souvent ce sont les vieux in-12 du dix-huitième siècle, les romans de l'Empire, de la Restauration, les brochures politiques, etc., etc., puis, dans ce véritable flot, ces pages encore curieuses de livres incomplets, véritables énigmes pour le vulgaire, mais pleines d'un doux parfum pour le bibliophile.

Mon recueil forme sans doute une réunion assez singulière. Les ouvrages cités comprennent une période de plus de deux cents ans. C'est un petit bataillon qui a son enseignement et qui pourrait au besoin fournir les éléments d'un chapitre de l'histoire littéraire de la librairie. On remarquera aussi que bon nombre se vendaient précisément dans cette *Galerie du Palais* où se passe la scène qui m'a servi d'épigraphe et dont on trouvera d'ailleurs une curieuse description dans ce livre même, due à la plume de Dufresny en ses *Amusements sérieux et comiques*.

L'abbé Trublet disait :

« Il y a longtemps qu'on crie contre la multitude des livres, mais on convient aussi, et il est comme passé en proverbe qu'il n'y en a point où il n'y ait quelque chose de bon. Il serait donc à souhaiter, ajoutait-il, qu'on en supprimât les trois quarts, après en avoir extrait ce qui mériterait d'être conservé. Ce serait un livre très-curieux, s'il était bien fait, que celui qui aurait pour titre : *Extrait des livres qu'on ne lit point.* »

Je n'ai pas la prétention d'avoir réalisé ce programme, mais si l'amour des bouquins inspirait un nouveau marquis de Paulmy, je pourrais être pour lui un second Contant d'Orville [1].

Qu'on se rassure. Je ne propose la réimpression d'aucun des livres que j'ai analysés, — personne ne l'ignore, — la postérité a bien jugé. — Les portes du temple de la Pensée resteront longtemps fermées, si ce n'est pour toujours, sur les noms des Bossuet, des Fénelon, des Pascal, des la Bruyère, des Racine et des Corneille.

Mon but a été de trouver de doux loisirs avec les souvenirs du passé. Puissent mes lecteurs goûter ce que j'ai fait !

---

[1] Auteur des *Mélanges tirés d'une grande bibliothèque* (celle du marquis de Paulmy).

PREMIÈRE PARTIE

VOYAGES LITTÉRAIRES
SUR
LES QUAIS
DE PARIS

LETTRE I

Vous aimez les livres, mon cher ami; mais comme vous avez le malheur de ne point habiter Paris, vous me demandez de vous tenir au courant des excursions que j'ai pu faire et que je ferai sur nos quais; ce sera bien volontiers, je vous assure, et dussent encore en rire les turbulents amis que vous aviez l'autre jour à dîner avec moi, j'afficherai ma passion. J'avoue que lorsqu'on a, comme ces messieurs, une fortune qui non-seulement peut donner toutes les joies de ce monde, mais dont l'administration impose aussi des occupations très-réelles, on peut se plaire à rire d'un pauvre diable qui revient soir et matin sur une même promenade *pour brouter le papier*, comme le disait le gros railleur auprès duquel vous m'aviez placé. Il y a des bibliomanes, mais avant eux des bibliophiles, et je crois que vous et moi nous pouvons nous dire de ces derniers. C'est avec un grand plaisir, je vous le répète, que je me rends à votre demande; vous aurez mes bulletins, mais je vous en préviens, si comme Montaigne : « je ne me prens guères aux livres nouveaux, parce que les anciens me semblent plus pleins et plus roides, » je dois ajouter que, comme lui aussi, j'aime à donner les choses comme elles viennent à mon esprit. Persuadez-vous, d'ailleurs, que votre correspondant n'est point un maniaque; qu'il aime les livres, mais qu'il ne ressemble pas à certains amateurs qui ne raisonnent plus dès qu'ils veulent posséder : je n'en suis pas là, grâce à Dieu; je sais attendre, si mes ressources m'imposent de renoncer à une occasion. Je me berce de l'espoir qu'elle se reproduira; les étalages des quais, sans cesse renouvelés, sont assez riches pour dédommager leurs amants, lorsque la fortune trahit la bonne volonté d'acquérir qu'ils ont toujours. Je ne prétends pas convertir vos amis à ce point de les faire renoncer à leurs jardins, à leurs chevaux, à leurs meutes. J'espère seulement me justifier, et les faire convenir que, lorsque par situation, on n'a, comme un postillon, qu'un petit relai à parcourir tous les jours, il n'est pas sot d'avoir choisi le chemin dans lequel on peut à chaque pas serrer, pour ainsi dire, la main d'un homme de mérite, et même, de temps en temps, d'un grand écrivain. Dans le *Juif errant des quais*, le vulgaire ne voit souvent qu'un maniaque, des livres sous le bras, tandis que déjà ses poches en sont pleines. Détrompez-vous : ce type décrit, je crois, par Ch. Nodier, disparaît. Je rencontre tous les jours des gens fort élégants qui ne craignent pas de salir leurs mains lorsque déjà le format, la reliure d'un livre trahit quelque bonne chose; car les vieux routiers en sont arrivés, voyez-vous, à lire avec les doigts; je n'en veux pour preuve que mon digne confrère, M. H.... Devenu aveugle, ce courageux bibliophile se faisait conduire par son domestique sur le quai Voltaire, qui avait été sa promenade favorite. On l'approchait des boîtes, il passait alors légèrement les mains sur les livres, parcourait ainsi quelquefois plusieurs mètres sans rien dire, puis, saisissant quelque mince volume, il disait à son guide : « N'est-ce pas de chez Barbin? » (ou tel autre nom de libraire célèbre). Il se trompait souvent, sans doute, mais il lui est arrivé plus d'une fois de deviner juste, alors sa joie était inexprimable; il achetait dans ce cas ce qu'il avait déjà ou ce qui lui était indifférent. C'était, disait-il, sa manière de remercier le Créateur de lui avoir conservé l'ombre d'un sens perdu. Cela fait vivre le marchand, Dieu sera satisfait! Telle était sa pensée.

A propos de cet aveugle, souffrez que je vous raconte un fait dont j'ai été témoin dernièrement; il vous prouvera que notre attention n'est pas tellement absorbée que nous ne puissions rien sentir de ce qui se passe autour de nous.

Je cheminais l'autre soir en longeant les boîtes du quai Malaquais, et j'étais arrivé presque à l'extrémité de celles qui touchent au pont des Saints-Pères, lorsque j'entendis derrière moi comme un bruit de frottement. C'était un aveugle qui, tenant son chien en laisse de la main gauche, passait la droite sur les livres comme en les tâtant. « Vois-tu, Médor, dit-il, je m'appuie ici sur des raisonneurs, des raisonneurs qui en ont dit, va, mais des raisonneurs maintenant silencieux. » Puis, s'arrêtant tout à coup, parce qu'avec le tact merveilleux des aveugles, il sentait que le moment de se détourner était venu. « Hé! cria-t-il, ne suis-je pas en face de la rue des Saints-Pères? — Oui, lui dis-je, mais il y a bien des voitures. — Ah! ça ne fait rien, répondit-il; Médor va me passer. » Puis, tirant sur la corde de son fidèle compagnon. « Allons, Médor, passe-moi..... »

Alors je fus témoin d'un admirable spectacle : ce malheureux chien, qui jusqu'à ce moment venait de guider son maître sans bruit, se mit, en portant sa tête tantôt à droite, tantôt à gauche, à aboyer pour faire remarquer des cochers et des chevaux l'homme dont il lui était donné de protéger l'infirmité!

Qu'en dites-vous, mon cher ami? Pour moi j'en avais les larmes aux yeux; je quittai les boîtes et je constatai que le bon caniche ne cessa d'aboyer que lorsque son maître eut traversé la chaussée.

LETTRE II

Vous me dites, mon cher ami, que vous et votre femme vous avez lu avec grand intérêt ma première lettre, et vous insistez l'un et l'autre pour que je continue à vous donner de temps en temps des nouvelles de mes pérégrinations. Soit! peut-être en serez-vous au regret. Mais, puisque vous le voulez, il en sera selon vos désirs. — Je vous répète, toutefois, que n'entendant pas vous faire un cours de bibliographie en règle, mes récits iront un peu en zigzag, à la façon de tout flâneur.

Vous ne l'ignorez pas, le champ est vaste, et ce que l'on trouve sur les quais permettrait de traiter bien des questions. Qu'y voit-on, en effet? Des œuvres écrites dans le feu de la jeunesse et reniées aujourd'hui par leurs auteurs; des brochures attestant la versatilité des hommes; des professions de foi politiques ou religieuses, que la vie de ceux qui les ont faites a démenties cent fois; des milliers de projets pour réformer le monde et ses environs! des plaidoyers pour M. N., pour madame V.; des livres offerts, qui n'ont pas été lus, et qu'on a vendus sans avoir même effacé les dédicaces; des documents administratifs vieux et nouveaux; des budgets, des règlements qui, sous tous les régimes, ont été distribués avec parcimonie à ceux qui en avaient besoin, et qu'on trouve là en masse, livrés au poids par des coquins de valets, comme dirait Voltaire.

Puis, sous tout cela, ou à côté, de bons petits volumes, dont la reliure, forte comme une écaille de tortue, semble avoir été faite pour protéger l'œuvre qu'elle renferme pendant les trajets que lui imposent des circonstances plus inconnues les unes que les autres.

Quelle reliure, même dans son expression la plus ordinaire!! « Nos petits-fils, disait M. de Malden dans le *Bulletin du Bibliophile* (mars 1857), ne verront pas vestiges de nos livres affronter sur les quais l'intempérie des saisons, tandis qu'ils y trouveront encore ternis, mais toujours cuirassés, ceux de la grande époque dont le papier, la colle, les nerfs, le cuir, et souvent la dorure, ont défié les fortunes les plus diverses. »

J'ai moi-même un exemple de cette étonnante

conservation dans une brochure originale de Bossuet sur le quiétisme. On voit, par l'état extérieur de cette plaquette, qu'elle a dû nécessairement séjourner beaucoup d'années dans les boîtes des quais; mais, à l'intérieur, les dorures sont d'une merveilleuse conservation. Il y a lieu de supposer, par ce qu'on voit encore, que cette reliure a été fort riche. L'exemplaire a d'ailleurs appartenu à Tronson, supérieur de Saint-Sulpice, dont il porte la signature en plusieurs endroits.

Le jour où j'ai fait cette trouvaille a été un de mes jours heureux; je vous assure aussi que, malgré ma vénération pour la Bruyère, je n'ai pu m'empêcher de le trouver exagéré, injuste même, dans ce passage où il dit :

« Un homme m'annonce, par ses discours, qu'il a une bibliothèque. Je souhaite de la voir. Je vais trouver cet homme, qui me reçoit dans une maison où, dès l'escalier, je tombe en faiblesse d'une odeur de maroquin noir, dont tous ses livres sont couverts. Il a beau me crier aux oreilles, pour me ranimer, qu'ils sont dorés sur tranche, ornés de filets d'or, et de bonne édition; me nommer les meilleurs l'un après l'autre; dire que sa galerie est remplie, à quelques endroits près, qui sont peints de manière qu'on les prendrait pour de vrais livres arrangés sur les tablettes, et que l'œil s'y trompe ; ajouter qu'il ne lit jamais, qu'il ne met pas le pied dans cette galerie, qu'il y viendra pour me faire plaisir ; je le remercie de sa complaisance, et ne veux non plus que lui voir sa tannerie, qu'il appelle bibliothèque[1]. »

Convenez, avec moi, que l'amateur ainsi critiqué a cependant rendu un grand service aux lettres : quelques-uns des ouvrages qu'il posséda ont acquis depuis une très-grande importance ; la reliure dont il les a revêtus les a protégés, et il est arrivé ainsi qu'un livre précieux est parvenu, de siècle en siècle, à quelque érudit qui en a profité. Nous serions encore bien plus pauvres sans cela. Comment aurions-nous, je vous le demande, tant de livres précieux ? Le roman de *la Rose*, par exemple, ce roman que ses possesseurs n'ont peut-être jamais lu, ainsi que le dit la Bruyère, eut une grande influence au quatorzième et au quinzième siècle. Tous les historiens de notre littérature en ont parlé.

Laissez-moi dire en passant que l'exposé le plus net de ce livre célèbre a été fait par Baïf. Le poëte s'adresse à Charles IX :

> Sire, sous le discours d'un songe imaginé,
> Dedans ce vieux roman vous trouverez déduite

[1] De la Mode.

D'un amant désireux la pénible poursuite,
Contre mille travaux en sa flamme obstiné ;

Par avant que venir à son bien destiné
Mallebouche et *Dangier* tâchent le mettre en fuite ;
A la fin *Bel Accueil* en prenant la conduite,
Le loge après l'avoir longuement cheminé ;

L'amant dans le verger, pour loyer des traverses
Qu'il passe constamment souffrant peines diverses
Cueil du rosier fleuri le bouton précieux.

Sire, c'est le sujet du roman de *la Rose*,
Où d'amours épineux la poursuite est enclose ;
La rose c'est d'amour le guerdon précieux.

Faites lire ceci à M. de L..., et dites-lui que, selon ma promesse, je lui enverrai prochainement le bel exemplaire que je possède, car j'ai adopté pour mes livres la maxime célèbre : *A Grolier et à ses amis.* J'ajoute : *et aux amis de mes amis.*

LETTRE III

Heinsius, bibliothécaire de l'université de Leyde, disait, en parlant de la bibliothèque confiée à ses soins : « Je ne suis pas plutôt entré dans cette bibliothèque que je ferme la porte sur moi, et que je bannis de cette manière la concupiscence, l'ambition, l'ivrognerie, la paresse et tous les vices dont l'oisiveté, mère de l'ignorance et de la mélancolie, est la source ; je siège au sein même de l'éternité, parmi ces hommes divins, avec tant d'orgueil, avec tant de satisfaction, que je prends en pitié tous les grands et tous les riches qui sont étrangers à cette félicité. »

Pour moi, une collection de livres, qu'elle soit installée dans l'ébène, dans l'acajou, dans le bois sculpté ou dans la boîte du bouquiniste, m'arrache à tout, comme Heinsius.

J'avouerai cependant que mon cœur bat plus fort devant les boîtes que dans une bibliothèque riche et bien distribuée, parce qu'en parcourant les boîtes j'ai la pensée, l'espérance de découvrir une rareté, tandis que dans la bibliothèque, si cette rareté s'y trouve, on la connaît, on en sait le prix; l'heureux maître est en possession depuis quelque temps de son trésor, joie déjà bien moins vive que celle qui est due au moment... (il faudrait un mot céleste pour peindre cela) où l'on trouve. . . . .

Devons-nous cependant rechercher ces livres qui, peut-être, ne sont rares que par le peu d'estime qu'ils ont mérité dans le temps où ils ont paru, et n'offrent que

>L'amas curieux et bizarre
>De vieux manuscrits vermoulus,
>Et la suite inutile et rare
>D'écrivains qu'on n'a jamais lus?

Je ne le pense pas, vous le savez, et tous mes efforts tendent à imiter de loin Voltaire, qui s'est montré, avec raison, si difficile dans *le Temple du Goût*.

Comme le disait un sage qui avait aussi beaucoup bouquiné : « Entasser des amas de livres sans nécessité, sans discernement, c'est une chose absurde. Rassembler tous ceux qu'on estime par leur rareté, par la beauté singulière des éditions, par la magnificence des reliures, c'est un excès de luxe, un amour déréglé du merveilleux, une prodigalité ruineuse. Préférer enfin ceux dont le seul mérite consiste dans la singularité grotesque et imaginaire des matières qu'ils renferment ou qui n'ont d'autre qualité que d'être pernicieux aux bonnes mœurs, et contraires aux maximes de la religion, c'est bizarrerie, caprice, travers d'esprit, libertinage. »

Quelques bibliomanes, je le sais, recherchent avec avidité certains livres qui n'ont de curieux que des titres plus ou moins sales ou scandaleux. Je dois me rendre cette justice que j'ai toujours éprouvé pour ces indignes productions une instinctive horreur.

Il en est de même de ces nombreux romans écrits dans le siècle dernier en vue d'attiser le feu des mœurs dissolues de l'époque. Pour l'histoire, j'ai su aussi me garer de tous ces mémoires apocryphes, de ces prétendus testaments politiques, de ces prétendues histoires secrètes composées par ceux qui, ainsi que le dit Voltaire, n'ont été dans aucun secret. Je ne sais ce que dit le catalogue d'histoire de France de la Bibliothèque impériale récemment publié, mais déjà du temps du Père Lelong on trouvait dans la bibliothèque qu'il nous a donnée 17,427 ouvrages sur l'histoire nationale. On nous permettra de croire que, sauf d'illustres exceptions, le nombre en a doublé sans grand profit pour nos études historiques. Plus je vais, plus je tiens aux maîtres de la science dans chaque ordre ; sans doute ils ne disent pas tout, mais ils font penser davantage. Quoi de plus ?

LETTRE IV

Je rencontrais souvent sur les quais un élégant jeune homme chez lequel l'amour du bouquin me paraissait faire chaque jour des progrès énormes. Bien que ne pouvant pas blâmer en lui une passion qui est aussi la mienne et qui va quelquefois jusqu'à nous donner la fièvre, je me disais à part moi : « Voilà un débutant bien frais aujourd'hui dans toute sa personne, nous verrons si dans quelques années cette douce passion ne l'aura pas conduit à se négliger un peu dans sa mise. » (C'est un reproche que les femmes font souvent à certains maris bouquineurs.) Ce serait dommage, pensai-je. Je fus ensuite quelques mois sans le rencontrer, lorsqu'un jour, c'était un dimanche, je le vis près du pont Royal; il faisait un temps magnifique; cette fois, il n'était plus seul : une femme charmante, blanche de peau, noire de cheveux, lui donnait le bras et se penchait gracieusement sur lui, tantôt en regardant curieusement les livres, ou riant et paraissant se moquer des titres qu'elle avait sous les yeux. J'étais très-près de ce gracieux ménage lorsque la cloche du bateau à vapeur qui est au bas du quai d'Orsay sonna : aussitôt tous deux s'arrachèrent des boîtes, mais en passant près de moi, l'heureux possesseur de la jolie femme dit en me regardant : « Ce n'est que le premier coup de cloche, ma chère; tiens, ajouta-t-il, en me saluant, voici monsieur, qui bouquine comme moi tous les jours; je suis bien certain que sa femme ne le tourmente pas. — Ah! monsieur, lui dis-je avec un sourire, nous avons un vice qui nous fait souvent négliger nos affections. — Mais c'est qu'il n'en est pas ainsi, répliqua-t-il vivement : ma femme, que je vous présente, est pour moi le plus beau des livres! » Je saluai la dame, qui avait paru très-bien goûter le compliment. « Monsieur votre mari a bien raison, lui dis-je en même temps, car Montaigne, dont les *Essais* en vieux exemplaires nous sont surtout précieux, après avoir énuméré (5ᵉ édit., Paris, Abel l'Angelier, 1588) les qualités physiques et morales de la femme, s'écrie : *Le monde n'a rien de plus grand!* » Un très-joyeux et très-gracieux salut du beau couple fut la réponse à cette petite citation que venait d'ailleurs d'interrompre le dernier coup de cloche du bateau destiné à les conduire sur les rives enchantées de la Seine.

Je profitai de la leçon que leur rencontre m'avait donnée, je revins pour chercher ma petite bande d'enfants, mais.....

Le temps se gâta, il plut, et je bouquinai sur mes rayons.

Le premier livre qui me tomba sous la main était la deuxième édition des *Maximes* de la Rochefoucauld. La maxime qui frappa mes regards est celle-ci :

« Il y a de bons mariages, il n'y a pas de délicieux mariage. »

Je voulus la méditer.

Je supposai que la Rochefoucauld a entendu *ménage*. Les éditions postérieures à celle que je tenais furent vérifiées, et je reconnus non-seulement qu'il n'y avait pas de variante, mais que les commentateurs, Amelot de la Houssaye, l'abbé de la Roche, l'abbé Brotier, M. Aimé Martin avaient peu médité cette maxime. Faisant alors ce qu'ils avaient négligé, je me demandai s'il n'y avait réellement pas de délicieux ménage.

D'abord, dans quel cas le ménage ou le mariage peut-il être délicieux ?

Si je suppose un couple jeune et pur, formé par une inclination réciproque, pénétré des sentiments délicats qui sont susceptibles de procurer cet heureux état, — ma raison me dit bien vite qu'un beau jour la satiété vient tout déranger, une lune de miel plus ou moins prolongée n'est jamais qu'une lune de miel. — Il me sembla alors qu'un délicieux ménage pourrait être celui de deux êtres éprouvés par une première union et qui, brisés par ce malheur si commun, hélas! se rencontrent, se comprennent et jugent que de leurs blessures encore saignantes peut naître une existence nouvelle.

Ils s'unissent, et tout ce qui leur avait été douleur leur est joie. L'expérience qu'ils ont acquise prévient les moindres chocs. L'harmonie est complète et ils sont arrivés à la délicieuse respiration des mille circonstances dont la vie se compose. — Un de mes amis, qui avait fait les deux épreuves, entra en ce moment! « Parbleu, mon cher, lui dis-je, vous arrivez bien, et vous allez m'aider à donner tort à M. de la Rochefoucauld. » Je lui exposai ma thèse, mais il m'arrêta aussitôt : « Détrompez-vous, me dit-il, avec un soupir; j'ai été certainement on ne peut plus heureux dans la seconde union que la mort vient de briser, mais, je dois l'avouer, c'était toujours au moment où je sentais l'heureux état de ma situation que le souvenir d'une affection première, qui n'avait pas été ce que j'aurais voulu, empoisonnait mon bonheur, et je dois ajouter que, dans ma conviction, il en était de même chez celle que je viens de perdre. Ainsi l'heureux amant de madame de Longueville avait raison. — *Il y a de bons mariages, il n'y a pas de délicieux mariages.* »

Que pensez-vous de cette appréciation? Priez surtout votre chère femme, qui, j'espère, ne fera pas la seconde épreuve, de m'en dire son opinion.

LETTRE V

Hier, à onze heures, le temps se brouilla tout à coup et j'eus la douleur, en arrivant au pont de la Concorde, de voir le chef de ma première station fermer ses boites avec une activité mêlée de grognements.

« Parbleu ! me dis-je, voilà une occasion de me livrer à une intéressante statistique ; il y a longtemps que je voyage sur cette route vraiment enchantée de la littérature et je n'ai pas encore eu le soin de compter le nombre des étalages ; cela sera bientôt fait, d'autant plus que n'ayant pas besoin de m'arrêter pour cela, je puis prendre un train direct. » Cela dit, je partis, et, trente-cinq minutes après avoir pris cette belle résolution, je savais combien il y a de bouquinistes. Les voici :

Sur le quai d'Orsay.	5
Sur le quai Voltaire.	10
A reporter.	15

Report..	15
Sur le quai Malaquais.	15
Sur le quai Conti.	10
Sur le quai des Grands-Augustins.	7
Sur le quai Saint-Michel[1].	6
Sur le quai Montebello.	1
Sur le quai des Orfèvres.	1
Sur le pont au Change.	6
Sur le quai aux Fleurs.	1
Sur le quai de la Mégisserie..	3
Sur le quai de l'Hôtel-de-Ville..	1
Sur le pont Marie.	1
Sur le quai de la Tournelle.	1
	68[2]

Mais comme la statistique est une science extrêmement attrayante, je voulus savoir :

1° Combien il y avait de boîtes.

2° Quelle longueur métrique toutes ces boîtes, rapprochées les unes des autres, présentaient d'étendue ;

3° Combien chacune de ces boîtes pouvait contenir de livres ;

Et voici ce que je trouvai :

---

[1] Quelques-uns de ces derniers étaient sur l'ancien pont Saint-Michel : rien n'égale la douleur que ce déplacement leur a fait éprouver.

[2] Il y a aujourd'hui 75 bouquinistes sur les quais. La ville de Paris concède à chacun un certain nombre de mètres d'étalage, et depuis 1860 elle perçoit pour 10 mètres un droit annuel de 25 fr.

Terme moyen, les bouquinistes occupent 15 mètres avec 12 à 15 boîtes; il y en a qui en ont plus.

68 fois 15 font 1,020.

Ces 1,020 boîtes (d'un mètre chacune) étant rapprochées les unes des autres, donneraient donc une étendue de plus d'un kilomètre.

D'après des renseignements que j'ai pris, une boîte peut contenir de 75 à 80 volumes.

Ainsi, terme moyen, un bouquiniste expose de 1,000 à 1,200 volumes, ce qui fait pour les soixante-huit environ 70,000 volumes, c'est-à-dire la valeur de trois bibliothèques déjà importantes de nos départements.

Un homme très-compétent que j'ai consulté évalue à 12 ou 1,500 le nombre des volumes vendus chaque jour; cette vente peut être évaluée à 1,000 francs; donc la vente des livres sur les seuls parapets des quais serait à peu près de 3 à 400,000 francs par an.

LETTRE VI

Les bouquinistes ne vendent pas tous de la même manière. Les uns fixent des prix à toutes les boîtes, les autres en réservent une ou deux dans lesquelles (calembour à part) les livres *sont sans prix*. Le prix dépend quelquefois de la mise de l'acheteur. Si c'est un beau monsieur, inconnu d'ailleurs, le prix sera élevé de plus d'un tiers; si c'est un amateur d'habitudes raisonnables en ses acquisitions ordinaires, on lui fera un prix modéré et on se rendra même à son offre, en lui disant : « Tenez! prenez-le; j'aime autant que vous l'ayez que d'autres. »

La vente des livres non cotés a lieu surtout le matin; c'est le moment (sept heures et demie en été, huit heures et demie en hiver) où le bouquiniste, qui a acheté la veille des livres vendus en lots, apporte cette nouvelle marchandise. Le bon M. Jacques, commis de M. Laisney, appelle cela *de la nouveauté.* Ces nouveaux venus restent une heure ou deux en tête des boîtes, et les libraires et les amateurs viennent pendant ce temps s'y brûler les doigts pour examiner et acheter. C'est à ce moment que ce qui est bon est rapidement enlevé. En moins de trois quarts d'heure, plus de vingt libraires ont passé et se sont approvisionnés. Il ne faut pas croire cependant qu'il n'y ait parfois de bons restes comme après tout excellent festin. Vingt libraires peuvent très-bien passer en revue cent bouquins et ne pas avoir saisi la perle!... J'en fis l'expérience un jour. Il était neuf heures : deux libraires, bien connus par leur savoir et par leur activité, venaient de retourner en tous sens un lot de livres placés en dehors des boîtes; ils s'en allaient, et ils n'étaient pas encore au bout de l'étalage que j'avais mis la main sur une première édition de la Rochefoucauld (Paris, Claude Barbin, 1665.) Or, un exemplaire de cette même édition avait été vendu la veille, salle des Bons-Enfants, 79 francs. Je conclus de là qu'un amateur doit toujours chercher, et que pour trouver un bon livre il ne faut dédaigner aucune échoppe et surtout les marchands de meubles, qui ont généralement la prétention de vendre très-cher ce qui ne vaut rien et très-bon marché ce qui a une valeur réelle.

Les bouquinistes intelligents sont ceux qui écoulent promptement la marchandise en lui faisant successivement parcourir toutes les boites, depuis celle de deux francs jusqu'à celle du plus bas prix. Quand on opère sur des masses de bouquins souvent aussi considérables, il faut vendre à tout prix et même au-dessous du prix d'achat. Dans ce commerce comme dans certaine justice, les bons doivent payer pour les mauvais. C'est le procédé de M. Laisney[1], et tout Paris littéraire sait s'il s'en trouve bien. Je ne connais point ses affaires et je ne me permettrai point d'en parler; mais je crois pouvoir affirmer, sans être démenti, qu'il achète et revend plus de cent cinquante mille volumes par an. M. Laisney a sur ses confrères un avantage très-appréciable pour les amateurs curieux de voir, de toucher et quelquefois (ce qui est plus rare) de lire en entier un bouquin : c'est qu'il les rachète très-consciencieusement. Son intelligent voisin, M. Duboscq, marche sur ses traces, et son étalage a été souvent pour moi une mine précieuse. En général, il en est autrement chez leurs confrères : ils n'aiment point acheter ce qu'ils ont vendu.

---

[1] M. Laisney est décédé en 1861, laissant une petite fortune à son père.

Comme je l'ai dit, tous désirent vendre, mais beaucoup ne savent pas se décider à suivre cette marche rapide. S'ils se sont trompés en achetant un livre trop cher, ils aiment à se tromper une seconde fois en gardant si longtemps leur acquisition qu'elle se détériore chaque jour, et qu'enfin il faut la laisser aller, non pour ce qu'elle a valu, mais pour ce qu'elle vaut. — Je pourrais citer des livres qui sont sur les quais depuis plus de deux ans. Surveillez, au contraire, certains étalages, en moins d'un mois toutes les boîtes ont été entièrement renouvelées.

LETTRE VII

Je me demandais l'autre jour s'il ne serait pas temps de déclarer qu'il est de mode de ne plus fumer; décidément cela devient dangereux. Hier, dans la rue du Bac, je vis la robe d'une dame prendre feu par suite de l'imprudence d'un fumeur qui avait jeté, en sortant d'un bureau de tabac, une allumette encore enflammée. Aujourd'hui on vient de me raconter qu'il y a une heure le feu a pris dans une boîte; ce sinistre était généralement attribué à un reste de cigare placé négligemment sur le bord de cette boîte et ensuite abandonné. Fumer est assurément une douce chose, mais combien l'abus de cette passion nous a aliéné parmi les femmes de charmants esprits qui ne peuvent plus nous sentir! Je sais des maris qui ont cruellement souffert de n'avoir pas consenti à renoncer à cette habitude. L'horreur qu'en éprouvent les femmes (pas toutes cependant) n'est pas chose nouvelle;

je n'en veux pour preuve que cette satire, attribuée à Boileau, et qu'on trouve dans une édition de ses œuvres donnée par Abraham Volfgand vers 1695. L'auteur de la satire en question (qui n'est pas Boileau), faisant aussi du fumeur un ivrogne, dit :

> Dieux, que vois-je ! en dépit d'une épaisse fumée
> Que répand dans les airs mainte pipe enflammée,
> Parmi des flots de vin en tous lieux répandu,
> J'aperçois *Trasimon* sur le ventre étendu,
>   Qui, tout pâle et défait, jette sous la table
> Les rebuts odieux d'un repas qui l'accable ;
> Il fait pour se lever des efforts violents ;
> La terre se dérobe à ses pas chancelants.
> De mortelles vapeurs sa tête encore pleine
> Sous de honteux débris de nouveau le rentraîne ;
> Il retombe, et bientôt l'aurore en ce réduit
> Viendra nous découvrir les excès de la nuit ;
> Bientôt avec le jour nous allons voir paraître
> Quatre insolents laquais aussi soûls que leur maître
> Qui, charmés dans le cœur de ce honteux fracas,
> Près de sa femme, au lit, le portent sous les bras.
> Quel charme, quel plaisir pour cette triste femme,
>   De se voir témoin de ce spectacle infâme,
> De sentir des vapeurs de vin et de tabac
> Qu'exhale à ses côtés un perfide estomac !
> Tu frémis. Toutefois, dans le siècle où nous sommes,
> *Chère Eudoxe*, voilà comme sont faits les hommes !

N'en déplaise aux moralistes qui se plaignent de notre temps, il me semble que sur les deux vices que le satirique du dix-septième siècle reprochait aux hommes, il n'y en a qu'un que nous ayons généralement conservé.

Et ce vice, j'espère que nous saurons aussi l'abandonner ; tout nous y exhorte : d'abord la plus belle moitié du genre humain, et les cigares aussi, qui ne sont pas toujours bons. Mais ce qui est plus grave, ce sont les observations médicales qui ont été faites touchant l'influence funeste du tabac sur beaucoup de gens (il y en a à qui il fait du bien), influence que les victimes n'apprécient souvent que trop tard. Des choses qui m'ont paru parfaitement fondées ont été dites, à ce sujet, dans un excellent recueil[1] rédigé par un médecin publiciste des plus distingués, M. Dechambre, qui a déjà rendu de très-grands services à la science médicale.

[1] La *Gazette hebdomadaire de médecine* que publie M. Victor Masson.

LETTRE VIII

Tenez pour certain, mon cher ami, qu'il y a de belles occasions sur les quais; je viens de me heurter, ce matin, avec le bon M. N....., qui a trouvé six pièces originales de Molière reliées avec.... *un poëme sur la Pharmacie*, traduit de l'anglais; le titre du livre portait, en caractères grossièrement tracés, la *Farmasi, poëme* (sic). Il a fallu une main de vrai bibliomane pour tirer ce bouquin d'entre les autres bouquins, qui pour le coup n'étaient point ses frères. Je dois à ce sujet déclarer aux amateurs que les pièces originales de Molière, de Corneille, de Racine ne peuvent plus être trouvées aujourd'hui qu'en ces sortes de nids dans lesquels elles ont été providentiellement recueillies par l'indigence ou l'ignorance d'un lecteur. M. N.... était ivre de sa trouvaille. Vous le connaissez pour un employé zélé, eh bien! il était si heureux qu'il n'est pas venu à son bureau.

Pour moi, je suis entré comme lui en bonne veine, car ce même soir j'ai trouvé, vous ne le devineriez jamais : j'ai trouvé..... le billet de faire part de la mort de madame de la Vallière.

Ce document si intéressant est une lettre adressée, le 6 juin 1710, par la sœur Madeleine du Saint-Esprit (religieuse carmélite indigne, comme elle se qualifie) aux sœurs supérieures des couvents de son ordre, pour leur annoncer la fin de très-honorée sœur Louise de la Miséricorde.

Mon imprimé, qui n'a pas été arraché de quelque livre du temps, ainsi que vous pourriez le croire, forme une petite plaquette de sept pages; on y a joint le portrait de la sœur Louise, étendue sur son lit de mort. A la fin de la septième page on lit l'approbation de la relation qui est faite dans cette lettre des circonstances de la vie pénitente et de la mort de madame de la Vallière. La reliure, qui est du temps, est en maroquin rouge et porte des armoiries sur lesquelles je n'ai encore pu mettre aucun nom.

Rien de plus touchant que cette relation ; rien de plus grand que ce style, qui bien qu'appartenant à une simple religieuse, semble être le langage même des grands écrivains de ce dix-septième siècle qui venait de disparaître.

Quelle pénitence cette femme a faite, mon cher ami!

Elle avait honte de se borner aux pénitences de la règle, comme le dit la lettre de la sœur Madeleine : un désir insatiable de souffrances la consumait; elle n'était occupée qu'à satisfaire la justice de Dieu[1]. On la trouvait souvent presque évanouie; une fois même étant au grenier, où elle étendait du linge, elle s'évanouit entièrement. Elle était remplie de maux qui lui causaient d'atroces douleurs, et il ne lui arriva pas une fois de proférer une plainte.

« La veille de sa mort (c'est la sœur Madeleine qui parle), elle se leva encore à trois heures du matin pour continuer ses exercices de piété ordinaire; mais se trouvant beaucoup plus mal, elle ne put aller jusqu'au chœur; une de mes sœurs la rencontra ne pouvant plus se soutenir et pouvant à peine parler, tant les douleurs étaient pressantes; elle en avertit ma sœur l'infirmière; le mal était déjà si grand qu'il fallut l'emporter à l'infirmerie; malgré l'état où elle était on eut peine à obtenir d'elle d'user de linge et de quitter la serge. Les médecins étant

---

[1] On sait, dit Voltaire, que quand on annonça à sœur Louise de la Miséricorde la mort du duc de Vermandois, qu'elle avait eu du roi, elle dit : « Je dois pleurer sa naissance encore plus que sa mort. »

appelés la firent d'abord saigner, mais ils s'aperçurent bientôt que leurs remèdes étaient inutiles : l'inflammation était déjà formée. Ma sœur Louise de la Miséricorde vit bien que sa dernière heure était proche; elle accepta la mort avec joie, et toutes les circonstances qui l'accompagnaient, répétant plusieurs fois : *Expirer dans les plus vives douleurs, voilà ce qui convient à une pécheresse.* Malgré cette extrême souffrance, nous avons remarqué avec étonnement qu'il ne lui a pas échappé la moindre plainte; le mal ayant fait la nuit un progrès fort considérable, elle a demandé ce matin les derniers sacrements : *Dieu a tout fait pour moi,* nous a-t-elle dit; *il a reçu autrefois dans ce même temps le sacrifice de ma profession; j'espère qu'il recevra encore le sacrifice de justice que je suis prête à lui offrir.* Elle s'est confessée et a reçu le saint viatique avec toutes les marques possibles de piété et de religion. Elle avait encore communié dimanche avec la communauté, et lundi et mardi pour célébrer sa prise d'habit et de sa profession. Nous espérions avoir du temps pour tenter de nouveaux remèdes, mais une grande faiblesse nous ayant fort alarmés, quoiqu'elle ait très-peu duré, monsieur l'abbé Pirot, notre supérieur, qui venait de sortir de l'infirmerie après lui avoir donné le saint viatique, est rentré sur l'heure pour lui administrer l'extrême-onction, qu'elle a reçue avec une pleine connaissance une heure avant sa mort; de temps en temps elle perdait encore la parole, mais elle entendait fort bien, et quand monsieur l'abbé Pirot lui inspirait de faire à Dieu cette prière : « Seigneur, « si vous augmentez les souffrances, augmentez « aussi la patience, » elle témoignait par signes qu'elle faisait intérieurement de tout son cœur la même prière. Elle a expiré aujourd'hui à midi, âgée de soixante-cinq ans et dix mois, et trente-six de religion, laissant la communauté aussi affligée de sa perte qu'édifiée de sa pénitence. Nous vous demandons pour elle les suffrages ordinaires de l'ordre, avec une communion de votre sainte communauté que nous saluons très-humblement, etc. »

Je ne doute pas, mon cher ami, que vous ne soyez touché comme moi de ce récit. Cette bonne trouvaille est une vraie relique que bien des gens m'envieront.

LETTRE IX

M. Eugène Sue, en racontant, dans *les Mystères de Paris*, les touchantes promenades de Fleur-de-Marie, portant son rosier pour le faire vivre, n'a peut-être que cédé à sa brillante imagination. Pour moi, voici ce dont j'ai été témoin. Plusieurs fois ma vue avait été frappée de l'aspect d'un myrthe placé dans une des boîtes d'un étalagiste du quai Saint-Michel. J'avais regardé ce myrthe bien souvent, sans songer à me rendre compte de cette singularité, lorsqu'un jour ne retrouvant plus certain volume, que l'arbuste en question protégeait habituellement de son ombrage, je dis à mon marchand : « Il manque deux choses ici : le gros volume que vous aviez là et certain myrthe que vous apportiez, je ne sais pourquoi.

— Ah ! me dit le bouquiniste, le bouquin est peut-être resté à la maison; mais, quant au myrthe, il est joliment logé. Il se f.... bien du quai maintenant !

— Que voulez-vous dire? demandai-je.

— Ce myrthe, voyez-vous, me dit-il, c'est une fameuse histoire. Figurez-vous qu'il appartenait à une pauvre fille qui demeurait là, en face, sur notre carré. Elle était liée avec ma femme, et comme nous n'avions, les uns et les autres, que des fenêtres donnant sur une cour en véritable entonnoir, il n'y avait pas d'air, et le myrthe fichait le camp tous les jours.

« Cette pauvre fille pleurait, pleurait, parce que ce pot de fleur avait été donné par elle à sa mère, l'année précédente, alors que la pauvre femme était malade, et tellement, continua le bouquiniste, que je crois bien que la pauvre mère n'a guère vu ce que sa fille lui avait donné. Elle est morte le soir même, et il y a grande apparence, d'après cela, qu'elle ne reconnaîtrait pas son myrthe si on parvenait jamais à le lui envoyer dans le ciel.

— Vous supposez donc, dis-je, que la bonne dame y est

— Si elle y est, monsieur? Ah! oui, elle y est!

« Figurez-vous que cette femme-là était une sainte. Elle priait sans jamais s'occuper des affaires des autres, c'est-à-dire, cependant, qu'elle se mêlait très-bien des affaires d'autrui pour aider tant qu'elle pouvait : elle nous a prêté plus d'une pièce de vingt francs pour faire les bons marchés qui se présentaient. Aussi nous l'aimions !

« Parbleu ! ajouta le marchand, en v'là la preuve que nous l'aimions, c'est que quand un travail pressé empêchait la pauvre Hortense de descendre elle-même le myrthe, c'était ma femme qui s'en chargeait. Et moi donc, qui l'arrosais... avec tant de soin, que j'oubliais mes livres, si bien que j'en ai eu plus de quarante qui ont été perdus à cause de cela.

— Et la jeune personne, qu'est-elle devenue ? demandai-je, car il me tardait de connaître la fin de cette histoire.

— Pour vous en finir, continua le bouquiniste, voilà ce qui est arrivé : un jeune homme fort bien mis, qui venait souvent par ici, nous a demandé un jour pourquoi ce pot de fleur était là ; ma femme lui a raconté la chose : elle a dit d'Hortense tout ce qu'elle savait. D'abord, le jeune homme a gardé ça pour lui ; puis, à ce qu'il paraît, il s'est mis à guetter la jeune fille pour savoir comment elle était, et dès qu'il l'a eu vue, il a envoyé dans notre maison, chez le propriétaire, un vieux monsieur décoré pour avoir des renseignements sur Hortense.

« Le propriétaire (qui n'est pas un chien), me fit observer le narrateur, dit à ce monsieur qu'il estimait tellement Hortense, que jamais il n'augmenterait son terme. — Le monsieur, c'était l'oncle du jeune homme, n'a pas voulu en entendre davantage. — Il a trouvé que ça disait tout. — Il est monté dans la chambre d'Hortense et il lui a demandé sa main pour son neveu. La pauvre fille, qui avait bien remarqué les rondes du futur, a accepté, comme bien vous pensez, et depuis quinze jours ils sont mariés. — Elle s'appelle madame N... Son mari est riche. — Ils ont promis de venir nous voir et je suis certain qu'ils le feront, car ce sont de bons jeunes gens ; et, tenez, pas plus tard qu'hier, ma femme a reçu des étoffes pour se faire des robes, des chemises, et un beau gilet pour moi, avec une jolie lettre signée *Votre petite Hortense pour la vie.*

« Eh bien ! monsieur, ça ne vous prouve-t-il pas, me dit le bouquiniste, que, comme l'a dit M. de Béranger, il y a un Dieu pour les bonnes gens ? »

LETTRE X

Les boîtes du pont des Saints-Pères offraient ce matin l'image d'une bibliothèque poétique qui aurait pu faire envie à M. Viollet-Leduc lui-même. Il y avait, parmi les modernes, les poésies de Joseph Delorme, d'André Chénier, de Victor Hugo, les ïambes de Barbier, les *Messéniennes* de Casimir Delavigne, les premières élégies de madame Desbordes-Valmore qu'il faut acheter, mais dans l'édition donnée il y a peu d'années à la librairie Charpentier (1852), avec une introduction de M. Sainte-Beuve. Madame Desbordes-Valmore, quel doux nom surtout pour ceux qui, ainsi que nous, savent par cœur les plus touchantes compositions de ce charmant esprit ! Avec quel juste sentiment d'orgueil elle sait aimer les siens !

> Vous êtes mes enfants !
> Le mortel le plus humble est fier de son ouvrage ;
> Combien un tendre orgueil m'a donné du courage !

> Oh ! que de fois, sensible et vaine tour à tour,
> J'ai pensé qu'une reine envirait ma fortune !
> Et je plaignais la reine en sa gloire importune.
> Elle est à plaindre : elle a d'autres soins que l'amour.

Oui, madame, non-seulement les reines, mais toutes les mères peuvent vous envier votre chère famille. Vous, mon ami, qui connaissez Hippolyte, dites si je mens ; vous sentez aussi comme moi, j'en suis certain, la vérité du sentiment qu'éprouvait sa mère et qu'elle peint si bien lorsqu'elle dit dans les vers qu'elle adressa à notre cher camarade encore enfant alors :

> Quand j'ai grondé mon fils, je me cache et je pleure.

Entre les anciens ou plutôt les vieux poëtes, comme dirait M. Théodore de Banville, qui s'en est si bien inspiré, se trouvait un Clément Marot de 1539, in-12, que j'ai acheté, *le Doctrinal des filles*. Lyon, p. Maréchal, s. d., petit in-4° goth. de 4 feuilles. Édition fort rare puisqu'elle est antérieure à l'année 1496. Puis : *le Doctrinal de noureaulx mariés* et le *Doctrinal des nouvelles mariées*, dont la reproduction nous a été donnée par M. Duplessis ; *la Doctrine et instructions que baillent et monstrent les bons pères à leurs enfants.*

On lit à la fin :

> Qui ce livre voudra acheter
> Autant de soir que de matin.
> Qui s'en vienne droit marchander
> Chez maître Guillaume Balsarin.

Les Ténèbres de Mariage. Goth., imprimé à Lyon.

La Farce des Théologastres, à six personnages (sans lieu ni date), petit in-fol. C'est la réimpression de l'édition originale; on n'en connaît qu'un exemplaire qui a été vendu 1,065 fr. à la vente de M. Coste.

Voilà ce que j'ai vu ce matin; mais, de tout cela, je n'emporte que mon cher Marot, et je m'en vais lisant ces vers qu'il adressa au roi d'Écosse, le 1ᵉʳ janvier 1535, jour de son mariage avec la princesse Madeleine de France, fille aînée de notre grand François Iᵉʳ :

> Viens, prince, viens : la fille au roi de France
> Veut estre tienne, et ton amour poursuit :
> Pour toi s'est mise en royale ordonnance;
> Au temple va, grand noblesse la suit :
> Maint diamant sur la teste reluit
> De la brunette; et ainsi attournée,
> Son teint pour vrai semble une claire nuit,
> Quand elle est bien d'étoiles couronnée.
>
> Brunette elle est; mais pourtant elle est belle
> Et te peut suivre en tout lieux où iras.
> En chaste amour. Danger fier et rebelle
> N'y a rien que voir. D'elle tu jouiras :
> Mais, s'il te plaist, demain tu nous diras
> Lequel des deux t'a plus grief été.

> Ou la longueur du jour que désiras,
> Ou de la nuit la grande briéveté.

L'heureux possesseur de Madeleine nous est bien connu, il était poëte aussi. Pour achever le tableau du couple, permettez-moi d'ajouter ce que Ronsard a dit du prince :

> Ce roi d'Écosse étoit en la fleur de ses ans ;
> Ses cheveux non tondus, comme fin or luisans,
> Cordonnés et crespés, flottans dessus sa face,
> Et sur son cou de lait lui donnoient bonne grace.
> Son port étoit royal, son regard vigoureux ;
> De vertus et d'honneur, et de guerre amoureux ;
> La douceur et la force illustroient son visage,
> Si que Vénus et Mars en avoient fait partage.

Vous savez quelle fut la gloire de Ronsard, qui de son temps était appelé le prince des poëtes, et qui reçut de la ville de Toulouse, comme lauréat des Jeux floraux, une Minerve d'argent massif, de grandeur naturelle[1].

Il fut comblé par des princesses ; Marie Stuart lui donna un buffet fort riche, orné d'un vase en forme de rosier, représentant le mont Parnasse, au haut duquel était un Pégasse, avec cette inscription :

A RONSARD
L'APOLLON ET LA SOURCE DES MUSES

---

[1] Cette statue lui fut envoyée avec un décret dans lequel on appelait Ronsard *le poëte françois par excellence.*

Enfin, il mérita cet hommage d'un poëte roi (Charles IX) :

> L'art de faire des vers, dût-on s'en indigner,
> Doit être à plus haut prix que celui de régner :
> Tous deux également nous portons des couronnes;
> Mais roi, je la reçois; poëte, tu la donnes.

Mais en voici assez : vous savez par cœur tout ce que je vous cite. Excusez-moi et laissez-moi vous dire ce que Malherbe écrivait à une amie :

« J'ai été longtemps à vous retenir, madame; mais quand on est couché sur les fleurs, on a peine à se lever. »

LETTRE XI

Quelle bonne journée j'ai faite en achetant le Clément Marot que vous savez! Il m'a remis en grand goût de poésie. Depuis quelques jours je ne sors plus; j'ai relu avec avidité la Fontaine, Régnier, un peu Voiture et aussi Benserade, dont le sonnet sur l'embrasement de Londres, en 1666, m'a singulièrement frappé.

    Ainsi brûla jadis cette fameuse Troie
    Qui n'avoit offensé ni ses rois ni ses dieux.
    Londres, d'un bout à l'autre, est aux flammes en proie,
    Et souffre un même sort qu'elle mérita mieux.

    Le crime qu'elle a fait est un crime odieux [1],
    Auquel jamais d'en haut la grâce ne s'octroie.
    Le soleil n'a rien vu de si prodigieux,
    Et je ne pense pas que l'avenir le croie.

    L'horreur ne s'en pouvoit plus longtemps soutenir,
    Et le ciel, accusé de lenteur à punir,
    Aux yeux de l'univers enfin se justifie.

[1] Le meurtre de Charles Ier.

On voit le châtiment par degré arrivé ;
La guerre[1] suit la peste, et le feu purifie
Ce que toute la mer n'auroit jamais lavé.

Je vous disais, je crois, au commencement de cette lettre, que je n'étais pas sorti depuis quelques jours ; mais ce soir j'ai fait une petite excursion. Je n'ai rien acheté ; cependant je rapporte quelque chose, c'est une anecdote que je veux vous dire avant d'éteindre ma lumière :

J'étais à causer avec M. Joux, bouquiniste près de la Monnaie, lorsque nous vîmes venir à nous, en sautant et riant, un charmant couple : le jeune homme, vêtu d'une simple blouse, avait une figure fine et spirituelle qui trahissait toute son intelligence ; la jeune fille, dont la mise appartenait aussi à la classe ouvrière, sans être précisément jolie, avait dans toute sa personne une grâce qui l'embellissait.

« Monsieur, dit le jeune homme à M. Joux, avez-vous *l'Iliade*?

— *L'Iliade*, fit celui-ci, je dois avoir cela ; mais il est bien tard maintenant, il faut rentrer l'étalage, et...

— Ainsi, dit la jeune fille en se penchant sur

[1] La guerre et la peste avaient précédé.

son compagnon, nous ne pouvons donc pas l'avoir ce soir?

— Non mademoiselle, répliqua le marchand, mais demain matin.

— Ah! dit-elle tristement, nous aurions voulu lire ce soir. » Puis ils s'éloignèrent d'un pas plus ralenti.

Je regardai M. Joux : « Certes, lui dis-je, non-seulement vous avez vingt fois, peut-être, le poëme qu'ils demandent; vous avez aussi des centaines de livres dans lesquels on a cherché à l'interpréter; mais avouez que le plus beau commentaire que nous en ayons vu ou lu l'un et l'autre, c'est bien l'envie ardente de le lire que sa réputation semble avoir donnée à ces deux amoureux.

— En ce cas, me répliqua-t-il en souriant, si vous écrivez un jour sur Homère, n'oubliez pas l'incident. »

Je ne saurais commenter le poëte immortel, mais je rends aux quais ce qui appartient aux quais.

LETTRE XII

Les thèses soutenues devant nos Facultés anciennes et modernes sont très-recherchées. J'ai eu la bonne fortune de me procurer celles qu'ont soutenues pour le doctorat des hommes très-jeunes encore, qui ont fait partie de la réunion qu'on appelle, dans l'Université, la phalange athénienne. Cette phalange est formée par les anciens élèves de l'école d'Athènes, dont la création est due à M. de Salvandy. (Tant de bonnes choses sont dues à cet esprit à jamais regrettable!) On m'a procuré récemment une excellente notice dans laquelle M. A. Mourier, chef de bureau au ministère de l'instruction publique, nous donne les noms de tous les docteurs ès-lettres reçus depuis 1810 [1]. Cela m'a fait bien voir qu'il en manquait bon

[1] Nous devons aussi à M. Mourier, aujourd'hui chef de division, des notes biographiques et littéraires très-intéressantes sur un de nos vieux poëtes Jean-Bastien de La Péruse.

nombre à ma collection. Je m'en console toutefois, car, dans le pays des quais, il ne faut désespérer de rien en fait de trouvaille. N'ai-je pas eu, pour un prix que je n'oserais avouer, le beau travail que M. Beulé[1], l'un de ces Athéniens dont je parlais, a présenté à la Sorbonne, *de l'Art à Sparte*, étude si appréciée qu'il a dû la réimprimer récemment, et dont pas un libraire ne pourrait vous fournir aujourd'hui un exemplaire de la première édition.

Nos Facultés des lettres, qui comptent à Paris et dans les départements des hommes d'un mérite très-distingué, ont reçu, depuis 1810, près de trois cent vingt-cinq docteurs. La plupart ont suivi la carrière de l'enseignement, mais quelques-uns l'ont désertée. Je vois parmi eux un de nos plus grands industriels, dont la thèse a pour titre : *De la poésie pastorale*; M. Armand Marrast, ancien président de l'Assemblée nationale, qui a traité dans sa thèse française cette question : « Est-ce aux poëtes ou aux prosateurs qu'appartient la gloire d'avoir le plus contribué à former et à perfectionner la langue française? » M. Renouard, conseiller à la Cour de cassation. Parmi les anciens qui ont fourni une

---

[1] Membre de l'Institut, secrétaire perpétuel de l'Académie des beaux-arts.

longue carrière dans l'enseignement public et privé : M. Vignier, inspecteur général honoraire; M. Patin, de l'Académie française; M. Jouffroy, M. Gail, M. Michelet, ancien professeur au Collége de France; M. Daniel, évêque de Coutances, membre du Conseil impérial de l'instruction publique[1]; M. l'abbé Carl, directeur de ce collége de Juilly, qui nous a donné tant d'hommes distingués; MM. Delcasso et Mourier, recteurs, l'un de l'Académie de Rennes[2]; M. Le Bas, conservateur de la bibliothèque de la Sorbonne; M. Guignaut, membre de l'Institut, ancien secrétaire général du conseil de l'Université;

M. Arnould[3], le professeur si justement apprécié de la Faculté des Lettres de Paris;

M. l'abbé Cruice, ancien directeur de l'école des Carmes[4]. M. Havet, qui nous a donné la meilleure édition des *Pensées* de Pascal;

M. Egger, professeur à la Faculté des lettres de Paris, que sa grande érudition a rendu le guide et le conseiller de tous ceux qui enseignent ou qui aspirent à l'honneur de bien professer;

---

[1] Décédé.
[2] Vice-recteur de l'Académie de Paris.
[3] Décédé.
[4] Évêque de Marseille.

M. l'abbé Gratry, ancien directeur du collége Stanislas, aujourd'hui le collaborateur de M. l'abbé Petetot, ce saint prêtre dont le zèle a entrepris de ressusciter l'ordre si grand des oratoriens; M. Demogeot, professeur au lycée Saint-Louis, auteur de l'excellente *Histoire de la littérature française* que vous avez tant goûtée. M. Demogeot s'est accoutumé à recueillir bien d'autres palmes : il a obtenu en 1856 le prix unique, décerné par la Société des gens de lettres, pour un discours intitulé : *Les lettres et l'homme de lettres au XIXe siècle*. Je dois vous citer également avec lui M. Duruy, docteur de 1853[1], et M. Levasseur, auteur d'une thèse sur Law, dont nos financiers les plus compétents font le plus grand cas. Les noms de ces trois professeurs, vous le savez, sont particulièrement chers à bien des familles. M. Jourdain, chef de division au ministère de l'instruction publique, lauréat, de l'Institut[2]. — Parmi les plus jeunes : M. Benloew, un de nos philologues les plus distingués; M. Abel Desjardins, qui a présenté pour thèse française une remarquable topographie de Rome; M. de Laprade, le poëte, ancien professeur à la Faculté des lettres de Lyon, membre de l'Académie française;

---

[1] Actuellement ministre de l'Instruction publique.
[2] Membre de l'Institut (1864).

M. Lavigerie[1]; M. Taine, auteur d'une excellente étude sur les fables de la Fontaine; M. Prévost-Paradol, chargé de cours à la Faculté des lettres d'Aix, que le *Journal des Débats* a depuis enlevé à l'Université; M. Victor Guérin, qui nous a donné une excellente étude sur l'île de Rhodes; M. Rigaud, professeur au lycée Louis-le-Grand, qui a traité de la querelle des anciens et des modernes, et dont la soutenance en Sorbonne a été une véritable fête pour l'Université[2].

Les thèses de ces docteurs font aujourd'hui une collection fort importante; heureux qui la possède !

Voilà bien qui prouve (et tant d'autres travaux dont nous parlerons un jour) que *l'Université est debout*, ainsi que le disait M. Rouland, ce grand ministre, que toutes les administrations envient à l'instruction publique[3].

[1] Évêque de Nancy.
[2] Décédé.
[3] M. Rouland est aujourd'hui ministre présidant le conseil d'État.

LETTRE XIII

J'avais commencé ma tournée aujourd'hui par le pont Marie et le quai de la Grève, véritables colonnes d'Hercule de la bouquinerie. Après avoir vu et revu ces boites lointaines, je m'en allais lorsqu'un petit volume entièrement dénudé de sa reliure attira mon attention; je le tirai, et quelle ne fut pas ma satisfaction quand je reconnus un des Elzeviers les plus rares de cette collection célèbre dont la mesure de chaque exemplaire est indiquée dans les ventes avec le même soin qu'un joaillier en mettrait à donner le poids d'un bijou précieux. La boîte dans laquelle se trouvait ce petit joyau parfaitement conservé intérieurement n'avait pas de prix.

« Combien? dis-je au marchand.

— En v'là, me dit-il, pour vos six sous : est-ce trop cher? — Non, lui dis-je, » et je lui donnai, avec un petit tremblement, les trente centimes demandés pour la brioche qu'il venait de faire à mon profit, en me livrant le *Pastissier françois*, où est enseignée la manière de faire toute sorte de pastineries, très-utile à toute sorte de personnes; *Amsterdam, Louys et Dan Elzevier*, 1655, petit in-12, titre gravé[1].

Vous comprenez, mon ami, que lorsqu'on a fait un coup pareil en débutant, on peut rentrer chez soi, et serrer bien vite sa trouvaille, de peur de la perdre en route par suite de nouvelles préoccupations. Aussi, c'est ce que j'ai fait.

---

[1] Ce bouquin atteint quelquefois jusqu'à cinq cents francs dans les ventes.

LETTRE XIV

Hier en commençant ma promenade, je vis, sur une des boîtes les plus rapprochées du pont des Arts, un petit oiseau qui venait à l'instant même de se poser sur un gros in-4°. Comme il volait à peine, je le signalai à M. L...., le bouquiniste, qui me répondit que, respectant la liberté de tous, même celle des oiseaux, il n'y avait qu'à le laisser aller. Sur ce, un passant, amateur comme moi, s'empara de l'innocent moineau. Celui-ci s'était laissé prendre le plus facilement du monde ; il semblait qu'il avait quelque chose à dire. Le chasseur improvisé levant alors la tête, parut comme chercher sous le livre sur lequel il avait opéré sa capture.

« Ne croyez-vous pas qu'il y en a un nid ? » s'écria le bouquiniste.

L'autre s'excusa et déclara qu'il ne voulait emporter le petit oiseau qu'autant que le marchand y consentirait, car il avait été pris sur ses propriétés.

« Prenez-le, dit le marchand; ayez-en soin seulement, et rappelez-vous que M. Michelet a obtenu un prix de la Société protectrice des animaux pour son volume sur l'*Oiseau*. »

Je me dis alors, en pensant à ce petit messager du ciel, qu'il était peut-être descendu là comme chargé de la reconnaissance des siens envers M. Michelet. Il est venu, pensai-je, me reprocher de trop rechercher les bouquins et de ne pas m'être encore procuré les belles pages dans lesquelles l'auteur fait gazouiller à nos oreilles, d'une manière si enchanteresse, toutes les qualités des oiseaux. Livre charmant! vous viendrez peut-être sur les quais un jour comme tout y vient à son tour; mais vous en serez enlevé aussitôt ainsi que le gentil moineau qui m'a fait rougir de ne vous point posséder encore.

De la chasse à la pêche il n'y a souvent qu'un pas (surtout sur les bords de la rivière). J'avais à peine parcouru quelques mètres que de grands cris me firent tout à coup retourner la tête. Une femme venait de se précipiter du pont des Arts; mais à Paris ne se noie pas qui veut. En revenant sur l'eau, l'infortunée se trouva entre les barques de braves mariniers qui passent leur journée soit sur les bateaux de blanchisseuses, soit sur les écoles de natation. Il n'y avait pas moyen de n'être pas sauvée. La pauvre dame ne demandait d'ailleurs pas mieux ; je la vis s'accrocher aux rames de ses sauveurs avec une vigueur qui les eût entraînés eux-mêmes s'ils n'eussent été de rudes gaillards. La foule vint bientôt sur la berge, mais il n'y avait pas moyen de voir. On la conduisit sur un des bateaux à lessive. Un des mariniers, revenu sur la rive, nous dit que l'amour avait inspiré ce désespoir coupable. Qu'il lui soit pardonné, puisqu'elle a tant aimé !

Un incident assez singulier est venu ensuite égayer les curieux, rassurés d'ailleurs par ce qu'ils venaient de voir. Un monsieur réclamait son chien, grand Terre-Neuve qui, lui aussi, avait couru au secours de la noyée. Cet intelligent animal, qui n'avait pu utiliser son zèle comme il l'aurait voulu sans doute, était monté sur le bateau dans lequel la dame avait été recueillie : il paraît qu'il n'était pas le moins empressé à s'assurer qu'elle en reviendrait. Admirable bête ! les Anglais l'eussent appelé à être membre d'une société d'humanité. Ici on se borna à le renvoyer à son propriétaire, prêt à se jeter à l'eau lui-même pour aller chercher son courageux Sidi-Ferruch, comme il l'appelait.

Cette scène me rappela un spirituel vaudeville de M. Léon Halévy, auteur de délicieuses fables et de tant d'autres excellentes productions. Dans cette pièce, une femme, qui a aussi goûté l'onde amère, est rappelée à la vie, et dans sa reconnaissance elle exprime l'intention bien arrêtée d'épouser son sauveur. On prend mille détours pour l'engager à renoncer à cette honorable résolution. Enfin, comme elle y tient, on fait venir le sauveur si désiré, qui n'était autre qu'un confrère de ce quadrupède dévoué dont je viens de vous entretenir.

Je repris ma course et je trouvai à quelques pas un volume assez curieux, surtout par le nom de son auteur à qui nous ne devons pas seulement les immortels Caractères qu'il nous a laissés. Je veux parler des *Dialogues posthumes* de la Bruyère sur le quiétisme. Au moment où les esprits commençaient à s'agiter sur les chimères de cette singularité religieuse, cet homme illustre comprit que l'intérêt de la religion et de l'État conseillait de ne combattre qu'avec l'arme du ridicule des illusions qui, depuis, attaquées avec violence et violemment défendues par l'éloquence et par la dialectique, devaient causer dans l'Église tant de scandale, à la cour tant de divisions ! C'était juger en philosophe. Les Dialogues posthumes sur le quiétisme (1699) sont cependant oubliés. Le principal personnage, celui du moins qui parle le plus, est une dévote, jeune et belle, placée entre un directeur quiétiste et un docteur de Sorbonne. Ce qu'il y a de plus singulier dans ces dialogues, selon la remarque de Victorin Fabre, c'est ce *Pater* réformé par la jeune pénitente du directeur quiétiste; je le transcris ici pour votre amusement :

« Dieu, qui n'êtes pas plus au ciel que sur la terre et dans les enfers, qui êtes présent partout, je ne veux ni ne désire que votre nom soit sanctifié; vous savez ce qui nous convient; si vous voulez qu'il le soit, il le sera sans que je le veuille et le désire ; que votre royaume arrive ou n'arrive pas, cela m'est indifférent. Je ne vous demande pas aussi que votre volonté soit faite en la terre comme au ciel, elle le sera malgré que j'en aie. C'est à moi à m'y résigner. Donnez-nous à tous notre pain de tous les jours, qui est votre grâce, ou ne nous la donnez pas; je ne souhaite de l'avoir ni d'en être privée ; de même, si vous me pardonnez mes crimes comme je pardonne à ceux qui m'ont offensée, tant mieux. Si vous m'en punissez, au contraire, par la damnation, tant mieux encore, puisque c'est votre bon plaisir. Enfin, mon Dieu, je suis trop abandonnée à votre volonté pour vous prier de me délivrer des tentations et du péché. »

Vous conviendrez que la chose est curieuse et qu'elle méritait bien de vous être citée. Je veux d'ailleurs, si vous êtes désireux de lire un bon résumé des interminables questions que le quiétisme a soulevées, vous renvoyer à l'excellent article qu'un de mes amis, M. Kermoysan, a donné sur ce sujet dans l'encyclopédie publiée par MM. Didot.

Un fait intéressant que m'a révélé un petit volume acheté dix centimes, c'est que l'académie des Palinods, dans laquelle Fontenelle cueillit ses premiers lauriers (il avait alors treize ans et il faisait sa rhétorique), était une des plus anciennes académies de l'Europe érigée à Rouen en l'honneur de l'Immaculée conception de la sainte Vierge. Il y avait dans cette académie des prix fondés, dès le quinzième siècle, pour différentes pièces de vers latins et français, dont le sujet ou l'allusion devait se rapporter à l'Immaculée Conception. La première pièce de Fontenelle est de 1670, elle est en latin. La seconde, qui est en français, mérita l'année suivante le *Miroir d'argent* ; la troisième, qui obtint à son auteur l'*Anneau d'or*, n'a pas de date. Elle est en vers français et a pour sujet l'*OEil*. Je vais vous la citer en entier. Vous verrez comment, après avoir choisi ce sujet, Fontenelle en arrivait à glorifier une croyance qui est devenue tout récemment, vous l'ignorez moins que personne, un nouveau dogme :

> Interprète du cœur, chef-d'œuvre de nature
> Qui caches au dedans un trésor précieux,
> Petit soleil vivant, miroir officieux
> Qui reçois des objets la fidèle peinture,
>
> Œil de qui l'admirable et divine structure
> Forme un charmant dédale, un globe industrieux
> Et qui prends de toi-même un soin si curieux,
> Que tu n'y peux jamais souffrir la moindre ordure ;
>
> Puisqu'en toi des objets tu reçois chaque trait,
> Par un nouveau bonheur tu deviens le portrait
> Du plus beau des objets qu'on ait vus dans le monde.
>
> C'est un miroir de grâce, un soleil en beauté,
> Un chef-d'œuvre des cieux, une vierge féconde
> Dont tu nous peins assez quelle est la pureté.

Ma petite trouvaille est ornée du portrait de Fontenelle, dont le buste est orné d'une guirlande de roses se mêlant aux attributs les plus gracieux. Malheureusement la figure de notre poëte a le type le plus grognon que j'aie jamais vu. J'espère que le portrait n'est pas ressemblant.

Une autre petite curiosité qui a trouvé place dans ma poche est la première édition du célèbre *Voyage autour de ma Chambre*, par Xavier de Maistre. Elle parut à Turin en 1794. Il n'y a pas de nom de libraire.

Elle est intitulée ainsi :

VOYAGE
AUTOUR DE MA CHAMBRE
par
M. LE CHEVALIER X***
O. A. S. D. S. M. S.

Je fais probablement preuve ici d'une ignorance crasse, mais je vous avoue que ces sept initiales sont pour moi de l'hébreu le plus pur! On sait que M. de Maistre publia plus tard une suite sous le titre d'*Expédition nocturne autour de ma Chambre*. Mais il fit aussi quelques changements à son premier ouvrage dans les éditions suivantes. Je remarque d'ailleurs qu'il avait mis en tête de l'édition de 1794 une citation de Gresset qui n'a point été répétée; la voici :

> Dans maint auteur, de science profonde,
> J'ai lu qu'on perd à trop courir le monde.

Il y a longtemps que Pascal a dit que tout notre mal vient de ce que nous ne savons pas nous tenir dans notre chambre.

J'ai rapporté le même jour, en éditions origi-

---

[1] J'étais en effet bien ignorant. Vingt personnes m'ont écrit pour me dire : *officier au service de Sa Majesté sarde*. Feu M. le comte de Marcellus, ami de M. de Maistre, m'honora d'une lettre charmante.

ginales, format in-4°, l'oraison funèbre du prince de Conti, prononcée dans l'église Saint-André-des-Arts, sa paroisse, le 21 juin 1709, par le père Massillon, prêtre de l'Oratoire. Il y a en tête de la première page un fort beau portrait du prince en médaillon. C'était un grand et courageux prince que Louis XIV eut le tort de ne pas aimer. Puis, une autre oraison funèbre, celle de Louis XV, prononcée en présence des états généraux de la province de Languedoc, dans l'église de Notre-Dame-des-Tables de Montpellier, le 15 décembre 1774, par monseigneur Henri de Fumel, évêque, comte de Fumel. Il y a aussi de jolis culs-de-lampe. On voit sur la première page une gravure représentant Louis XV à ses derniers moments, entrevoyant la gloire céleste qui éclaire son lit.

Hélas !

LETTRE XV

La reconstruction du pont Notre-Dame a déjà donné lieu à la suppression d'étalages en cet endroit. Il serait très-fâcheux que les embellissements de Paris eussent un jour pour conséquence de faire disparaître les étalagistes de la Seine. L'intérêt des lettres y est engagé plus qu'on ne saurait le penser. Le bouquiniste, par sa simplicité, par sa rondeur, a, plus qu'aucun autre libraire, les qualités nécessaires pour provoquer les occasions propres à faire retrouver un livre rare. On traite plus facilement avec lui. Souvent le libraire auquel on vient offrir des livres ne se soucie pas de se déranger s'il n'y en a qu'un petit nombre. Il demande les titres; s'ils ne lui conviennent pas il ne veut même pas qu'on les lui porte. Le bouquiniste, au contraire, viendra volontiers chez vous; il achètera même cinq ou six volumes seulement, parce que, pour lui, tout est de vente;

c'est ainsi que l'un d'eux a acheté d'une femme de ménage à laquelle un pauvre moribond l'avait donné avec d'autres livres, le *Rommant de la Rose* (sans lieu ni date), in-folio goth., fig. sur bois.

On pourrait citer vingt exemples de ce genre. S'il arrivait que l'empereur Napoléon III, augmentant encore la splendeur du Paris qu'il nous a fait, voulût un jour substituer le marbre de Paros aux pierres de taille qui forment les parapets, remplacer l'asphalte par des mosaïques, il faudrait demander la conservation de nos chers amis les bouquinistes, dût-on pour cela leur imposer d'avoir des boîtes en acajou ou en ébène avec des poignées de bronze doré. La pensée qu'on pourrait nous priver de ces chères promenades me fait trembler. Tenons cependant pour certain que cela n'arrivera pas tant que notre grande capitale aura pour préfet de police M. Pietri[1], qui a des vues trop élevées pour vouloir jamais causer ce chagrin à la littérature, et dont la sage administration me rappelle ces vers empruntés à Voltaire dans l'éloge qu'il nous a laissé de M. Voyer d'Argenson, lieutenant de police sous Louis XV :

[1] M. Piétri, qui a eu pour successeur M. Boitelle, est décédé en 1864.

La règle, avec la paix, sous des abris tranquilles,
Aux arts encouragés assura des asiles ;
L'orphelin fut nourri, le vagabond fixé ;
Le pauvre oisif et lâche au travail fut forcé,
Et l'heureuse industrie amenant l'abondance
Appela l'étranger qui méconnut la France.

Non, cela ne sera jamais ; on ne nous enlèvera pas nos chers bouquinistes. Ils sont d'ailleurs généralement bons, complaisants, sensibles, témoin l'émotion qu'éprouvait l'un d'eux en me racontant qu'il avait tiré d'embarras un étudiant, non en lui achetant ses livres, mais en les lui laissant.

« Comment cela? demandai-je.

— Figurez-vous, me dit-il, que dernièrement un étudiant qui habite un hôtel garni de la rue Racine, vint ici me demander si je voulais lui acheter quelques bouquins. « Volontiers, » lui dis-je ; et le lendemain matin j'étais chez lui. Il n'y en avait pas lourd : une cinquantaine de volumes, mais avec cela deux grands diables d'in-folio, c'était un *Amyot Vascosan*. « Ceux-là, me dit
« l'étudiant, j'espère que vous m'en donnerez un
« bon prix. — Je le voudrais bien, dis-je à ce jeune
« homme qui me paraissait avoir besoin d'argent,
« mais aujourd'hui on ne veut plus de ces grands
« volumes. — Enfin, me fit observer l'étudiant en
« laissant paraître une certaine émotion qui faisait

« bien voir que le pauvre garçon avait compté sur
« la vente des deux gros volumes comme sur le
« morceau résistant de sa collection, voyez! ils sont
« parfaitement conservés; et, c'est un bon livre, car
« mon père, en me le donnant, m'a dit : « Si jamais
« tu es découragé, si tu as fui le travail, si tu as
« quelque embarras, lis Plutarque, mon garçon,
« tu trouveras toujours en lui un ami sûr, un con-
« seiller dévoué; et... »

« Le jeune homme n'avait pas achevé toute la
phrase paternelle, ajouta le bouquiniste, qu'en con-
tinuant à feuilleter sa marchandise il trouva espa-
cés, de pages en pages, des billets de cent francs
jusqu'à dix, au moins.

« Ah! s'écria-t-il en sautant de joie, voilà bien
« mon père... » Puis, continua le bouquiniste, j'a-
perçus de grosses larmes dans ses yeux, car ce
père si prévoyant, il ne l'avait plus!...

« Mon cher monsieur, me dit-il, je vous l'avoue,
« votre venue ici m'a procuré une bonne leçon.
« Entre nous, j'avais un peu oublié mes devoirs
« envers ma famille; j'ai fait des dettes... Mais
« tout sera réparé dans une heure.

« Pour vous, ajouta-t-il en me tendant la main,
« je ne veux pas que vous soyez venu pour rien;
« je garde mon cher Plutarque; mais tout le reste :

« ces romans, ces livres inutiles que mon père
« ne m'eût certes pas donnés, prenez-les; ils
« sont à vous; qu'ils représentent pour aujour-
« d'hui, au moins, une bonne action, en devenant
« une cause de profit pour un brave homme. »

LETTRE XVI

Le titre si simple et si grave à la fois du plus beau livre qui soit sorti de la main des hommes, puisque *l'Évangile* n'en est pas, *l'Imitation de Jésus-Christ*, contraste singulièrement, il faut l'avouer, avec les titres bizarres que certains auteurs ascétiques ont donnés à leurs ouvrages. On en trouve, le croiriez-vous? comme ceux-ci :

Les Allumettes du feu divin, pour faire ardre les cueurs humains en l'amour de Dieu, autheur, F.-Pierre Doré, Paris, Bonnemère, 1540. — La Pomme de Grenade mystique. — Les Récréations spirituelles sur l'amour divin et le bien des âmes enrichies d'une infinité d'inventions très-subtiles et utiles à la convertion des âmes de la cour. — La Tourterelle gémissante sur Hierusalen. — La poste royale du Paradis, contenant les merveilles que Dieu fit à l'état d'innocence, et les cruels et griefs tourments que les martyrs ont enduré à la conquête du ciel. — Le Parterre divin des fleurettes d'oraisons. — *Le Jardin des noces de la vallée des larmes*, traduit du latin. — *La Seringue spirituelle des âmes constipées en dévotion.* — *L'Aiguillon de crainte.* — *Le Voyage de Colombette et Volontairette.* — *La Clef du Paradis*, etc., etc.

Tout cela ne serait rien si malheureusement ces titres singuliers n'avaient provoqué, par opposition autrefois, des ouvrages impies que je pourrais également citer. Je crois qu'il ne serait pas prudent de revenir à ces excentricités, et je pense que, comme chrétien, vous blâmerez avec moi plusieurs publications de ce genre qui ont été faites dans ces dernières années.

Puisque nous en sommes sur les ouvrages religieux ou faits dans l'intérêt de la piété, je vous dirai que j'ai trouvé assez récemment un traité de la situation du Paradis terrestre, par Huet, évêque d'Avranches.

Je me suis donné quelques traités intéressants de J.-B. Thiers.

Ce Thiers, qui était curé aux environs de Chartres, a publié une infinité de dissertations sur les porches des églises, sur les cloches, un traité des superstitions et aussi une histoire des perruques, etc., etc. — N'oublions pas la *Sauce Robert*, satire en prose adressée à un grand archidiacre avec lequel il avait eu des démêlés. — Tous ces petits opuscules sont très-recherchés ; j'ai voulu en posséder quelques-uns par curiosité, mais je veux être très-sobre de ces sortes de fantaisie.

Pour être sage et profiter, un bibliophile ne doit posséder que ce qui sera éternellement beau et vraiment grand par la pensée comme par l'expression.

J'ai une Bible en latin, petit in 8°, charmant manuscrit du treizième siècle, sur vélin. Je l'ai trouvée sous une reliure de grand mérite, car le bouquiniste qui me l'a vendue m'a affirmé qu'elle était restée dans ses boites plus de huit mois, exposée à la pluie, au soleil. Je l'ai payée cinq francs. Elle est ornée de lettres initiales en or et en couleur. Je me suis donné également la belle Bible en français et en latin, publiée en 1715, chez Guill. Desprez et G. Dessarts. *L'histoire et concorde des quatre Évangélistes*, par Ant. Arnauld, le grand docteur ; c'est un vol. in-12. (Paris, veuve Savreux, 1669.) Puis un livre que je crois rare ; il a pour titre : *Memorabiles Evangelistarum figuræ;* 1503 in-4°, contenant quinze figures sur bois des plus singulières.

J'ai trouvé bon nombre de traductions des Confessions de saint Augustin ; mais je leur ai préféré celle de M. Moreau, aujourd'hui bibliothécaire à la bibliothèque Mazarine. Ce travail a été couronné par l'Académie française, et s'il n'y avait outrecuidance à dire qu'il méritait ce succès, je louerais l'Académie. Parmi les théologiens, je possède la *Théologie naturelle* de Raymond Sebon, traduite en français par Michel de Montaigne. (Paris, veuve Guillemot, 1611, in-8°.) L'édition originale du *Traité de la communion sous les deux espèces*, par Bossuet. (Paris, Cramoisy, 1682, in-12.) *La réfutation du catéchisme de Paul Ferry.* Bossuet n'était que chanoine de la cathédrale de Metz quand il composa cet ouvrage, devenu assez rare[1]. Bossuet, ce Père de l'Église, comme a dit la Bruyère, et dont je cherche à réunir les œuvres complètes, en éditions originales.

Je compte aussi quelques volumes de Nicole. *Les Provinciales de Pascal.* (Cologne, P. de la Vallée, 1657.) *Réponse aux Lettres provinciales de Pascal, par les Pères* Nouet et Annat. (Liége, 1657, petit in-12.) La seconde édition des *Pensées*. (Paris, G. Desprez, 1670.) Enfin, il faut vous le dire, cette première édition de la Rochefoucauld que je cherchais tant et que j'ai trouvée vous savez comment,

---

[1] Un exemplaire de l'édition in-4° a été vendu trois cents francs à la vente de M. Giraud.

se complète pour moi d'une manière bien intéressante, car j'ai en ma possession la *suite aux épistres de Sénèque*, traduites par Du Ryer, avec la signature de la Rochefoucauld. Vous savez que l'auteur des *Maximes* s'était beaucoup inspiré de Sénèque, puisque dans ses premières éditions il avait fait placer une vignette représentant le buste du célèbre philosophe.

Dans son étude sur Madame de Sablé, M. Cousin cite deux lettres écrites par des personnages contemporains de la Rochefoucauld ; tous deux reconnaissent la grande part que la lecture de Sénèque a eue à la rédaction des *Maximes*. — Madame de Sablé était l'intermédiaire entre l'auteur et les personnes considérables de la société du temps, dont il désirait avoir l'opinion. — La publication des *Maximes* ne fit que fournir à un plus grand nombre d'appréciateurs l'occasion d'en porter leur jugement, car la plupart des exemplaires de la première édition qui nous parviennent sont chargés de notes témoignant du travail dont je parle.

Il faut lire dans M. Cousin l'histoire des *Maximes* : elle est complète et digne du grand esprit auquel nous la devons. La Rochefoucauld a donné à la France, ainsi que M. Cousin le dit si judicieusement, un genre de littérature agréable et sérieux, délicat et élevé, une école d'observateurs ingénieux de la nature humaine, dont le premier père est sans doute Montaigne, mais dont la Rochefoucauld est plus particulièrement le fondateur et le promoteur. Sans les *Maximes* et leur immense succès, comme sans *les Portraits* de Mademoiselle[1], nous n'eussions pas *les caractères* de la Bruyère. — *Les Caractères*, continue M. Cousin, sont en effet un heureux mélange des deux genres ; ce sont des portraits, mais fort généralisés, ainsi que nous l'avons dit des réflexions sur le cœur et l'esprit humain, sur les mœurs et sur la société qui sont tout à fait de la famille des *Maximes*, mais empreints d'une tout autre philosophie. Vauvenargues diffère encore plus de la Rochefoucauld que la Bruyère, mais il en vient aussi ; il prend tour à tour toutes ses inspirations dans la Rochefoucauld et dans Pascal, surtout, il est vrai, dans son âme, dans cette âme mélancolique et fière qui, sous la Ré-

---

[1] Ainsi que le dit M. Cousin, ce recueil est de la plus grande rareté : un exemplaire portant le n° 1474 a été vendu trois cent cinquante francs à la vente de M. de Bure. Il est ainsi désigné : *Divers portraits* de différentes personnes de la cour de Louis XIV, composés par mademoiselle de Montpensier et autres, publiés par M. de Segrais, 1650, in-4°. La librairie académique de M. Didier, si riche en excellentes publications, a donné récemment une nouvelle édition de ces portraits dus aux soins de M. C. D. Barthélemy.

gence, sous le règne de l'esprit en délire, lui dicta cette maxime, le meilleur abrégé de la philosophie la plus profonde : *Les grandes pensées viennent du cœur*.

« Arrêtons-nous, ajoute ici M. Cousin, et résumons dans une dernière réflexion. Toute la littérature des *Maximes* et des *Pensées* est sortie du salon d'une femme aimable (madame de Sablé), retirée dans le coin d'un couvent, qui, n'ayant plus d'autre plaisir que celui de revenir sur elle-même, sur ce qu'elle avait vu et senti, sut donner ses goûts à sa société, dans laquelle se rencontra par hasard un homme de beaucoup d'esprit, qui avait en lui l'étoffe d'un grand écrivain. »

Les belles études de M. Cousin sur la femme distinguée que je viens de nommer, sur Mesdames de Longueville, de Hautefort et de Chevreuse, sont des livres du plus haut intérêt pour quiconque sait apprécier cette grande société française qui fut à son apogée sous Louis XIV, et qui a encore des représentants parmi nous certainement.

LETTRE XVII

Vous ne sauriez croire combien notre Paris est brûlant en ce mois de juillet. L'asphalte fond sous nos pieds. Mais ne nous plaignons pas trop, toutes les roses ne sont pas aux champs ; les femmes qui sont de passage ici, ou qui sont restées, se montrent dans les toilettes les plus fraîches et les plus ravissantes. Beaucoup de celles que je rencontre sur les quais se rendent à l'École de natation. J'en surprends quelques-unes qui, ayant une visite ou promenade à faire avant de rentrer chez elles, confient leur toilette de bain à mes bons amis les bouquinistes ; ceux-ci, en vrais galants, acceptent et rendent le dépôt avec une grâce parfaite. Ils ne demandent même, pas que les jolies baigneuses leur achètent *l'Art de nager* ; ils se contentent d'un sourire !....

Pour bouquiner encore, j'affronte une zone torride. Les plus hardis ont renoncé ; les marchands se plaignent. Mais je suis bien payé de ma persévérance et de mon courage : en moins de quinze jours j'ai complété mes éditions rares de la Bruyère et de la Rochefoucauld ; M. Bertin, M. Walkenaer avaient les dix éditions de la Bruyère, la première, la seconde et la troisième de 1688, la quatrième de 1689, la cinquième de 1690, la sixième de 1691, la septième de 1692, la huitième de 1694, la neuvième de 1696 (c'est la dernière donnée du vivant de la Bruyère), et enfin la dixième, qui est de 1699, et qui, ainsi que toutes celles ici énumérées, est encore en un volume.

M. Bertin n'avait pas les cinq premières de la Rochefoucauld, dont voici les dates : 1665, — 1666,—1671,—1675 et 1778. Cette édition de 1678 est regardée comme la cinquième (la dernière donnée avant la mort de la Rochefoucauld), mais il paraît qu'elle est véritablement la sixième, puisque M. de Fortia en a vu une de 1676.

M. Walkenaer avait les dix de la Bruyère et les cinq de la Rochefoucauld.

Bien d'autres aussi, qui ont fait la bibliographie de ce dernier, n'avaient pas non-seulement ces importantes éditions, mais il leur a manqué des éditions on ne peut plus curieuses, dont les notes jettent un jour véritable sur certains points controversés. Hélas! mon cher ami, dans toutes ces différentes éditions données par des amateurs, que d'arrangements singuliers! quel texte refait! Ah! combien il nous faut être reconnaissants envers ces grands hommes de goût, feu Bertin en tête, qui nous ont portés à rechercher les éditions originales.

Ce même M. de Fortia, que je vous ai cité et qui a porté sur les *Maximes* de la Rochefoucauld de très-bons jugements, l'excuse souvent contre ses détracteurs, bien qu'il ait lui-même donné dans son édition *des principes de morale naturelle* pour servir, dit-il, de correctif aux maximes de ce grand esprit. « La Rochefoucauld, dit-il, a peint les hommes comme il les a vus. C'est dans les temps de faction et d'intrigues publiques qu'on a plus d'occasions de connaître les hommes, et plus de motifs pour les observer : c'est dans ce feu continuel de toutes les passions humaines que les caractères se développent, que les faiblesses échappent, que l'hypocrisie se trahit, que l'intérêt personnel se mêle à tout, gouverne tout et corrompt tout. »

Il ajoute que la Rochefoucauld donnait l'exemple de toutes les vertus dont il paraissait contester même l'existence. Il semblait réduire l'amitié à un échange de bons offices, et jamais il n'y eut

d'ami plus tendre, plus fidèle, plus désintéressé.
Il cite à ce sujet les autorités les plus considérables
de la société dans laquelle vécut l'auteur des
Maximes: c'est vous nommer mesdames de la
Fayette, de Sévigné, etc.

Il y a en tête de cette curieuse édition de M. de
Fortia (Avignon, an X) quelques vers adressés à
madame de Fortia, dans lesquels l'éditeur cherche
à justifier encore, mais de la manière la plus galante, le grand écrivain qu'il avait commenté :

> Il a raison, l'auteur de la maxime,
> Qui nous apprend que l'on fait tout pour soi ;
> Moi-même ici je confesse mon crime :
> En t'adorant, ce que j'aime c'est moi.
> N'es-tu pas moi ? Nos deux corps n'ont qu'une âme :
> Mon cœur le sent, le tien le sent aussi ;
> L'amour de soi n'est point digne de blâme
> Lorsqu'il s'épure et s'ennoblit ainsi.

J'ai trouvé aussi, dans ces jours caniculaires,
l'Exposition de la Doctrine de l'Église catholique, de
Bossuet (1re édition).

Il y a bien longtemps que je la cherchais. Il faut
se presser pour ces éditions originales ; elles deviennent de plus en plus rares. Ainsi que le dit
M. de Sacy dans la préface d'un des volumes de la
Bibliothèque spirituelle qu'il publie chez Techener :

« La renommée de Bossuet augmente d'âge en
âge, sa vie et ses ouvrages sont devenus l'objet des

études les plus passionnées. Je sais bien, ajoute à ce propos M. de Sacy (qu'il faudrait citer en toute occasion où l'on veut paraître avoir quelque goût), que ce public qui s'occupe des grands écrivains et des grands esprits est toujours un public très-restreint. Je n'ignore pas qu'il y a des gens qui se vantent de n'avoir pas relu *les Oraisons funèbres* ou *le Discours sur l'Histoire universelle*, depuis qu'ils sont sortis du collége, et que cette postérité pour laquelle écrivirent les Platon, les Thucydide, les Ciceron, les Tacite, les Pascal et les Bossuet, n'est qu'une élite. Mais cette élite elle représente la raison et la conscience du genre humain. C'est pour elle que le monde subsiste, et par elle que le monde échappe à l'ignorance, à la barbarie, à la corruption! Du consentement unanime de ces juges qui prononcent les arrêts de la postérité, Bossuet est le plus grand des écrivains de la France et le premier des orateurs de tous les siècles. Disons mieux, et ne nous bornons pas à des éloges profanes que sa sainte mémoire repousserait : Bossuet est le plus éloquent des hommes parce que les vérités de l'Évangile n'ont pas eu d'interprète plus éloquent que lui. »

Tout ce que dit M. de Sacy ne fait que me rendre plus ardent à compléter mes éditions; y parviendrai-je? Dieu le sait !

Que n'ai-je eu une bonne fortune comme celle que procura, à certain amateur, un professeur distingué, que des revers de fortune avaient conduit à être bouquiniste quelque temps! Il convenait un jour avec moi que les gens de cette profession, s'adressant à l'homme de lettres, à l'ouvrier, au magistrat, à l'étudiant, devaient ne point s'en tenir à une spécialité. « Cependant, me dit-il, il m'arriva un jour de placer dans une seule boîte des ouvrages du même genre; lorsque j'en eus assez pour la remplir; je mis alors à un prix très-élevé le moindre volume qui m'était marchandé, ayant en vue de vendre la boîte entière ; elle y resta longtemps, mais, un certain soir, un monsieur fort bien mis m'aborda et me dit : « On m'a « parlé de vous (la boîte programme avait fait son « effet); vous tenez principalement les anciennes « éditions de nos classiques français ; vous avez « particulièrement des ouvrages de Bossuet ; où « sont-ils? » Je les indiquai ; mais le jour baissait beaucoup ; l'amateur tremblait de joie. « Combien « tout cela, me dit-il? — Je ne sais, répondis-je, « il faudrait faire une évaluation, et le jour baisse. » En vain il me presse de faire le marché séance tenante ; je résistai, pensant bien exciter ses désirs, « Revenez demain matin, lui proposai-je ; » il céda. La nuit fut aussi mauvaise pour moi que pour lui : je craignais de ne pas vendre ; j'avais dormi un instant, tout juste pour rêver qu'il ne viendrait pas. Le lendemain j'étalai plus tôt. Le ciel se couvrit, il fallut fermer les boîtes. Je me réfugiai, dans une maison voisine, afin de guetter ma pratique. L'acheteur parut.

« Je ne saurais vous dire, continua le professeur-bouquiniste, combien mon cœur battait. C'était une grosse affaire. « Achètera-t-il ? » me demandai-je. Il me parut moins bien mis que la veille. Il paraissait me chercher des yeux. Je courus à mon homme. « Vous voilà, me dit-il, eh bien,
« quel prix ?

« Vous le voyez, dis-je, en découvrant la boîte,
« il y a quatre-vingt onze volumes. Dans une bou-
« tique, on vous demanderait quatre cents francs ;
« dans une vente, faite par un amateur connu, ils
« iraient à sept ou huit cents francs : je vous en
« demande deux cents.

« Les voici, me répondit-il, en ouvrant une
« main pleine d'or, plus tous mes remercîments ;
« cette collection a été faite avec une intelligence
« rare ; si j'étais plus riche, je vous en donnerais
« davantage... Je ne suis qu'un pauvre amateur ;
« mais j'aime les bouquinistes intelligents. »

« Il ajouta, en me serrant la main : « Je suis
« bien heureux ! Je craignais de ne plus retrouver
« ces chers volumes. J'avais rêvé qu'un monsieur
« qui nous regardait hier soir vous avait suivi pour
« les acheter. »

O passion ! m'écriai-je après avoir entendu ce récit.

LETTRE XVIII

« Comment tout cela s'épuise-t-il? » me dit hier un de mes amis, qui a un mépris profond pour les bouquins, et qui m'avait vu rentrer avec un paquet de brochures.

Je lui répondis en lui faisant lire ce passage d'un chapitre du tableau de Paris, de Mercier, intitulé : *Equilibre*.

« Mais l'infatigable main des épiciers, des droguistes, des marchands de beurre, etc., détruit journellement autant de livres et de brochures qu'on en imprime ; les papetiers colleurs viennent ensuite ; et toutes ces mains, heureusement destructives, mettant les journalistes et consorts au pilori, entretiennent l'équilibre ; sans elles, la masse de papier imprimé s'accroîtrait à un point incommode, et chasserait à la fin tous les propriétaires et locataires de leurs maisons.

« On remarque la même proportion entre la fabrication des livres et leur décomposition, qu'entre la vie et la mort; consolation que j'adresse à ceux que la multitude des livres ennuie ou chagrine.

« On a trouvé chez les épiciers les titres les plus anciens et les plus importants. Il est de fait que le contrat de Louis XIII fut retrouvé entre les mains d'un apothicaire, qui allait le tailler pour en couvrir un bocal. »

Je ne vous écris que cela aujourd'hui, mon cher ami; cet ennemi des bouquins m'a mis en très-mauvaise humeur.

LETTRE XIX

Vous qui avez deux petites filles si exquises par les qualités du cœur et par d'autres avantages que vous estimez moins, combien n'auriez-vous pas été impressionné ce matin en voyant, comme moi, une pauvre enfant volée il y a deux ans, et qu'un de ses oncles a reconnue entre les mains d'un saltimbanque ! Le parent de l'enfant, qui est sûr de l'identité, protestait de toute son énergie contre les dénégations du voleur. Il invoquait le souvenir de mille circonstances, interpellait la petite fille que cette scène avait réduite à un véritable état d'idiotisme ; soit qu'elle fût terrifiée par le souvenir de la manière dont le ravisseur a pu la traiter, soit que son intelligence ait été déjà abaissée, elle ne répondait rien. Mais la chose va s'expliquer, car celui qui prétendait que l'enfant appartient à son frère a fait avancer un fiacre pour conduire le misérable devant l'autorité.

Voler un enfant, quel effroyable crime! et combien je comprends l'acquittement de ce père de famille qui, en 1837, fut acquitté par la cour d'assises de Londres, après avoir tué le ravisseur de son enfant!

C'était un peintre du nom de Georges Hammon (je suis exact, car j'ai conservé le journal qui a rendu compte de la défense du malheureux père [1].

« Il y a trois ans, disait-il, je perdis une petite fille qui, alors, avait à peine quatre ans, le seul gage que m'eût laissé une pauvre sainte qui est maintenant dans le ciel. Je la perdis.... Ce n'est pas à dire que je la vis mourir comme sa mère, non, elle disparut; on me la vola.... Elle était si jolie, et je n'avais plus qu'elle pour m'aimer en ce monde!

« Je ne vous dirai pas ce que j'ai souffert, vous ne sauriez me comprendre. J'ai dépensé en recherches inutiles tout ce que je possédais: mobilier, tableaux, collections; j'ai tout vendu; pendant trois ans, j'ai parcouru seul, à pied, toutes les villes et jusqu'aux plus petites bourgades des trois royaumes, cherchant partout mon enfant.... Enfin, le 14 avril dernier, je traversais le marché lorsque je vis une troupe de bateleurs. Un

---

[1] Inutile de dire qu'il ne s'agit pas de l'éminent artiste du même nom que nous possédons aujourd'hui.

enfant se tenait les pieds en l'air et tournait la tête sur une espèce de hallebarde. Il faut qu'un rayon de l'âme de sa mère ait traversé mon âme pour l'avoir reconnue en cet état. C'était ma pauvre enfant ! Sa mère se serait jetée sur elle pour l'embrasser : moi, non,... je me jetai sur l'homme et je ne sais comment cela se fit, moi, faible et bon, je le saisis par ses vêtements, je l'enlevai en l'air, je le brisai à terre, je le tuai enfin...

« Je ne sais ce que vous, Mylord et les jurés, vous ordonnerez de moi; mais à coup sûr, Dieu m'a déjà pardonné. Vous ne savez pas, je ne savais pas moi-même tout ce que cet homme m'a fait de mal. Quand des personnes charitables m'ont amené ma petite fille dans la prison, non-seulement *je n'ai pu la retrouver jolie*, comme autrefois; mais je l'ai entendue *jurer*, mais j'ai vu *qu'elle était abâtardie*, polluée par la misère et la corruption; mais elle ne m'a pas reconnu ; elle ne m'a pas reconnu !... Comprenez-vous maintenant? *Il m'a volé le sourire, l'âme de mon enfant*, ce misérable, et moi je ne l'ai tué qu'une fois ! »

Telle fut sa défense. C'était le cri de la nature, et il entraîna l'acquittement de l'accusé.

LETTRE XX

La bibliothèque des chemins de fer est une collection que je dois vous recommander. Vous y trouverez mille récits délicieux. Prenez surtout un des plus minces volumes, qui a pour titre : *Trois contes d'Hauthorne.*

On y a reproduit une petite nouvelle, précédemment publiée dans *la Revue britannique* et par *le Moniteur*, qui est pleine de charmes. Je ne me rappelle pas précisément le titre, mais je crois qu'on pourrait l'intituler *Une heure dans la vie;* elle justifie cette observation, qu'il est fort heureux pour l'homme de n'avoir pas toujours connaissance des événements de nature à exercer une action directe sur sa vie. Il s'agit d'un jeune homme, David Swan, qui, ayant terminé ses études, se rend chez un oncle, honnête négociant d'une ville des États-Unis, qui l'a appelé en vue de lui ouvrir une carrière. Notre jeune homme se rend à l'invitation de son oncle et c'est dans le trajet de son habitation à celle de son protecteur que passent, pour ainsi dire, sur sa tête les circonstances les plus opposées.

David, que la marche a fatigué, se couche au bord d'un bois; à peine s'est-il endormi qu'une des nombreuses voitures qui sillonnaient la route vient à se casser : un monsieur et une dame qui s'y trouvaient sont obligés de descendre et de venir s'asseoir sur l'herbe, tandis que les domestiques prennent mille peines pour raccommoder le véhicule. Le monsieur et la dame ne tardent pas à remarquer David dont la bonne figure les a d'autant plus frappés qu'elle offre de surprenants rapports avec les traits d'un neveu ingrat qui les a quittés. La dame, émerveillée, propose à son mari de réveiller le dormeur et de lui offrir une franche adoption; mais le couple ne s'entend point, et l'annonce de la réparation de la voiture met fin à la petite lutte qui s'était engagée. La dame remonte boudeuse dans sa calèche, emportant pour ainsi dire la statue de la Fortune qui venait de se dresser un instant au pied de David. Peu après, une veuve passant aussi, remarque cette fraîche figure et semble regretter de ne pouvoir y reconnaître le nouveau mari que son âge lui permettait encore de convoiter. Un missionnaire des sociétés de tempérance l'aperçoit à son tour, et cette figure rougie par la chaleur du jour lui paraît trahir l'ivresse. Il en fait un sujet de sermon et passe. Pendant tous ces événements, David avait dormi, sa respiration était restée la même. Arrive ensuite une jeune fille dont la jarretière s'était dénouée ; ne voyant pas le dormeur, elle s'était tournée précisément de son côté ; mais, revenue bientôt de sa distraction, elle rougit et allait s'éloigner quand elle aperçut une guêpe prête à se poser sur le visage de David ; sachant le danger qu'une piqûre semblable peut causer, elle écarta l'insecte avec son mouchoir. Il n'en fut pas réveillé et la libératrice en s'éloignant rougit de nouveau ; elle avait remarqué la beauté du jeune homme et, comme son sommeil lui paraissait très-profond, elle ne put s'empêcher de donner un baiser à ce front qu'elle venait de préserver. Dans le désir qu'elle avait de connaître le dormeur, elle pensa intérieurement qu'il pouvait être un jeune homme que son père, riche industriel, attendait. Elle vit par la pensée toute la vie qu'elle avait rêvée ; mais bientôt la raison reprenant son empire, elle s'éloigna rêveuse.

La jeune fille était déjà loin que deux hommes de mauvaise mine s'approchèrent ensuite (c'étaient ce que nous pourrions appeler ici deux rôdeurs de barrière). La mise simple mais très-propre de David, le petit paquet sur lequel sa tête reposait leur fit supposer qu'il y avait là un coup à faire. Sans se parler, et par une simple entente des yeux, l'un soulève la tête de David, tire le paquet, tandis que l'autre, un couteau ouvert, se dispose à frapper s'il en est besoin. Mais le paquet ne contenait que des mouchoirs, des chaussettes ; ainsi trompés dans leur attente, ils dédaignèrent ces objets. Pour David, son sommeil n'avait pas cessé ; mais il s'interrompit bientôt. Cette heure de repos avait rafraîchi ses membres, il se leva et marcha lestement pour réparer le temps perdu, ignorant complétement que, pendant ce court instant, la fortune et l'amour étaient venus lui sourire, et que deux assassins avaient menacé sa vie !

LETTRE XXI

En allant chercher le catalogue d'une vente prochaine, je rencontrai et je saluai ce matin M. Lefèvre, cet illustre éditeur de nos classiques, qui s'est enrichi d'une gloire impérissable. J'espère bien (le plus tard possible) que son buste, ou même sa statue, se verra un jour à l'entrée de la Bibliothèque impériale[1].

Puisque je viens de prononcer le mot catalogue, il faut que je vous entretienne un peu des ventes. Celles auxquelles j'ai assisté ont atteint des sommes vraiment importantes, et je le conçois, les livres y étaient de la plus belle conservation. Un nouveau catalogue est toujours chose intéressante pour un bibliophile, parce que s'il est vrai que certains articles se retrouvent dans plusieurs ventes différentes, il y a quelquefois, dans les plus ordinaires

[1] M. Lefèvre est décédé en 1859.

en apparence, une singularité, une rareté, un livre tout à fait inconnu. N'ai-je pas entendu bien souvent des libraires consommés dans la connaissance des livres s'écrier, en parlant de ce qui leur passe par les mains : *Voilà la première fois que je vois cet ouvrage*, et cependant cela se dit fréquemment d'un ouvrage français de date peu ancienne. Lisez quelques catalogues, vous verrez cette phrase à la suite d'un titre quelconque : *Inconnu à M. Brunet*, ce qui veut dire rare, très-rare !

Du reste, il faut convenir que les livres vraiment rares et d'une conservation irréprochable, ne se trouvent que dans les ventes. C'est ainsi qu'ils nous parviennent d'adjudications en adjudications, dont les chiffres varient de la manière la plus étonnante. Je pourrais à ce sujet vous offrir bon nombre d'observations curieuses ; à quoi bon ? nous ne tenons ni l'un ni l'autre à supplanter M. Brunet. Que sommes-nous ? de modestes amateurs qui n'avons que notre bourse à ménager, et qui sommes loin de viser à nous faire spéculateurs. Il faut aimer les livres comme toute chose, sans passion, c'est-à-dire n'en tirer que les satisfactions qu'ils peuvent nous donner par leur lecture, et par leur possession quand nous pouvons nous les procurer.

« Heureux qui sait se fixer à un bon choix, et en faire un emploi salutaire ! Heureux qui dans ce genre, comme dans toutes les choses de la vie, ne rougit pas de la médiocrité et ne connait rien de tout ce qui va au delà du nécessaire ! »

Voilà, voyez-vous, une phrase que je relis sans cesse ; elle m'a empêché cent fois de tomber dans l'excès, et j'espère qu'elle m'en empêchera toujours. Je n'ai qu'un regret, c'est de ne pas savoir le nom de l'auteur pour le bénir.

Les catalogues, dussiez-vous donc les payer, sont bons à avoir ; on y apprend toujours quelque chose ; c'est ainsi que j'ai su autrefois que le premier de tous les livres imprimés qui portent une date certaine est le *Psautier*, in-folio, de Mayence, donné en 1457 par Jean Fust et Pierre Schœffer. Cette histoire si intéressante de l'imprimerie nous a été racontée en bien des livres. La plus complète me parait être celle que nous devons à M. Paul Dupont, imprimeur lui-même, qui a su honorer doublement sa profession et par les progrès qu'il lui a fait faire, et par l'esprit de justice avec lequel il a appelé les ouvriers à prendre leur part dans les bénéfices de son industrie. N'oublions pas qu'aujourd'hui, membre du Corps législatif, M. Dupont s'est encore honoré récemment par l'ardeur avec laquelle il a soutenu la proposition d'élever enfin les petits traitements des pauvres employés.

Le catalogue que j'ai été chercher ce matin contient les titres de deux livres qui ont appartenu à Grolier; c'est à rendre fous d'avance ceux qui ont le moyen de les convoiter sérieusement. Cet amateur illustre, dont les livres sont célèbres au double titre de la splendeur des éditions et de la reliure, était né à Lyon, en 1479. Il avait, dit-on, une immense érudition. Il est mort à Paris, en 1565, à l'âge de quatre-vingt-six ans, et fut inhumé en l'église Saint-Germain-des-Prés. Chacun de ses livres, dont il surveillait lui-même la reliure, confiée, selon ce qu'on en sait, à un nommé Gascon, porte d'un côté, en lettres d'or, ces mots : *J. Grolierii Lugdunensis et amicorum*, et de l'autre cette belle devise : *Portio mea, Domine, sit in terra viventium*.

Les livres de Grolier sont très-rares; cependant un amateur moderne, Lyonnais comme lui, M. Coste, dont les livres ont été vendus en 1854, en avait réuni jusqu'à dix qui ont produit 7,530 fr. La bibliothèque impériale en a payé un seul 1,500 fr.

Je vois aussi, dans le même catalogue, des livres aux armes de Henri II, de Charles IX, du comte d'Hoym, de Madame de Pompadour; vous pouvez compter que ces blasons seront payés cher.

Il y a également force ouvrages pour ou contre les femmes. J'aperçois : *De l'Égalité des Sexes*, par Poullain de Labarre ; *les Quinze joies de mariage*, que M. Jannet s'est plu à rééditer d'une manière si charmante ; *le Bannissement des folles amours*, 1618 ; *la Coquette vengée*, s. l. ni d. (1659), in-12, attribuée à Ninon de Lenclos ; *l'Apologie des Femmes*, puis *Contre les femmes*, recueil dans lequel je lis ces vers que l'on peut raisonnablement, je crois, attribuer à certain poëte normand :

> Une femme est toujours aimable
> Tant qu'on n'est pas uni par le sacré lien ;
> L'usufruit en est agréable,
> La propriété n'en vaut rien.

Il faut avouer que notre dix-neuvième siècle, qui a vu paraître le poëme de Legouvé, est un peu plus galant que cela. Puis je vois un exemplaire de la fameuse bible anglaise où cette sentence : « *Tu ne commettras l'adultère* » a été imprimée avec l'omission de *ne*. Quelqu'un qui connaît l'histoire m'a assuré que la compagnie des libraires de Londres fut soumise pour cela à une des plus fortes amendes dont il ait jamais été parlé dans les annales de l'imprimerie.

Ce catalogue est fort riche en ouvrages sur notre grande capitale. Ce ne sont pas ceux qui se vendent à plus bas prix, surtout lorsqu'ils sont ornés d'anciennes vues de Paris. Je conçois le plaisir qu'on éprouve à voir ces vieilles maisons à pignon, ces ponts bossus, cette tour de Nesle, qui a l'air d'avoir fait elle-même quelques pas vers l'eau comme pour faciliter la chute des pauvres amoureux que, selon la chronique, ses fenêtres sinistres vomissaient chaque nuit.

Heureusement tout cela n'est plus; Paris resplendit aujourd'hui d'air et de magnificence; on ne s'y perd plus, quelque grand qu'il soit: demandez plutôt à M. Frédéric Lock, à qui nous devons le meilleur *Guide* qui ait été fait *des rues et monuments de Paris*. C'est là un livre qu'il ne faut pas juger sur la simplicité de son titre. Le travail de l'auteur accuse des recherches considérables; elles sont données avec une exactitude parfaite.

J'aperçois dans le catalogue de cette vente prochaine l'*Essai d'une Histoire de la paroisse de Saint-Jacques de la Boucherie*, par M. L** V** (l'abbé Vilain); on y joint ordinairement l'*Histoire critique de Nicolas Flamel et de Pernelle sa femme*, du même auteur. Le premier de ces ouvrages est, je crois, le seul que nous ayons sur cette ancienne église dont la belle tour est encore debout, vous le savez. Je regardais l'autre jour ce curieux monument que le

Paris moderne a voulu retenir du Paris ancien, et je pensais qu'à deux époques de sinistre mémoire, 1832 et 1849, les habitants des rues humides et sales qui serpentaient jusqu'auprès de ses marches périrent du choléra par milliers; aujourd'hui, au contraire, la tour Saint-Jacques, magnifiquement restaurée, a les pieds au milieu des roses, et des générations nouvelles viennent chercher toutes les sources de la vie à cette même place où s'ouvraient tous les gouffres de la mort!

Que diraient aujourd'hui les Vicq-d'Azyr et les Fourcroy, qui présidèrent à l'établissement du Marché des Innocents, s'ils voyaient nos nouvelles Halles centrales? Combien ce qu'ils avaient fait et ce dont ils se glorifiaient avec raison pour la salubrité de la ville est loin de ce qui s'accomplit!

Depuis 1186 que le cimetière des Saints-Innocents, déjà très-ancien, avait été enclos de murs par Philippe-Auguste[1], il n'avait cessé de servir de lieu de sépulture pour le plus grand nombre des paroisses, et plus de quatre-vingt-dix mille cadavres, dit un mémoire, y avaient été enterrés, pendant l'epace de trente années, par le dernier fos-

---

[1] Il occupait alors une partie du lieu nommé *les Champeaux*; avant la construction de ces murs, il était ouvert à tout passant, aux hommes comme aux bêtes. (Félibien, *Histoire de Paris*.)

soyeur. Le sol, gonflé par les nombreux dépôts, excédait de près de deux mètres le niveau des rues avec lesquelles il fallut l'accorder, de telle sorte qu'on ne put conserver aucune sépulture. Le peuple suivait les travaux avec un intérêt immense ; chaque soir des chariots d'ossements, précédés de ministres de la religion, étaient conduits aux Catacombes. L'aspect de ces lieux souterrains, dit un témoin oculaire, leurs voûtes épaisses, le recueillement des assistants, la sombre clarté du lieu, son silence profond, l'épouvantable fracas des ossements précipités et roulant avec un bruit que répétaient au loin les voûtes, tout retraçait en ces moments l'image de la mort, et semblait offrir aux yeux le spectacle de la destruction.

Tous les mausolées précieux pour l'art furent enlevés avec la plus grande précaution. Une particularité, c'est qu'on trouva dans ce cimetière des corps très-anciennement enterrés qui étaient d'une merveilleuse conservation. Il fut aussi constaté que plusieurs dont les mains étaient reportées vers la bouche avaient dû être enterrés vivants. Quel supplice affreux ! Ces détails effrayants m'ont rappelé le savant Mémoire couronné par l'Institut en 1848, et dans lequel M. le docteur Bouchut, professeur agrégé à la faculté de médecine de Paris, en vue de prévenir ces affreux événements, a si bien établi les signes certains de la mort.

Mais revenons à la vente de ce soir, qui a attiré, dit-on, des libraires de l'étranger et de nos départements, car nos villes de province ont aussi des amateurs de livres très-passionnés, qui ont souvent pour représentants à Paris, à l'occasion des ventes de quelque importance, des libraires de leur localité; plusieurs de ces libraires se sont fait justement apprécier de leurs confrères de la capitale. Ainsi nous avons à Lyon, M. Auguste Lebrun, M. Scheuring; à Strasbourg, MM. Salomon et Desrivaux; à Lille, M. Béghin, M. Leleu, esprit actif, que l'amour des livres possède véritablement; M. Gauche, à Rennes; M. Petit-Pas, à Nantes; M. Auguste Le Brument, à Rouen. A eux et à leurs confrères *en commission* tous ces beaux livres dont je vois les titres, et qui ont passé par les mains des Duru, des Capé, des Kœlher; pour nous, il faudra nous contenter de les aller voir. O rage! pourquoi, avant d'aimer les livres, n'avons-nous pas appris à mettre en pratique le vers de Boileau :

Cinq et quatre font neuf; ôtez deux reste sept.

LETTRE XXII

Je dois vous avouer que je m'écarte quelquefois des quais pour visiter les étalages un peu éloignés de nos boulevarts et du quartier latin. Mes visites les plus habituelles sont aux livres exposés non loin de là par M. Aubry qui, bien que devenu éditeur, est resté bouquiniste, ce qui l'honore à mes yeux. M. Aubry publie depuis quelque temps le *Bulletin du bouquiniste* [1]. Je vais aussi assez souvent visiter le respectable M. Raullin, M. Barroger, avec lequel les relations sont si sûres, si agréables, et que l'agrandissement de la Sorbonne va bientôt obliger à quitter le sommet du quartier latin. Mais puisque j'ai prononcé le nom de ces trois libraires, il serait injuste de ne pas vous entretenir également de ceux de leurs confrères qui tiennent aussi les livres anciens. Je ne vous apprendrai pas sans

[1] Ce recueil en est aujourd'hui à sa huitième année d'existence.

doute que nous avons en première ligne les Potier, les Techener. M. Potier, que j'aime à voir dans les ventes nombreuses auxquelles il convie, chaque hiver, la gente bibliomane, prendre, examiner le livre qu'il va mettre en adjudication d'une façon qui en rehausse déjà la valeur pour ceux qui savent comme moi combien il est un appréciateur éclairé et consciencieux.

Quand vous viendrez ici, je veux vous mener visiter le magasin de M. Caen, qui s'est placé au milieu d'un de nos plus élégants passages pour mieux avoir le droit, ainsi que M. Fontaine, son voisin, d'exposer chaque jour de véritables bijoux, modèles de reliure et de conservation. Puis nous n'oublierons pas MM. Saint-Denis et Mallet, dont les magasins, boulevart de la Madeleine, ne sont jamais visités en vain par les amateurs. Reprenant maintenant le cours de la Seine, à partir du pont Saint-Michel, je vous indiquerai pour les ouvrages historiques sur nos provinces la librairie très-assortie en ce genre de M. Dumoulin ; M. Guitard, que j'ai toujours trouvé très-obligeant [1] ; M. Guilmot, si infatigable pour chercher; M. Olry, qui a pour spécialité les livres relatifs aux beaux-arts ;

---

[1] Décédé.

M. Baillieu, qui publie un catalogue mensuel, qu'il a bien voulu m'envoyer ; près de ce dernier, l'excellent et vénéré M. Lecureux, dont les vastes magasins contiennent plus de deux cent mille volumes, pour compléter tout ce que vous pourriez avoir d'incomplet ; M. Delion, expert très-apprécié ; M. Asselin, très-riche en ouvrages sur les sciences ; M. Menard, pour les ouvrages de droit, de littérature ; M. Caillot, qui a très-fréquemment de belles reliures anciennes ; M. Labitte, dans les mains duquel tant des plus précieuses éditions grecques et latines ont passé ; M. Porquet, maison de vieille date ; madame veuve Enault, que son fils seconde avec intelligence ; M. France, chez lequel vous trouverez les pièces les plus rares sur la Révolution française, des mémoires, et aussi toutes les publications anciennes et nouvelles relatives aux colonies ; MM. de Laroque frères, qui ont des assortiments considérables de livres modernes qu'ils vendent à toute la librairie ; M. Pillet, qui possède de beaux ouvrages anciens, et qui tient aussi, je crois, les livres sur la noblesse, le blason. A ce propos, je dois vous prévenir que M. Oscar de Watteville a publié, dans l'*Encyclopédie* de M. Didot, un excellent article offrant un résumé de bien des traités. Il en a fait un petit volume imprimé avec goût et orné de planches que vous trouverez chez le même éditeur.

M. Jules Leclerc, qui possède en plein Paris industriel (boulevart Saint-Martin) une librairie des plus riches en bons ouvrages de littérature ; M. Coccoz, possesseur de très-beaux assortiments de livres de médecine anciens et modernes, très-connaisseur aussi en ouvrages de littérature et en belle reliure.

Je veux vous citer encore MM. Schlesinger frères, qui publient maintenant un catalogue ; M. Tilliard, qui a fait les ventes Libri. Pour les vieux ouvrages de mathématiques et les voyages, M. Cretaine ; pour les ouvrages de théologie, M. Toulouse, M. de Michaelis, M. d'Avenne ; M. Beauvais, voisin de MM. de Laroque, chez lequel j'ai souvent trouvé de très-bonnes choses ; M. Durand jeune, qui recueille des portraits et des vignettes, de manière à vous offrir soit un Voltaire, soit un la Fontaine, ou tout autre auteur avec les mille illustrations qu'ils ont inspirées aux artistes dès la première publication de leurs livres ; M. Charavay, pour les autographes des hommes célèbres dans tous les genres depuis la grande époque qu'on appelle 1789 ; M. Laverdet, également expert en la même matière, et bien d'autres, mais tous servant les intérêts des lettres

non-seulement comme marchands, mais souvent
en amateurs très-compétents. Maintenant, dites-
moi si je ne serais pas le plus coupable de hommes
en omettant de placer sur ma liste M. Auguste
Durand, dont les universitaires piochant et écri-
vant ont pu éprouver comme moi l'obligeance parfaite, et qui aura, puisque vous l'avez voulu (dussent tous ses confrères en mourir de dépit), la
bonne fortune d'avoir édité *les Voyages littéraires
sur les quais de Paris* [1].

Pourquoi, d'ailleurs, ne parlerais-je pas un peu
exceptionnellement de M. Durand ? C'est chez lui,
dans ses magasins si bien remplis, que je me suis
fait une idée de l'étendue du commerce de la librairie française à l'étranger. Que de fois que je
m'y suis rencontré avec des libraires de toutes
les parties de l'Europe qui ont une réputation justement méritée : M. Duquesne, de Gand ; M. Nihoff,
de la Haye ; M. Muller, d'Amsterdam, propriétaire
du grand ouvrage sur le desséchement de la mer
de Harlem ; M. Baer, de Francfort, éditeur du bel
ouvrage de Dieffenbach ; M. Saint-Goar, aussi de
Francfort, propriétaire du Lexique de Suidas ;
M. Héberlé, de Cologne, qui publie un ouvrage

---

[1] 1ʳᵉ édition, 1 volume petit in-18. Paris, Auguste Durand, 1857.

considérable sur les anciens imprimeurs de l'Allemagne ; M. Mohr, de Heidelberg ; MM. Barthès et Lowel, de Londres, dont le catalogue est un véritable dictionnaire ; M. Parker, éditeur de toutes les publications de la Société d'Oxford ; M. Bailly-Baillière, de Madrid ; M. Bocca, de Turin ; M. Munster, de Venise ; M. Decq, de Bruxelles; M. Marcus, de Bonn ; M. Beuf, de Gênes ; M. Cherbuliez, de Genève ; M. Sylva Junior, de Lisbonne; MM. Pedone, Lauriel, Dura et Montouri, de Naples ; M. Isaakoff jeune, de Saint-Pétersbourg. Ce dernier nom me rappelle celui de M. Robert Lippert, son représentant à Paris où il a fondé, il y a deux ans, le *Bulletin international du libraire et de l'amateur de livres*, recueil très-précieux aux acheteurs. Ce Bulletin appartient aujourd'hui à M. Ch. Lahure, qui en a donné la direction à M. G. Vapereau.

LETTRE XXIII

En m'annonçant, mon cher ami, la bonne fortune que vous me réservez en venant vous établir à Paris, vous m'entretenez de vos projets bibliographiques, mais vous faites en même temps la supposition que je n'aurais que des *livres curieux* et pas un fonds véritable de bibliothèque. Détrompez-vous; je rougirais s'il en était ainsi. Ma collection a les assises les plus respectables en *théologie, morale, jurisprudence, sciences et arts, belles-lettres et histoire*, pour ne parler que de ces grandes divisions. Outre la nécessité d'avoir des ouvrages complets et au courant de la science sur toutes choses, la librairie moderne se présente avec assez d'éclat pour que ses produits soient vivement recherchés quand on se pique de quelque goût.

Si je vous citais les ouvrages modernes que je possède dans chaque ordre, je pourrais vous prouver en outre qu'avec quelques centaines de francs par an on arrive, en dix ou quinze ans, à avoir quelque chose de présentable. C'est ainsi que dans l'ordre religieux me sont venus successivement, entre autres : l'*Histoire universelle*, de Bossuet, publiée par M. Curmer; les *Évangiles*, l'*Imitation de Jésus-Christ* (en cours de publication), qui est bien la plus merveilleuse chose que j'aie jamais vue. Dans le genre simple et excellent pour l'édition, le *Bossuet* et le *Fénelon*, publiés par MM. Gaume, Leroux et Jouby; les ouvrages d'Ozanam, édités chez M. Lecoffre; les belles *Études sur le Christianisme*, de M. Nicolas, de chez Vaton; l'*Imitation de Jésus-Christ*, de M. de Lamennais, en grand format, de chez M. Bray; l'*Encyclopédie catholique*, de M. Parent Desbarres; la *Monographie de la Sainte-Chapelle*, en cours de publication chez M. Bance; *la Bretagne*, de M. Pitre-Chevalier, l'habile directeur du *Musée des Familles*[1]; les *OEuvres de Napoléon III*, éditée par MM. Plon[2] et Amyot? une bonne partie de la collection de M. Charpentier; mais surtout son *Montaigne*, avec des notes de M. Ch. Louandre, à qui nous devons tant d'excellents travaux, édition

---

[1] M. Pitre-Chevalier est décédé en 1863.
[2] M. Plon, qui possède aujourd'hui une librairie des plus importantes, a édité le grand et bel ouvrage de M. Feuillet de Conches, *Causeries d'un curieux*.

parfaite et dont M. de Sacy a dit : « M. Charpentier n'a jamais fait mieux. »

Je n'ai pas encore pu me donner, mais j'aurai un jour sans doute la seconde merveille typographique de l'Exposition de 1855 : je veux parler du volume *la Touraine*, édité et imprimé avec des illustrations par M. Mame de Tours. C'est assurément ce qui vient immédiatement après l'*Imitation de Jésus-Christ*, de l'Imprimerie impériale. « Ce volume, dit M. Delalain en parlant de *la Touraine*, dans le compte-rendu qu'il nous a donné de l'Exposition, est le type de cette bonne et vraie typographie qui tire sa mâle beauté de l'excellente gravure des caractères, d'un interlignage convenable, d'une justification ni trop large ni trop étroite, d'une disposition large des titres et des chapitres : heureuses conditions qui donnent à l'ensemble d'un livre un air parfait d'aisance et de noblesse. » Après *la Touraine*, ajoute M. Delalain dans le même compte-rendu, viennent incontestablement *les Galeries de l'Europe*, publiées par M. Armengaud, vrai modèle pour la disposition typographique, le fini d'exécution, le tirage des vignettes. « *Les Galeries de l'Europe*, dit le rapporteur, offrent, sous le rapport typographique, cette particularité qu'on n'y rencontre au bout des lignes aucune division de mots. Ce n'est que par un long et minutieux calcul qu'on a pu arriver à ce résultat. »

Je possède dans l'économie politique les *OEuvres de Turgot*, de la collection de M. Guillaumin[1]; en histoire naturelle, le *Buffon*, de M. Flourens, publié chez MM. Garnier frères ; le *Discours sur les révolutions du Globe*, de Cuvier. Dans les beaux-arts : *la Vie des Peintres*, de Vasari ; *de l'Art chez les anciens*, par Winkelmann. En musique : rien que le piano de ma fille Geneviève. Je ne suis pas très-riche en poëtes, mais j'ai les magnifiques éditions de Molière, de Corneille, de Racine, de Regnard, de Crébillon, que nous devons soit à M. Lefèvre, soit à MM. Didot. Un choix des auteurs du second ordre qu'il est inutile de vous nommer ; une collection des théâtres étrangers, des fabliaux, un *la Fontaine* et un *Gresset* dans le format in-144, dit *édition mignardise*, en caractères microscopiques, gravés et fondus sur corps de trois points, qui sont de petites merveilles. On en voyait des exemplaires à l'Exposition universelle. Je suis sûr qu'ils rappellent à votre pensée le *la Rochefoucauld*, format in-64, imprimé, en 1827, en caractères de deux points et demi, gravés et fondus par M. Henri Didot,

[1] Un des hommes qui ont le plus contribué à la propagation de cette science en France.

et dans lesquels on voit quelques lignes de caractère d'un point et demi, visible seulement à la loupe.

Puis, dans un format qui n'est pas grand non plus mais qui encadre de petits chefs-d'œuvre, tout ce qu'a publié le gracieux auteur de *l'Épingle*, M. Tardieu de Saint-Germain.

Je reviens aux poëtes.

La belle édition des *Chansons de Béranger* publiée par M. Perrotin. Je dois vous dire, à propos du grand poëte que la France vient de perdre [1], un mot qui m'a été rapporté par M. Stoffel, brigadier de la garde de Paris en surveillance dans le cimetière du Père-Lachaise au moment de ces grandes funérailles. Un petit garçon de huit ans environ, qui se trouvait dans le lieu funèbre avec quelques camarades, dit à l'un d'eux, en entendant le ramage des oiseaux qui se balançaient sur les cyprès : « *Entends-tu comme les oiseaux chantent parce que Béranger va venir ?* »

« C'est qu'en effet, ajouta le brigadier, jamais je n'avais entendu de ma vie autant de gazouillements à la fois. Il est vrai, me fit-il observer, que la journée était splendide. » Un journaliste qui se

---

[1] Béranger est mort à Paris, le 16 juillet 1857.

trouvait là entendit aussi, à ce qu'il paraît, le mot de l'enfant et s'écria qu'il ne serait pas perdu pour la publicité. Je ne sais si quelque journal a fait connaître la gracieuse pensée du petit bonhomme, mais je crois prudent de la consigner ici *en vue de la postérité* qui y verra sans doute, comme nous, l'expression du profond sentiment poétique que le nom de Béranger a éveillé dans le peuple.

Un *Gilbert* de la belle édition de Dalibon, les *petits poëtes français* que nous a donnés M. Poitevin, chez MM. Didot, dont la librairie depuis plus d'un siècle est comme un arsenal du beau et du parfait en typographie. Dans les vieux romans français, j'ai *l'Heptaméron* des *Nouvelles* de Marguerite de Valois, reine de Navarre, publié par la société des Bibliophiles français; *la Princesse de Clèves*, de madame de la Fayette, dont un critique, M. Taine, nous a fait valoir dernièrement avec force le beau et grand style; de la même, l'*Histoire d'Henriette d'Angleterre*, l'un des bijoux des publications de M. Techener; la collection à peu près complète de cette charmante *Bibliothèque des chemins de fer*, publiée par M. Hachette, et dans laquelle on trouve, comme je vous l'ai dit, de véritables petits chefs-d'œuvre de la littérature anglaise et américaine. Parmi les épistolaires, je n'ai pas négligé, ainsi que vous pouvez bien le penser, de me procurer les *Lettres de Madame de Sévigné*, dans l'excellente édition donnée par M. Walckenaer ; la *Correspondance de Voltaire*, qui, au jugement de quelques maîtres, fait reconnaître partout ceux qui l'ont lue et surtout étudiée.

Puis viennent la *Correspondance de Rousseau*, les *Lettres de Cicéron*, celles de Sterne, de Schiller et de Gœthe, etc.

Dans l'histoire critique et littéraire, qui n'aurait pas les savantes *Leçons* de M. Villemain ? *les Causeries du lundi*, de M. Sainte-Beuve ? *les Portraits*, de M. Cuvillier-Fleury ? l'*Histoire de la Littérature française* de M. Nisard, grande et forte étude dans laquelle cet esprit éminent nous fait sentir si vivement le mérite des écrivains dont les œuvres résumeront éternellement en littérature les règles du beau et du bien ?

Dernièrement j'assistais à une cérémonie[1] à l'occasion de laquelle M. Nisard louait, avec sa distinction si fine, ce qui a été le culte de toute sa vie, les lettres. « Que n'a-t-on pas dit des lettres, faisait-il observer, et que ne reste-t-il pas à en dire. Chaque époque en renouvelle pour ainsi dire l'éloge. Quel-

---

[1] La distribution des prix du lycée Bonaparte en 1857.

que idéal que se fasse une société d'une condition désirable sans les lettres, toute condition ornée et relevée par les lettres vaudra mieux. Aujourd'hui, l'idéal c'est le bien-être par une fortune rapide. Nous ne manquons pas de connaître des gens qui y sont parvenus : c'est presque une foule. Regardons de près leur idéal. J'y vois beaucoup de luxe imité du luxe d'autrui, et qui n'a pas même l'originalité d'un caprice personnel satisfait ; j'y vois des hommes d'âge mûr qui s'entourent de joujoux, et qui, moins heureux que les enfants, ne peuvent pas les casser quand ils s'en dégoûtent. Ils s'agitent beaucoup pour varier leur triste bonheur, et des deux passions qui les mènent, la convoitise et la satiété, la satiété va toujours plus vite que la convoitise. Heureux celui qui se souvient un jour qu'il a fait des études, et qui, dans un moment où il est accablé de son bien-être, s'avise de jeter les yeux sur sa bibliothèque, dont il n'estimait que le bois, et y prend ce qui lui a le moins coûté de tout son luxe, ce qu'il avait peut-être gardé, comme par prévoyance de sa médiocrité première, un livre qui le rend un moment à lui-même, et lui fait savourer la différence du bien-être par l'argent au bonheur par l'esprit.

LETTRE XXIV

Les paroles que je vous ai citées dans ma dernière lettre, d'un des esprits les plus distingués de notre Académie française, me font rappeler que je ne dois pas négliger de vous parler de ce corps célèbre. D'ailleurs, l'Académie n'est-elle pas sur le quai? C'est devant ses portes, dont l'ouverture a été si rude à tant d'écrivains, que se trouve le plus achalandé des étalages. Il serait d'ailleurs peu courtois de ne pas saluer en passant la compagnie illustre que fonda en 1635 le grand cardinal.

« Le cardinal de Richelieu, dit Louis XIII dans les lettres patentes d'institution (1637), nous a représenté qu'une des plus glorieuses marques de la félicité d'un État, était que les sciences et les arts y fleurissent, et que les lettres y fussent en honneur aussi bien que les armes, puisqu'elles sont un des principaux ornements de la vertu. »

On sait que Richelieu ne s'était pas contenté de

faire cette grande création pour témoigner de son amour des lettres. « Ce qui l'honore surtout, dit M. Caillet dans la thèse remarquable[1] qu'il a présentée à la Faculté des lettres de Paris, c'est l'attention qu'il eut, dans tous ses rapports avec les savants, à faire disparaître le ministre puissant et redouté de tous, le despote si ombrageux dans les affaires de l'État, pour ne laisser voir que le confrère qui avait le droit, comme tout autre écrivain, de défendre ses opinions, mais non pas de les faire prévaloir par un autre moyen que celui d'une discussion sérieuse et loyale. »

M. Caillet établit cela par plusieurs exemples, et pour prouver que le cœur du cardinal n'était pas aussi fermé aux douces émotions qu'on le dit d'ordinaire, il raconte comment la petite Jacqueline Pascal, sœur de Blaise, que distinguait déjà un talent poétique réel, obtint la mise en liberté de son père qui avait été arrêté pour des propos indiscrets. Lorsque le père de notre plus grand écrivain en prose, peut-être, eut été mis en liberté, Richelieu le fit venir à Ruel, et en lui annonçant qu'il était envoyé à Rouen comme intendant de Normandie, il lui dit: « Je vous recommande vos en-

---

[1] *De l'Administration en France sous le ministère du cardinal de Richelieu.*

fants. *Je veux en faire un jour quelque chose de grand.* »

C'est là une mince anecdote, mais elle a, ce me semble, une grande portée. Elle doit rappeler aux puissants de tous les temps qu'un de leurs plus grands devoirs est de s'attacher à découvrir les intelligences supérieures pour les amener à être à leur tour les soutiens de l'État..

Cela dit, je reviens à l'Académie elle-même. Grâce à l'obligeance d'un ami, j'ai eu, il y a peu de temps, la bonne fortune d'assister à une séance dans laquelle les cinq classes de l'Institut étaient réunies sous la présidence de M. le comte de Montalembert. Vous connaissez le discours que tous les journaux ont répété et dans lequel le noble académicien fait appel aux sentiments les plus élevés du cœur et de l'intelligence, selon lui prêts à s'éteindre. Ce discours est empreint d'une vive éloquence. Vous savez que M. de Montalembert, catholique ardent, empruntant les paroles mêmes que prononce le prêtre dans le saint sacrifice de la messe, a dit : « *Sursum corda*, c'est le cri de la religion, etc. Déjà j'avais remarqué que cette citation avait un peu étourdi quelques auditeurs, lorsque je m'aperçus qu'un de mes voisins qui, à ce mot, avait subitement fermé les yeux, ne les rouvrait plus. Quand il leva les paupières à la fin du discours, je vis bien qu'il n'avait pas dormi, mais je me hasardai à lui en faire le reproche.

« J'étais parfaitement éveillé, me dit-il, mais en entendant M. de Montalembert s'écrier : *Sursum corda*, j'ai presque involontairement ajouté la réponse qui suit : *Habemus ad Dominum*, qui a bien aussi sa grande signification. Mon esprit s'est élevé alors au delà du degré où l'éloquence de l'orateur l'avait déjà porté. Ainsi dégagé de toutes les misères humaines, j'ai jugé en chrétien, et il m'a paru que le plus difficile, même pour les esprits supérieurs, est d'être juste pour le temps où l'on vit. »

La plus agréable lecture que nous entendîmes ensuite fut une épître de M. Viennet à M. Villemain. Rien de plus charmant. J'admirai surtout l'excellent esprit du poëte, qui, après s'être attaché aux crinolines, finit par dire qu'il fallait attendre que la mode nous en ait débarrassés. Je ne sais vraiment d'où vient toute cette rage. De bonne foi d'abord, les crinolines ont un avantage social : elles obligent les hommes à faire *place à une femme*. Les lourdauds s'éloignent forcément, et les gens bien élevés, feignant de ne pas s'être écartés assez tôt, saluent et obtiennent parfois le sourire d'une jolie femme.

Où est le mal?

Hélas! que d'hommes portent des crinolines d'orgueil bien autrement gênantes! Combien il est plus difficile d'en réparer les froissements, que ceux imprimés par la maladresse aux robes de nos pauvres femmes!

En sortant de cette séance, je me trouvai avec M. Sayous, que vous connaissez par la *Revue des Deux-Mondes*. Il a bien voulu me donner l'histoire si attachante qu'il a faite de la *Littérature française à l'étranger*, et dont M. de Sacy a fait ressortir, avec toute l'autorité de ses jugements, la haute valeur.

Je dois à M. Plon *les Portraits politiques* de M. de La Guerronnière, et une collection de classiques français in-18 : cette collection est un joyau!

Je vous montrerai beaucoup d'ouvrages de la librairie Furne, éditeur d'Augustin Thierry, d'Henri Martin, de la *Géographie*, de Malte-Brun, revue par M. Lavallée, cet infatigable réviseur de tant de belles et bonnes choses. C'est à M. Furne que nous devons aussi la publication de l'excellente *Histoire d'Espagne*, par M. Rossecuw Saint-Hilaire, professeur à la Faculté des lettres de Paris. La belle *étude sur Rome ancienne et moderne*, de M. Mary Lafon, qui sait comment on devient auteur et comment se fabrique un livre ainsi qu'il nous l'a raconté en des pages pleines d'intérêt intitulées : *Histoire d'un Livre*.

LETTRE XXV

Croiriez-vous que les professions qui semblent devoir le plus éloigner de la bibliomanie ont cependant, dans nos ventes de livres, des amateurs très-chaleureux ? Ainsi il est très-commun de voir des ordres d'achat donnés par des banquiers. D'où vient cela ? Sont-ils réellement bibliophiles ? Obéissent-ils à une vue providentielle en couvrant d'or une simple plaquette, ou bien est-ce pour imiter M. de Rothschild qui est lui-même un amateur très-ardent, et qui, plus est, d'un goût parfait, dit-on ? Je serai bien embarrassé de répondre à toutes ces questions ; mais je constate le fait. A une époque où les *manieurs d'argent*, comme les appelle M. Oscar de Vallée, passent pour être insensibles à tout ce qui n'est pas valeur financière, je suis heureux que notre passion se soit emparée de ces messieurs; de pareils clients aident à maintenir la valeur des livres, et c'est, par conséquent, un moyen de plus pour la conservation de nos pièces rares. Cette petite épidémie prend même, à ce qu'il paraît, un caractère européen. N'ai-je pas vu arriver dernièrement un de mes anciens condisciples, espagnol de distinction, sur le point de se marier, et que son futur beau-père, capitaliste de Séville, a envoyé à Paris en exigeant qu'il se composât une bibliothèque française bien choisie avant d'épouser sa fille ? Ce n'est pas que mon ancien camarade ne soit un homme très-lettré ; au contraire, il a publié d'excellents travaux. J'ai vu quelques-uns de ses portefeuilles et il m'a permis d'en retirer des documents pleins d'intérêt sur Vivès, grand théologien du seizième siècle qui fut précepteur de Marie Tudor et que vous connaîtrez mieux un jour lorsque M. Magnabal, agrégé de l'Université, aura terminé l'étude complète qu'il se propose de présenter, sous forme de thèse à la Faculté des lettres de Paris, sur l'homme distingué qui fut, je crois, le collaborateur d'Érasme.

Pour me rendre au désir de mon jeune Espagnol, je l'ai accompagné chez quelques libraires, et il m'est resté de ces dernières excursions des souvenirs que je veux vous transmettre. Ainsi, nous allâmes successivement à la librairie véritablement européenne de M. Dentu ; nous vîmes ensuite M. Le

Doyen, toujours si bien approvisionné en livres modernes; M. Amyot, qui nous montra un ouvrage curieux, surtout par les renseignements qu'il renferme sur toute une branche peu connue de la librairie, c'est l'*Histoire des livres populaires ou de la littérature du colportage* depuis le quinzième siècle jusqu'au 30 novembre 1852, par M. Ch. Nisard (2 vol. in-8). Vous y trouverez l'indication de tous ces petits opuscules, feuilles volantes ou brochures, imprimés sur papier à chandelles et contenant des prophéties plus ou moins bizarres, des faits, des complaintes, des vies de personnages fameux, des cantiques, ou bien encore remplis par une correspondance amoureuse, demandes et réponses, graduées de façon que tout se termine à la satisfaction générale. Parfaits secrétaires des amants, almanachs, traités de magie blanche et noire, manuels de sciences occultes, de la cabale, de la divination, etc., etc. ; tels sont, en un mot, les livres dont l'ouvrage de M. Nisard est en quelque sorte la bibliographie. Il en donne les titres, quelquefois des extraits, et l'on trouve çà et là quelques *fac simile* naïfs représentant, à s'y méprendre, les grossières images que des colporteurs répandent à profusion dans les campagnes et que, tout enfant, nous avons eu tant de plaisir à contempler.

En sortant de chez M. Amyot je fis voir à mon ami le nouveau Louvre, mais j'avais, je l'avoue, une arrière-pensée : je voulais bouquiner quelque peu. Ce qui arriva en effet lorsque nous eûmes quitté ce palais incomparable. Nous parcourûmes une assez grande partie des quais, et je fus assez heureux pour pouvoir indiquer à mon compagnon deux bonnes acquisitions à faire qui se trouvaient dans les boîtes de MM. Malorey et Debas, bouquinistes, que je compte au nombre de mes plus vieilles relations. Il acheta de l'un l'*Aristippe* de Balzac, *Amst.*, *Elz.*, 1664, petit in-12, non rogné ; de l'autre un *Virgile*, in-4, *Paris*, 1648, avec les armes du cardinal Mazarin auquel ce livre est, je crois, dédié.

LETTRE XXVI

Nos dernières journées ont été employées à visiter les curieux magasins de M. Victor Didron, frère du savant archéologue qui a rendu à l'art chrétien des services si grands en rappelant aux artistes modernes qui cultivent cet art les véritables traditions des travailleurs du moyen âge; puis M. Morizot, pour lui demander un *la Bruyère* illustré, dont l'édition est presque épuisée; M. Ernest Bourdin, chez lequel se trouvent de nombreux ouvrages également illustrés; la Librairie nouvelle, dont les propriétaires sont parvenus à porter le bon marché dans tout ce qui était cher autrefois : MM. Lévy frères, dont les publications prennent chaque jour plus d'importance, et qui ont édité le *Cours de littérature dramatique* de ce brillant esprit, qui a nom Jules Janin, et chez lesquels vous trouverez aussi ce chef-d'œuvre de dessin qu'on appelle la *Légende du Juif errant*, par Gustave Doré; la librairie de M. Renouard, nom cher aux bibliophiles, qui a, entre mille choses, *l'Histoire des Peintres*, de Charles Blanc, et les publications de la *Société de l'Histoire de France;* M. Delahays, qui nous a donné avec la *Bibliothèque gauloise* une réimpression des *Curiosités littéraires*, de M. Lud. Lalanne, rédacteur en chef de la *Correspondance littéraire*, que je vous recommande au moins à l'égal des deux autres publications : le *Bulletin du Bibliophile* et le *Bulletin du Bouquiniste*, dans lesquels MM. Guiffrey, Barbier, Quérard, Lalanne, Ferdinand Denis, Deschamps, P. Lacroix, de La Fizelière, le prince Galitzin, Leroux de Lincy, Andrieux, Boiteau, Prosper Blanchemain, Brunet, Cocheris, E. Thierry, Boniface Delero et Fournier, nous donnent incessamment les plus utiles directions. *La Revue anecdotique* doit être rangée parmi les recueils bibliographiques ; ses rédacteurs, MM. Ed. Gœpp et Larchey, me paraissent être souvent très-bien renseignés sur certaines découvertes ou anecdotes littéraires. On dit qu'elle est aujourd'hui fort répandue. S'il y a d'autres publications de ce genre, je ne les connais pas, mais nous pourrons le demander à M. Grimond, qui vient de nous donner un catalogue exact et détaillé de la *presse parisienne*.

Nous dûmes ensuite, en vue de l'achat de quelques ouvrages de droit et de livres classiques que mon ami est chargé de rapporter en Espagne, gravir le quartier latin.

A l'exception de MM. Cosse et Marchal, tous nos éditeurs de livres de droit et de jurisprudence se groupent non loin de la Faculté de droit.

Nous entrâmes dans les magasins de M. Cotillon ; de MM. Marescq et Desjardins ; de M. Durand, éditeur de notre grand professeur M. Demolombe, de *la Revue historique du français et de l'étranger* publiée sous la direction de MM. Ed. Laboulaye, membre de l'Institut, E. de Rozière, C. Dareste et Ginouilhac ; d'un autre recueil : *les Séances de l'Académie des sciences morales*, rédigé par M. Vergé, docteur en droit, sous la direction de M. Mignet ; de madame Joubert, chez laquelle se trouve le *Manuel de droit commercial*, de M. Bravard, etc.

Nous eûmes ensuite à voir, pour les livres à usage des classes, la librairie de M. Hachette, installée dans un palais sur le nouveau boulevart Saint-Germain ; la maison Dezobry et Madeleine : je n'ai pas besoin de vous dire que M. Dezobry est auteur de ce travail remarquable intitulé : *Rome au siècle d'Auguste;* puis M. Delalain, nom familier à toutes les générations qui nous ont précédés sur les bancs, et dont la respectable maison se maintient toujours au premier rang; de là chez M. Belin, qui a un catalogue très-riche de livres classiques entre lesquels je distinguai les ouvrages élémentaires de M. Th. Bénard, encore si utiles à l'éducation de vos enfants.

Parmi les éditeurs d'ouvrages d'études scientifiques, chez lesquels mon ami a dû encore remplir ses commissions, je vous nommerai M. Mallet-Bachelier, éditeur des grands ouvrages de ce genre; la librairie Lacroix; celle de MM. Langlois et Leclercq; M. Victor Masson, dont toutes les publications sont faites avec un soin parfait; il ne lui a pas suffi de publier de bons livres, il a voulu qu'ils rivalisassent avec toute espèce d'ouvrages de littérature imprimés spécialement pour les amateurs. Les planches qui accompagnent les savantes *Leçons* des Pelouze et Fremy, des Milne-Edwards, des Coste, des Cuvier, etc., sont d'une perfection achevée.

Mais M. Masson a d'autres titres à la sympathie des bibliophiles: c'est lui qui a acquis, à un prix qui serait une fortune pour beaucoup d'entre nous, les trente derniers exemplaires de cette incomparable *Imitation de Jésus-Christ*, présentée à l'Exposition universelle de 1855 par notre Imprimerie impériale, avec sa belle collection des *monuments de la Littérature orientale*. Cette édition de *l'Imitation* montre une nouvelle phase des impressions en or et en couleur. Dans ce curieux livre, ce ne sont plus des encadrements se répétant à chaque page, et ne donnant lieu, comme on le dit, à une seule mise en train, mais bien des têtes de livre ou de chapitre et des lettres ornées conservant la même physionomie, tout en présentant entre elles la plus ingénieuse diversité. La traduction choisie est celle de notre grand Corneille. L'impression a été surveillée par M. Victor Le Clerc, membre de l'Institut, doyen de la Faculté des lettres de Paris, dont le nom est la meilleure garantie de l'exactitude et de la correction des textes. J'ai ouï dire que M. Masson se trouvait fort bien de s'être porté acquéreur de ce véritable monument de la librairie française. Tant mieux! que ceux qui ne craignent pas d'avancer leur or sur de beaux livres en soient récompensés!

Dans cette pensée, je souhaite toutes sortes de prospérités à M. Jannet, à qui nous devons tant de curieuses et charmantes réimpressions, et qui me parait avoir apporté, dans le commerce des livres, des qualités d'érudition et d'esprit qui sont une vraie bonne fortune pour les nombreux amateurs de sa *Bibliothèque elzevirienne*. Le même souhait à M. Aubry, pour les charmantes publications qu'il a entreprises sous le titre de *Trésor des pièces rares ou inédites* [1].

Mon ami, qui a lu le rapport de M. Villemain *sur l'histoire du règne de Henri IV*, à laquelle l'Académie française vient d'attribuer le grand prix fondé par le baron Gobert, n'a pu résister à se donner ce remarquable travail de M. Poirson. — Nous nous rendîmes donc chez M. Colas, qui en est l'éditeur. Pour cela, il fallut traverser le pont Neuf, et je racontai à mon compagnon, en lui montrant la statue de Henri IV, un fait dont j'ai été témoin en 1848. — Un capitaine de la garde nationale mobile, passant avec sa troupe sur le pont Neuf, salua de l'épée la statue de ce grand prince, puis se tournant vers ses soldats, leur cria : *Portez armes!* Le mouvement fut exécuté instantanément, mais j'entendis un de ces soldats que les circonstances avaient improvisés dire : «Qu'est-ce qu'il nous f... donc avec son *portez armes?* il ne passe personne. — Ne vois-tu pas, lui fit observer un de ses camarades, que c'est Henri IV qu'on salue. — Le fait est, répliqua celui qui avait grogné, *que c'était un*

Cette collection, l'une des plus curieuses du temps, en est au vingtième volume.

fameux lapin. » A une époque antérieure, également de révolution, cette même statue provoqua un autre genre d'hommage. Un homme du peuple, celui qui avait attaché un drapeau tricolore à la main du roi portant sur la bride de son cheval, donna, avant de descendre, deux petites tapes sur la joue de bronze du Béarnais, en disant, pour faire allusion aux événements qui venaient de s'accomplir : *Ce n'est pas toi, mon vieux, qui aurais fait ces bêtises-là !* »

Notre excursion chez M. Colas porta mon ami à devancer, ce même jour, la visite qu'il avait à faire à MM. Germer et Jean-Baptiste Baillière, ainsi qu'à M. Asselin, éditeurs d'ouvrages de médecine : nous terminâmes par M. Louis Leclerc, éditeur du *Manuel de médecine légale*, par Briand et Chaudé, et aussi par M. Roret, dont les *manuels* ont une réputation européenne.

LETTRE XXVII

Séville a revu mon ami, et je suppose que son beau-père, satisfait, lui a donné le prix de la course qu'il est venu faire ici. Du reste, mon camarade s'est conduit en galant homme ; des caisses immenses l'ont suivi. Mais il y en a une qu'il a voulu avoir près de lui, c'est celle qui contenait, avec les livres de mariage de sa fiancée, des reliures, chefs-d'œuvre de nos artistes anciens et modernes. Pour moi, j'ai palpé tout cela, ce qui ne m'a pas empêché de regarder avec orgueil mes trésors particuliers.

Quand vous viendrez à Paris, vous verrez ce que j'ai recueilli, puis embelli, car, pour ce qui est bon et honorable, je n'ai rien négligé. Duru a relié en maroquin violet toutes mes premières éditions de Bossuet ; j'ai demandé au bon et excellent M. Khoeler de se charger de mes dix éditions de la Bruyère, de mes cinq éditions de la Rochefoucauld : les premières sont en maroquin plein doré sur tranche ; les secondes, en maroquin vert doublé de tabis ; enfin, M. Capé s'est occupé, comme toujours, de relier avec un art infini *le Pastissier françois*, ainsi que les dix autres Elzeviers que j'ai pu me procurer.

M. Petit, du passage Sainte-Marie, m'a fait des reliures modernes ou anciennes d'un goût achevé.

J'ai de M. Bauzonnet-Trautz une dizaine de volumes ; de M. Hardy, des demi-reliures incomparables, ce qui ne veut pas dire qu'il ne fasse pas, en reliure pleine, des ouvrages d'une grande perfection, témoin celle que j'ai vue dernièrement chez M. Durand ; cette reliure recouvre un livre moderne très-curieux lui-même, en ce qu'il a été imprimé avec des caractères imitant ceux du dix-septième siècle ; l'ouvrage a pour titre : *Recherches sur la vie et les œuvres du Père Ménestrier*, par M. Paul Allut, *Lyon, Nicolas Scheuring*. La reliure est en maroquin bleu, doublé de maroquin rouge, larges dentelles ; c'est vraiment digne de ce véritable artiste. Je ne dois pas oublier, avant de finir, de vous citer M. Lesort, l'un des éditeurs des livres de liturgie du diocèse, qui a des ateliers de reliure d'où sortent souvent de grands et beaux missels destinés à de riches chapelles ou à nos grandes cathédrales.

Mes richesses sont installées dans deux grands corps de bibliothèque, dont les portes en bois sculpté se trouvaient dans un de ces vieux hôtels que le nouveau Louvre a renversés en passant pour aller rejoindre les Tuileries. Tout cela fait mon bonheur, mais quelquefois je suis tenté de m'écrier avec M. de Sacy :

« O mes chers livres ! un jour viendra aussi où vous serez étalés sur une table de vente ; où d'autres vous posséderont ; possesseurs moins dignes de vous, peut-être, que votre maître actuel ! Ils sont bien à moi pourtant ; je les ai tous choisis, un à un, rassemblés à la sueur de mon front, et je les aime tant ! Il me semble que par un si long et si doux commerce, ils sont devenus une portion de mon âme ! Mais quoi ! rien n'est stable en ce monde, et c'est notre faute si nous n'avons pas appris de nos livres eux-mêmes à mettre au-dessus de tous les biens qui passent, et que le temps va nous enlever, le bien qui ne passe pas, l'immortelle beauté, la source infinie de toute science et de toute sagesse. »

SECONDE PARTIE

MÉLANGES

TIRÉS DE QUELQUES BOUQUINS

DE

LA BOITE A QUATRE SOLS

LES ŒUVRES DU SIEUR DE SAINT-AMANT
AUGMENTÉES DE NOUVEAU DU SOLEIL LEVANT, DU MELON, DU POETE CROTTÉ,
DE LA CREVAILLE, DE L'ORGIE,
DU TOMBEAU DE MARMOUSETTE, DU PARESSEUX ET DES GOINFRES.

Paris, chez Nicolas Bessin, rue S. Jean de Beauvais, à l'Olivier. M.DC.XLVII

Saint-Amant, né en 1594, à Rouen, est du nombre des poëtes que Boileau avait le droit de critiquer, mais qu'il a souvent trop maltraités. Déjà Menard avait raillé Saint-Amant sur sa prétendue noblesse de gentilhomme verrier. Ménage et Brossette ont commis la même erreur. Il était fils d'un officier de marine.

D'après tout ce que j'ai pu pénétrer du caractère de Saint-Amant et de celui de Faret dont je parlerai plus loin, Boileau m'a paru cruel envers les deux amis. Il dit :

> Saint-Amant n'eut du ciel que sa veine en partage ;
> L'habit qu'il eut sur lui fut son seul héritage ;
> Un lit et deux placets composaient tout son bien,
> Ou, pour en mieux parler, Saint-Amant n'avait rien.
> Mais quoi! las de traîner une vie importune,
> Il engagea ce rien pour chercher la Fortune,
> Et tout chargé de vers qu'il devait mettre au jour,
> Conduit d'un vain espoir, il parut à la cour, etc.

Je pourrais citer d'autres passages dans lesquels Boileau a abimé Saint-Amant et son ami Faret. Eh bien, je le dis sincèrement, à part certaines peintures comme tous les poëtes en font, Saint-Amant ne méritait pas cet excès de critique. Faret et Saint-Amant étaient d'excellentes gens donnant d'abord l'exemple d'une amitié touchante. Ils m'ont rappelé de braves gens de lettres de nos jours que j'ai connus et qui, pour avoir divagué par-ci par-là, n'en ont pas moins été de nobles cœurs. On peut critiquer ces gens-là, mais il ne faut jamais se moquer de leur misère, parce que, souvent, elle leur fait honneur.

Faret [1] était si désintéressé qu'il faillit compromettre sa fortune pour tirer d'affaire un autre de ses amis, Vaugelas, dont les affaires étaient fort

---

[1] Né à Bourges en 1596.

embarrassées. Ainsi que d'autres l'ont remarqué à la lecture de ses écrits, Faret avait l'esprit bien fait, beaucoup de netteté et de pureté dans le style. Il fut un des premiers membres de l'Académie française et rédigea, dit-on, une partie de ses statuts.

Je n'insisterai que sur son noble caractère. Dans l'édition de Saint-Amant que je possède, il se déclare fièrement l'ami de ce dernier. — *Préface sur les Œuvres de M. de Saint-Amant par son fidelle amy Faret.* Tels sont les termes dont il se sert. Son admiration pour notre poëte est vigoureusement exprimée : « Lorsqu'il décrit, dit-il, il imprime dans l'âme des images plus parfaites que ne le sont les objets mêmes ; il fait toujours remarquer quelque nouveauté dans les choses qu'on a vues mille fois. » Cela est vrai, Saint-Amant est un poëte très-original, très-curieux à lire.

Il y a de fort belles choses dans la pièce intitulée : *Le Contemplateur* ; l'auteur, parlant de la destruction universelle, dit dans une de ses dernières strophes :

> L'unique oiseau meurt pour toujours,
> La nature est exterminée,
> Et le temps, achevant son cours,
> Met fin à toute destinée :
> Ce vieillard ne peut plus voler,
> Il sent ses ailes brusler

> Avec une rigueur extrême,
> Rien ne le sçauroit secourir;
> Tout est détruit et la mort même
> Se voit contrainte de mourir.
> O Dieu qui me fais concevoir
> Toutes ces futures merveilles,
> Toy seul à qui pour mon devoir
> J'offriray le fruit de mes veilles
> Accorde moy par ta bonté
> La gloire de l'Éternité
> Afin d'en couronner mon âme
> Et fay qu'en ce terrible jour
> Je ne brusle point d'autre flamme
> Que de celle de ton amour.

Il est vrai qu'à côté de ces peintures très-édifiantes il y en a de fort libres.

Je ne les citerai pas, laissant *aux curieux* à se procurer l'excellente édition que M. Livet a donnée de Saint-Amant dans la bibliothèque Elzevirienne. Je ne rapporterai ici qu'un sonnet très-inoffensif, qui justifiera, avec ce que j'ai dit, la philosophie de notre auteur.

> Assis sur un fagot, une pipe à la main,
> Tristement accoudé contre une cheminée,
> Les yeux fixes vers terre et l'âme mutinée,
> Je songe aux cruautés de mon sort inhumain.
> L'espoir qui me remet du jour au lendemain,
> Essaye à gaigner temps sur ma peine obstinée,
> Et me venant promettre une autre destinée,
> Me fait monter plus haut qu'un empereur romain.
> Mais à peine cette herbe est-elle mise en cendre
> Qu'en mon premier estat il me convient descendre
> Et passer mes ennuis à redire souvent :

Non je ne trouve point beaucoup de différence,
A prendre du tabac, à vivre d'espérance,
Car l'un n'est que fumée, et l'autre n'est que vent.

Je me félicite du jugement que j'ai porté sur Saint-Amant, car je viens de lire ce qu'en dit M. Théophile Gautier, dans le volume qu'il a publié sous le titre : *Les Grotesques*, et je vois que ce critique, si plein d'esprit et de bon sens, n'a pas craint de démontrer toute l'injustice de Boileau.

LE PASTISSIER FRANÇOIS

OÙ EST ENSEIGNÉ LA MANIÈRE DE FAIRE TOUTE SORTE DE PASTISSERIE, TRÈS-UTILE A TOUTES PERSONNES. ENSEMBLE LE MOYEN D'APRESTER LES ŒUFS POUR LES JOURS MAIGRES, ET AUTRES EN PLUS DE SOIXANTE FAÇONS.

A Paris, chez Jean Gaillard, rue S. Jacques, à la Diligence, M.D.LIII, avec privilége du roy.

Voilà l'édition originale de ce fameux *Pastissier françois*, dont une autre édition, publiée par les Elzeviers en 1655, atteint un prix si élevé dans les ventes, quand d'aventure elle y paraît. J'eus l'honneur d'en entretenir un jour M. Potier, qui m'assura que, relativement, cette édition de 1655 est plus rare, quoique moins recherchée, que celle d'Amsterdam.

Si j'ai eu la bonne fortune de trouver celle de

1655 dans la boîte à quatre sols; je dois me hâter de dire qu'il y manque plusieurs pages du texte et une de la table.

Mon exemplaire contient un renseignement qui prouve combien ces sortes de livres, faits pour être le code des cuisinières, ont en effet chance de devenir rares, puisque celles qui s'en servent les feuillettent avec des mains grasses et en livrent souvent les pages à tous les accidents de la cuisine. Mon *Pastissier* de 1655 porte sur le premier feuillet : *Ces livre appartient à Marie-Prudence Boidoux, cuisinière che M. Degenghis, à Condé, le 29 mai.* Sur le revers, mademoiselle Prudence a encore constaté que ce livre lui appartenait, mais elle avait alors changé de condition, car elle indique qu'elle est à *Douai*. Si notre Flamande avait continué, elle eût fait de son manuel un véritable *livret*.

Dans un *avis au lecteur*, maître Jean Gaillard dit dans un langage qui montre un juste orgueil de nationalité :

Ayant appris que les Estrangers faisoient un accueil très-favorable à certains livres nouveaux qui portent le nom de François joints à leurs tittres, comme au Jardinier françois et autres, quoy qu'ils en ayent en leurs langues quantité qui traitent de semblables sujets : J'ay cru qu'ils se porteroient avec beaucoup plus de chaleur à caresser ceux qui leur enseigneroient quelque doctrine dont ils n'ont point de connoissance. C'est pourquoy je leur présente hardiment nostre *Pastissier françois*, qui se peut dire estre des premiers de ce nombre, puisqu'il n'y a eu jusqu'à présent aucun autheur qui leur ait donné la moindre instruction en cet art ; lequel, encores qu'il soit fort util aux sains, et nécessaire aux malades, a esté jusqu'à présent tenu tellement secret par nos plus célèbres pastissiers de cour et de Paris, qu'il se void plusieurs villes très-grandes, mesmes des pays entiers en l'Europe, où il ne s'y rencontre personne qui le puisse exercer ny qui l'entende. La lecture et la practique de ce traicté remédiera en sorte à ce défaut, qu'il n'y aura doresnavant, villes, villages, chasteaux ny maisons champestres où l'on ne se puisse traiter très-délicieusement en toutes les saisons de l'année, tant en l'estat de santé, qu'en celuy de maladie : et puis asseurer qu'il ne contient aucune composition qui ne soit très-facile à préparer, et encores plus agréable au manger, à ceux qui auront les moyens et le temps de s'y employer. *Adieu*.

On a vu par ce titre que le *Pastissier françois* enseigne la manière « d'aprester les œufs en plus de soixante façons. » Les *aumelettes* (sic) sont très-variées : « d'abord, l'aumelette simple, l'aumelette à la célestine, l'aumelette cretonneuse, l'aumelette aux pommes, l'aumelette à la mode, l'aumelette à l'escorce de citron, l'aumelette à la crème, l'aumelette aux herbes, l'aumelette au persil, l'aumelette à la sciboulette, l'aumelette farcie avec chicorée, l'aumelette au fromage, l'aumelette aux concombres, l'aumelette aux asperges. »

L'HONNESTE FEMME

DIVISÉE EN TROIS PARTIES, REVUE, CORRIGÉE ET AUGMENTÉE EN CETTE QUATRIÈME ÉDITION, PAR LE R. P. DU BOSC, RELIGIEUX CORDELIER CONSEILLER ET PRÉDICATEUR ORDINAIRE DU ROY.

A Paris, chez Henry Le Gras et Michel Bobin, au Palais, au Troisième pillier de la Grande Salle. M.DC.LVIII.

Cette édition est dédiée à madame la duchesse d'Aiguillon. L'auteur n'adresse pas seulement des compliments à cette illustre personne; il fait suivre sa dédicace d'un avis aux dames dans lequel il leur dit que si *l'Honneste Femme* se présente encore une fois devant elle, c'est plutôt pour leur faire des remerciments et des excuses que pour leur prescrire des lois ou oser leur tracer des règles. Aussi, en leur offrant son ouvrage, il déclare ne leur présenter qu'une *coppie* de leur propre bien.

Il termine en disant que *l'Honneste Femme* ne propose rien aux dames qu'elle n'ait appris des dames mêmes.

Dans la première partie, le P Du Bosc traite de la lecture, de l'humeur gaye, de la réputation, de la constance et de la fidélité, des dames savantes, de la curiosité et de la médisance, des cruelles et des pitoyables. Il peint la desbauchée, etc.

Dans la deuxième partie, il traite de l'humeur complaisante et de l'humeur rude, de la naissance et de l'éducation, de l'ambition comparée à l'amour, du mariage et du célibat.

Dans la troisième partie, l'auteur montre ce que doit être la vraie science d'une honnête femme. Il peint la coquette, la superstitieuse, la scandaleuse, la femme passionnée.

Cette dernière partie est précédée d'une préface due à Perrot d'Ablancourt. On la considère comme un chef-d'œuvre. J'avoue qu'elle ne m'a pas causé un sentiment d'admiration bien vif. D'Ablancourt fait l'éloge du livre, le défend contre les critiques dont il avait été l'objet, et dit en terminant que « les dames, après avoir bien gousté ce livre, prendront plaisir à celui de M. de Sales, et ce sera icy, ajoute-t-il, l'introduction de l'introduction à la vie dévote. »

Le livre du père Du Bosc se lit difficilement ; cependant il faut avouer qu'on y trouve quelquefois les grâces de l'ouvrage célèbre auquel on le destinait à servir d'introduction.

J'ai remarqué qu'au chapitre *de la volupté*, Du Bosc cite, pour en éloigner les dames, l'exemple de la femme de Constantin, qui fit enfoncer une statue de Vénus dans la terre et planter une croix au-dessus de la tête de la déesse.

POÉSIES CHRÉTIENNES ET MORALES
D'ANT. GODEAU, ÉVESQUE DE VENCE, T. III.

Paris, chez Pierre Le Petit, imprimeur et libraire ordinaire du roy,
rue Saint-Jacques à la Croix d'or, 1663.

Godeau, le petit évêque, dit M. Demogeot dans son Tableau de la littérature française au dix-septième siècle, était un homme d'esprit et de cœur, sans façon, bon ami, un peu brusque et fort laid : sa jeunesse avait été assez joyeuse « quand il était en philosophie, tous les Allemands de sa pension ne pouvaient vivre sans lui. Il chantait, il rimait, il buvait, il avait toujours le mot pour rire. » Sa conversion eut lieu de bonne heure, et fut aussi franche que ses légèretés. Il avait fait beaucoup de vers d'amour. Un jour, il les demanda à Conrart, à qui il les avait tous donnés, et il les brûla. Dès lors, il ne composa plus que des œuvres chrétiennes. Une paraphrase du *Benedicite* lui fit donner par Richelieu l'évêché de Grasse, puis celui de Vence, qu'il réunit jusqu'à ce qu'on le força d'opter. C'est dans le recueil de ses poésies chrétiennes que se trouvent les vers qu'il adressa à sa bibliothèque. Ils ne valent pas ceux que citent M. Demogeot et que voici :

Le poëte déplore ses erreurs passées :

O beauté de mon Dieu si longtemps négligée,
De mon aveugle erreur tu ne t'es point vengée·
Tu m'as vu te quitter pour suivre aveuglement
La beauté qui n'est pas ton ombre seulement ;
Et sitôt que mon cœur, enfin rendu plus sage,
A toi seule voulut rendre un fidèle hommage,
Ne me reprochant point mes aveugles amours,
Tu daignas recevoir le reste de mes jours.

M. Demogeot admire avec raison l'accent de sincérité que ses vers révèlent.

L'ESTAT DE LA FRANCE

NOUVELLEMENT CORRIGÉ ET MIS EN MEILLEUR ORDRE, OU L'ON VOIT
TOUS LES PRINCES, DUCS ET PAIRS, MARÉCHAUX DE FRANCE
ET AUTRES OFFICIERS DE LA COURONNE, LES CHEVALIERS DE L'ORDRE,
LES GOUVERNEURS DES PROVINCES, LES COURS SOUVERAINES, ETC.

ENSEMBLE LES NOMS DES OFFICIERS DE LA MAISON DU ROY ET LE QUARTIER
DE LEUR SERVICE, AVEC LEURS GAGES ET PRIVILÈGES

ET L'EXPLICATION DES FONCTIONS DE LEURS CHARGES, COMME
AUSSI LES OFFICIERS DES MAISONS ROYALES

DE LA REINE-MÈRE, DE LA REINE, DE MONSIEUR LE DAUPHIN, DE MONSIEUR
ET DE MADAME, ETC.

AVEC PLUSIEURS TRAITÉS PARTICULIERS DES ARCHEVESCHÉS, ÉVESCHÉS ET
ABBAYES DE FRANCE, DU CONSEIL ROYAL DES FINANCES,

LE TOUT ENRICHY D'UN GRAND NOMBRE DE FIGURES
ET DÉDIÉ AU ROY.

PAR N. BESONGNE, C. ET A. DU ROY, B. EN TH. ET CLERC DE LA CHAPELLE
ET D'ORATOIRE DE SA MAJESTÉ.

A Paris, chez Estienne Loyson, au Palais, à l'entrée de la
galerie des Prisonniers, au Nom de Jésus.
M. DC. LXIII.

L'*Almanach royal* ne parut, je crois, qu'en

1699, le livre de M. Besongne en tenait lieu ; le titre explique assez son contenu. Je n'ennuierai donc pas le lecteur d'une description des chapitres, mais je placerai ici sous ses yeux, comme une véritable curiosité de folle adulation, la préface adressée au roi.

AU ROI.

Sire,

Quand je considère Votre Majesté au milieu de tous les grands officiers de votre couronne et de votre maison royale, que j'expose en ce livre, je m'imagine voir l'assemblée de tous les dieux de l'antiquité sur le même mont Olympe, que le poëte Homère nous décrit si souvent. Je vous contemple comme Jupiter, père des dieux et roi des hommes ; et quand je pense à la déesse Junon, son épouse, je la révère comme l'image de notre auguste reine. Le connétable, qui est le premier officier du royaume et de votre couronne, avec les maréchaux de France et les autres grands officiers des armées, me paraissent assez bien signifiés par le dieu Mars, fils de Jupiter, et qui a toujours été reconnu pour le souverain de la guerre. Et, puisqu'il a aussi été le premier qui a su dompter les chevaux et les rendre souples au service des hommes, nous pouvons encore à bon droit lui faire signifier le grand écuyer, qui a l'intendance des écuries et du haras de Votre Majesté. Minerve, cette sage fille de Jupiter, ou plutôt la sagesse même, nous représente ceux que vous employez dans vos conseils, comme le chancelier du royaume et les autres personnes d'État, qui président ou assistent à tous les conseils, soit de guerre, d'État, ou des finances ; et comme dans la première origine des dieux, cette fabuleuse antiquité leur attribuait un commandement particulier sur les éléments, en établissant les uns pour commander à la mer, les autres pour dominer sur le feu ; nous pouvons ajouter que l'amiral, qui a la domination sur toutes les mers du royaume, est le Neptune de la France, ayant la surintendance générale de la navigation. Nous pouvons aussi joindre à cette même signification le général des galères, ou bien le comparer à une autre divinité de la mer. Le dieu du feu peut facilement être attribué au grand maître de l'artillerie, puisque comme Vulcain qui gouverne le feu, s'emploie à forger les instruments de la guerre et les foudres de Jupiter ; pareillement, Sire, le grand maître de l'artillerie fournit les canons et les foudres de guerre à Votre Majesté, pour exterminer les ennemis de l'État. Aussi voit-on écrit au-dessus de la porte de votre arsenal :

VULCANIA TELA MINISTRAT
TELA GIGANTEOS DEBELLAT USA FURORES.

La déesse Cérès qui nous donne abondamment les vivres et toutes sortes de fruits pour la nourriture des hommes, nous peut représenter le grand maître et les maîtres d'hôtel, lesquels, entre toutes leurs fonctions fort considérables, ont principalement l'intendance des sept offices et de toute la nourriture de votre maison. Pour le grand chambellan, les quatre premiers gentilshommes de la chambre et les maîtres de la garde-robe, je les considère comme les dieux pénates placés au plus secret de la maison, et à qui les anciens avaient une si grande confiance, les estimant comme les fidèles gardiens de leur famille, de leurs possessions et de tout ce qu'il y avait de plus riche dans leur logis. Pareillement, Sire, votre grand chambellan et vos premiers gentilshommes de la chambre ont la garde et le soin de tout le précieux ameublement de votre chambre et des cabinets ; comme aussi les maîtres de la garde robe, de tous les habillements de Votre Majesté. Le grand veneur, qui a le soin de la chasse ne peut mieux être comparé qu'à la Diane des bois, cette grande chasseresse qui avait toujours son arc à la main et sa trousse de flèches à son côté, aussi la reconnaissait-on partout pour la déesse des forêts. Le grand veneur de même, qui était autrefois appelé le grand forestier de France, a l'intendance sur les forêts et sur les plaisirs de la chasse. Mais, pour vos quatre capitaines des gardes, Sire, je trouve plus à propos de quitter l'Olympe pour remonter dans le ciel, et de leur faire emprunter le nom de quatre astres qui voltigent incessamment autour du planète de Jupiter, communément appelés quatuor Jovis Satrapæ, les quatre favoris de la garde de Jupiter; aussi les voit-on continuellement auprès de Votre Majesté, pour vous accompagner partout où vous allez. Semblablement tous les autres capitaines de votre garde peuvent prendre quelque part en cette comparaison. Je pourrais apporter les autres ressemblances pour le reste des officiers de votre maison, si je n'appréhendais d'arrêter trop longtemps les yeux de Votre Majesté sur cet ouvrage ; il me suffira maintenant de vous dire que, quoique j'aie dispersé toutes ces déités entre les grands officiers de votre couronne, je sais néanmoins que vous les renfermez presque toutes dans votre auguste personne, que vous avez la valeur de Mars, la sagesse de Minerve, les charmes de Vénus et tous les autres apanages de ces divinités. Nous admirons aussi en votre personne royale toutes les vertus qui ont achevé les grands héros de l'antiquité; et pour essayer de faire en trois mots votre panégyrique, nous pouvons dire de Votre Majesté, qu'avec l'âme de César, possédant la fortune d'Alexandre, elle a encore la bonne mine et la jeunesse d'Achille. Toutes vos belles qualités, Sire, sont autant de marques du bonheur de la France, et je ne puis les considérer sans publier partout : Heureux les peuples qui vivent sous votre empire, heureux sont ceux qui vous reconnaissent pour roi ! et plus heureux encore ceux qui vous ont tout ensemble pour roi et pour maître ! Ce qui m'oblige d'adresser mes vœux au ciel pour la continuation da vos prospérités, puisqu'elles sont si grandes qu'elles ne se peuvent accroître.

Je suis.

Sire,
de Votre Majesté,
le très-humble, très-obéissant et très-fidèle sujet et serviteur,

N. BESONGNE.

Voici maintenant, d'après M. Besongne, *l'ordre de la marche du Roy et le rang que doivent pour lors tenir et observer différents officiers autour de Sa Majesté.*

Quand le Roy sort du Louvre en carosse à deux chevaux, et accompagné de ses officiers, voicy l'ordre qu'ils tiennent.

Premièrement, tous les soldats des gardes sont rangés en haye des deux costez du chemin à la sortie du Louvre.

En second lieu, le carosse du Roy est immédiatement précédé des *cent suisses* qui marchent en deux rangs et viennent jusqu'à la teste des chevaux.

Les suisses sont précédés des *archers du grand prévost.*

Les gardes du corps marchent derrière et aux costez du carosse, depuis l'ouverture de la portière : que s'ils marchent à pied, les deux plus avancez tiennent toujours les boutons derrière la portière d'un costé et d'autre : et deux valets de pied tiennent de mesme les deux boutons de devant.

Pour les *valets de pied*, ils se rangent toujours d'un costé et d'autre depuis la teste des chevaux jusqu'à la portière, et si le Roy envoye quelque part le valet de pied qui tient le bouton de la portière, celuy qui est le plus proche prend sa place.

L'officier des gardes du corps marche derrière le carosse, et tient la droite. — Et l'écuyer du jour est aussi derrière, au-dessous de l'officier des gardes et à sa gauche.

Le porte-manteau marche seul à la teste des chevaux au millieu des suisses et

Les pages se mettent derrière le carosse, ou bien le soir ils sont montez à cheval, tenant chacun un flambeau et marchent devant les chevaux.

RECUEIL DES ÉPISTRES
LETTRES ET PRÉFACES DE MONSIEUR DE LA CHAMBRE

Paris, chez Claude Barbin, vis-à-vis de la Sainte Chapelle, au Signe de la Croix, M.DC.LXIV.

De la Chambre était de l'Académie française et de celle des Sciences. Né en 1594, il mourut en 1669. C'était un physiologiste distingué. Il était médecin ordinaire du roi Louis XIV, qui avait une très-grande confiance dans la manière dont La Chambre jugeait les hommes sur leur physionomie. Il a beaucoup écrit; ses livres les plus connus sont : *l'Art de connaître les hommes*, ouvrage qu'il n'a pas achevé et dont le sujet peut toujours être traité par ceux qui oseront l'entreprendre. *Les Caractères des passions*, 5 vol. in-4°, travail encore estimé. Les nombreux traités de cet auteur ont toujours donné lieu à des épistres et à des préfaces. Barbin dit, dans l'avertissement donné

en tête du recueil qu'il en a fait : « Il y a longtemps
que j'avais envie de ramasser toutes les épistres
dédicatoires de M. de la Chambre et de les faire
imprimer à part avec les préfaces ; mais comme la
plupart ont desja paru au public et ont perdu la
grâce de la nouveauté, je souhaitois d'avoir quelques-unes de ses lettres familières pour suppléer à
ce défaut. J'ay donc tant fait auprès de M. l'abbé
de la Chambre, son fils, qu'il m'en a donné une
centaine dont j'ay composé le bouquet que mon
Mercure te porte (au lecteur). Les fleurs à la vérité
ne sont pas trop fraisches, mais on m'a dit que
c'estoient des amaranthes qui ne se fanent jamais.
Je ne t'en diray pas davantage, il n'y a que toy seul
qui en puisse faire le jugement qu'il te plaira. »

Le Mercure de M. Barbin est un joyeux garçon,
armé d'ailes à la tête et aux pieds, qui parcourt l'espace avec une vigueur à rendre nos aéronautes
jaloux. Il porte de la main droite le bouquet d'amaranthes dont il a été parlé et semble avoir tout
l'entrain d'un jardinier venant offrir à sa maîtresse
les premières fleurs de son jardin. Franchement, je
crois que M. Barbin a dû faire une mauvaise
affaire en publiant ce recueil. La plupart des contemporains connaissaient ces épitres, ces préfaces,
et on conviendra qu'il a fallu que les traités de

M. de la Chambre fussent nombreux pour que la seule collection de ces pages détachées formât un volume. Comme il y a des bibliophiles dans les diverses catégories de savants et que nous supposons qu'ils seront alléchés par notre titre, nous consignerons ici la préface de M. de la Chambre, placée en tête de son *Traité sur les débordements du Nil*. La science moderne n'étant pas très-fixée à ce sujet, je suis certain que les ingénieurs, les géographes et les naturalistes me sauront gré de leur dire ici ce qu'en pensait l'auteur dont nous nous occupons.

Je ne sçay, lecteur, si tu m'auras quelque obligation du soin que j'ay pris de t'estre allé chercher des divertissements jusques au fond de l'Égypte, et de t'en rapporter des choses si rares et si singulières, qu'on peut dire qu'elles ont été inconnues à tous les siècles passez, et que les plus curieux ont vainement cherchées. Tu juges bien par le titre que j'ay donné à ce discours, que je veux parler des débordements du Nil, dont la cause a été ignorée jusqu'icy, et que je vais te faire voir si clairement, qu'il ne te restera aucun lieu de douter de la vérité que je mets en avant, ni de l'erreur de ceux qui pensent l'avoir découverte. Ne dis point que je n'ay point été sur les lieux, ni veü les choses dont je parle avec tant d'asseurance : la philosophie a la veue plus longue que les yeux du corps, elle voit jusques au plus haut des cieux et au plus profond des abysmes, où ils ne sçauroient pénétrer; et quand elle seroit aussi aveugle que Tyrésias, elle ne laisserait pas, sur les observations qui auroient été faites par d'autres, de rendre les oracles, et de découvrir comme luy les choses les plus cachées. C'est ce qui m'est arrivé icy, car sur les experiences que l'on a faites que l'eau du Nil se trouble et devient verdâtre, quelques jours avant qu'il commence à se déborder et que par le poids de la terre que a l'on tirée de son lit, l'on juge à combien de coudées la creue pourra monter : j'ay bien veü que c'estoit une nécessité qu'il y eût quelque chose dans le Nil mesme qui fust la première cause de son débordement, et qu'il ne falloit point recourir aux neiges fondues de l'Éthiopie, ni aux pluyes de la zone torride, ni aux vents septentrionaux, qui n'ont aucun rapport ni aucune liaison avec ces observations. De sorte qu'après avoir examiné la nature particulière de ses eaux, j'ay enfin découvert qu'elles estoient nitreuses et que le nitre est la première et la principale cause de son inondation, et de toutes les autres merveilles qui se voyent dans ce roy des fleuves. Tu verras, lecteur, si le raisonnement sur lequel j'ay appuyé cette conjecture est juste et concluant ; et si je mérite, ou quelque excuse de m'être laissé abuser par tant de belles apparences, ou quelque louange d'avoir trouvé un secret que l'on cherche il y a deux mille ans.

L'HONNESTE HOMME
OU L'ART DE PLAIRE A LA COUR, PAR LE SIEUR FARET.
Paris, par la Compagnie des libraires du Palais, M.DC.LXV.

J'ai déjà parlé de Faret et j'ai dit tout le bien que j'en pensais. Son livre de *l'Honneste homme* le fit, dit-on, entrer à l'Académie. C'est, il faut le reconnaitre, un petit ouvrage rempli de bonnes pensées et dont la lecture accuse un homme plein de sagesse, nonobstant la réputation faite à l'auteur. Au chapitre de ce livre qui a pour objet de montrer la force de l'opinion et les conséquences qu'elle peut avoir en bien ou mal pour la réputation des hommes, il dit :

> Je ne suis guères d'humeur à me débiter pour autre que je suis ; aussi n'ay-je garde de me vouloir faire passer pour une personne qui soit réglée en sa vie. Et certes le tracas et le désordre dans lequel roulent tous ceux qui sont engagez à la suite de la cour, ne leur permet pas d'exercer ces belles vertus, qui requirent ce doux et paisible estat de vie, après lequel je soupire de si bon cœur ; néanmoins je puis dire avec vérité, et de cette vérité peuvent estre témoins tous ceux de qui je suis particulièrement connu ; que jamais je n'ay exposé ma raison au hazard d'estre surprise d'aucun excez. Que si l'amour des honnestes gens et de leur conversation m'a fait passer avec ceux que j'ay connus une partie de ma vie dans d'honnestes réjouyssances et parmy des plaisirs innocents, j'ay sujet de louer mon bonheur d'avoir ainsy vecu, plustot que d'avoir regret de m'estre trouvé dans ces compagnies. Cependant je ne sçay comment il s'est rencontré que mon nom par malheur rime si heureusement à cabaret que les bons et les mauvais poëtes mes amis et les inconnus, confusément et avec mesme liberté, se sont servis de cette rime, qu'ils trouvoient si commodes, et l'ont rendue si publique que la plupart de ceux qui ne me connoissoient pas bien, s'imaginent que je suis quelque bouchon de taverne ou quelque goinfre qui ne desenyvre jamais.

Dans ce livre qui est dédié au duc d'Orléans,

frère de Louis XIV, Faret traite bien des sujets divers et toujours avec une grande élévation de sentiment. Ce qu'il dit du sentiment religieux et de la foi m'a paru devoir être rapporté.

L'auteur veut que son héros (l'honneste homme) soit doué des « vrays ornements » de l'âme, c'est-à-dire des vertus chrétiennes, qui comprennent toutes les morales.

Le fondement de toutes est la religion, qui n'est à mon advis qu'un pur sentiment que nous avons de Dieu, et une ferme créance des mystères de nostre foy. Sans ce principe il n'y a point de probité, et sans probité personne ne sauroit être agréable, non pas même au méchant. Croyons donc que Dieu est, et qu'il est une sagesse éternelle, une bonté infinie, et une vérité incompréhensible, de qui la définition est de n'en avoir point ; qui n'a ny commencement ny fin, et de qui la plus parfaite connoissance que nous en sçaurions avoir, est d'avouer qu'on ne le sçauroit assez connoistre. Il est bien vray que c'est une hardiesse périlleuse d'en dire mesme des veritez.

LE NOUVEL ADAM

PREMIÈRE PARTIE OU SONT EXPLIQUÉES EN DIX DIALOGUES L'EXCELLENCE DE LA RÉDEMPTION DES HOMMES PAR JÉSUS-CHRIST, L'OBLIGATION QU'ILS ONT DE L'AIMER, ET LA NÉCESSITÉ DE RENONCER A EUX-MÊMES, PAR UN PRESTRE DE L'ORATOIRE DE JÉSUS.

A Paris, chez Léonard, libraire, rue S. Jacques, à l'Écu de Venise, 1667 ; in-12.

C'est la troisième édition ; la première parut en

1665. Cette troisième édition a une seconde partie qui a pour titre : « La vie du nouvel Adam ou le Symbole expliqué par dialogue entre Paul et Timothée. »

L'auteur (M. de Saint-Pé) déclare que son ouvrage comprend les instructions mêmes données dans la maison de madame la duchesse douairière d'Orléans. Dans une dédicace M. de Saint-Pé loue la piété de la princesse qui prenait un soin particulier des gens de sa maison, voulant éviter de mériter cette sentence de saint Paul qui a dit « que si quelqu'un n'a pas soin des siens, et particulièrement de ceux de sa maison, il a renoncé la foi et est pire qu'un infidèle. »

Cette duchesse douairière d'Orléans était Marguerite de Lorraine, veuve du turbulent et peu courageux Gaston, frère de Louis XIII. J'ajouterai que la *Biographie universelle* n'ayant pas consacré d'article à cette princesse, toutes les Biographies plus ou moins universelles qui ont suivi en ont fait autant. Elle mourut en 1672, âgée de 59 ans. L'ouvrage de M. l'abbé de Saint-Pé est une sorte de catéchisme.

Dans le dialogue premier, Timothée demande à Paul d'où vient que Dieu tira Ève d'Adam et ne tira pas ainsi les « femelles des masles en la création des autres animaux ? »

Paul répond :

Ce que vous me demandez est un grand mystère. Vous devez donc sçavoir que Dieu tira Ève d'Adam, parce qu'il vouloit que luy et tous les hommes aimassent leurs femmes comme leur propre corps, et voila pourquoy la première femme a esté formée du corps du premier homme. C'est pour cette même raison qu'il la tira d'auprès du cœur; et aussi pour faire comprendre à l'homme, qu'étant tirée de son côté, il la doit regarder comme sa compagne, non pas comme sa maîtresse, n'étant pas tirée de la tête ; ny comme sa servante, n'étant pas tirée du pied.

LA DÉVOTION AISÉE

PAR LE PÈRE LEMOINE, DE LA COMPAGNIE DE JÉSUS.
JUGUM MEUM SUAVE EST, ET ONUS MEUM LEVE. — SECONDE ÉDITION.

A Paris, chez Jacques Collin, en la grande salle du Palais, au cinquième pilier, a l'Escu de France ; 1668.

La Dévotion aisée est célèbre entre les livres de ce genre. Je n'ai pas la prétention de le faire connaître après ce qu'en a dit Pascal dans sa neuvième lettre. Je rappellerai cependant qu'il fut fort répandu dans son temps, mais qu'il provoqua plus de rires que de conversions. Sous la Restauration, lors de la guerre contre les Jésuites, on réimprima *la Dévotion aisée* dans les in-32 qui étaient autant de projectiles dans les mains de l'opposition. J'en vis récemment un exemplaire (Paris, Baudouin 1826) chez un de mes amis nouvellement marié, qui se plaignait que sa femme fût trop dévote. Je lui fis lire ce passage :

Par la même raison, si une femme prolongeant ses prières, et multipliant ses dévotions, augmente le chagrin et redouble les impatiences de son mari ; si elle le met en mauvaise humeur par des jeûnes affectés et hors de saison ; si elle corrompt les complaisances qu'elle lui doit par des austérités rebutantes et dédaigneuses ; si elle fuit la coquetterie jusqu'à la fierté et l'orgueil; si elle préfère des charités de surérogation qui se font avec montre, à des charités de justice qui se feroient en secret ; si elle porte à un hôpital éloigné les soins et les assistances qu'elle doit à un hôpital domestique ; ne doit-elle pas craindre que ses prières prolongées et ses jeûnes multipliés ne soient comptés pour rien ou soient comptés entre les mauvaises œuvres, que ses austérités orgueilleuses n'attirent sur elle la punition des coquettes, que ses domestiques abandonnés ne lui reprochent devant Dieu ses aumônes profanes et ses charités infidèles.

Avis aux dames!

MAXIMES POLITIQUES
MISES EN VERS PAR MONSIEUR L'ABBÉ ESPRIT.

Paris, Denys Thierry et Claude Barbin, au Palais, M.DC.LXIX (1669); in-12.

L'ambition de l'auteur était que son poëme fût connu du roi ; ce désir porta l'abbé Esprit à le dédier à Montausier, gouverneur du Dauphin.

Les historiens anciens ont entrepris, dit-il, de faire dans le cours de leurs récits la leçon aux princes, mais ces leçons des Polybe et des Tacite sont défectueuses. Le christianisme seul peut les faire avec autorité et je me suis inspiré des pères de l'Église. M. l'abbé Esprit cite saint Ambroise, saint Augustin et saint Thomas dans son traité : *Du gouvernement et de l'administration des princes*. Puis Érasme dans un écrit fort éloquent : *L'institution d'un prince*. Parmi les modernes, il cite le *Traité des devoirs des grands* par le prince de Conty.

Voici une des maximes de l'abbé Esprit :

Les universitez, ces grands et fameux corps,
Qui du profond scavoir dispensent les trésors,
L'ornement des États et les sources célèbres
Où l'esprit prend le jour qui chasse les ténèbres,
Doivent voir par tes dons croistre leurs revenus,
Leurs bâtiments plus beaux et leurs droits maintenus.

———————

LES DELICES DE LA FRANCE
OU IL EST TRAITÉ DE L'ESTAT PRÉSENT DE CE ROYAUME, DE SON GOUVERNEMENT, DE SES OFFICIERS ET DE SA POLITIQUE.
ENSEMBLE LES RARETEZ DE SES PROVINCES ET TOUT CE QU'IL Y A DE PLUS CURIEUX DANS CHACUNE DE SES VILLES. SECONDE PARTIE.

Paris, chez Pierre Trabouillet, dans la galerie des Prisonniers, a la Fortune, M.DC.LXX.

On le voit, je n'ai trouvé que la seconde partie de cet ouvrage fort curieux, mais, dans cette seconde partie la description de Paris. Paris, cette ville proclamée incomparable, il y a déjà plusieurs siècles et dont chaque génération a dit et dit encore : *Paris n'est plus reconnaissable*. Devons-nous croire, nous Parisiens de 1864, que nous voyons la dernière expression de la beauté de cette ville. Je ne le crois pas. Il n'est pas impossible, au train dont vont les choses, que nos derniers neveux ne trouvent le boulevard de Sébastopol trop étroit et la rue de Rivoli une ruelle malsaine ; à chaque époque sa gloire et ses satisfactions : pour moi, je suis de ceux qui se seraient contentés du Paris de Louis XIII et de Louis XIV, de ce Paris dans lequel nous pouvons encore nous promener, grâce aux soins de la société des bibliophiles français qui a reproduit *en fac simile* à deux cent cinquante exemplaires le Plan de Gomboust. Ce plan, nous dit M. Leroux de Lincy, auteur de la notice qui accompagne cette réimpression, nous donne la ville en 1647. Gomboust y a représenté *les hôtels de conséquence avec leurs jardins et parterres*, et il y a pointillé toutes les maisons, de sorte qu'on a un état parfait de toutes les constructions du temps. La vue de ce plan fait comprendre que, relativement le Paris de cette époque, avec ces hôtels, ces couvents, ces palais entre lesquels circulaient l'air et l'espace, devait être vraiment splendide dans certaines parties. La population agglomérée dans un champ plus restreint surprenait l'étranger et causait des vertiges. La satire de Boileau qui ne fut publiée qu'en 1660, eut offert un tableau exact de cette ville immense dans laquelle vivaient le grand Arnault, Balzac, Molière, la Bruyère et toute cette grande société dont le souvenir fait nos plus chères délices ! J'ai passé des journées à considérer avec amour les neuf planches de ce plan; et tout transporté *dans mon sujet*, comme il arrive si souvent à M. Sainte-Beuve en ses exactes peintures des temps qu'il recompose, je me suis surpris saluant M. Guy Patin courant sur sa mule visiter un malade.

Quand on jette le regard sur cet ensemble, l'œil est agréablement surpris de la netteté et du fini d'exécution des objets qui s'y trouvent; non-seulement tous les ponts, toutes les places, tous les monuments civils ou religieux, ainsi que les principaux hôtels particuliers, sont représentés, mais on y voit encore les portes, les barrières, les marchés, les fontaines, les égouts, même les puits et regards : çà et là sont semés de petits personnages qui achèvent de rendre vivant ce curieux spectacle.

La description de Paris donnée dans les *Délices de la France*, bien que postérieure de vingt-trois ans à la publication du *Plan* de Gomboust, en confirme la parfaite exactitude.

EXAMEN GÉNÉRAL

DE TOUS LES ESTATS ET COND.TIONS ET DES PÉCHEZ QUE L'ON Y PEUT COMMETTRE : TIRÉ DE L'ÉCRITURE, DES CONCILES, DES PÈRES, ET DES ORDONNANCES DE NOS ROYS, PAR LE SIEUR DE SAINT-GERMAIN.

Paris, Guillaume Desprez, rue Saint-Jacques, à Saint-Prosper, M.DC.LXX (1670).

L'expérience acquise par l'auteur qui avait été employé dans les missions lui avait fait reconnaître que les directeurs ont le besoin d'être très-instruits sur les devoirs de chaque État et sur les péchés qu'on y peut commettre. Il les compare à des médecins qui doivent savoir quelles sont les habitudes de leurs malades. L'ouvrage est divisé en deux parties : la première est consacrée aux professions religieuses, la seconde aux professions des personnes engagées dans le monde — toutes y sont représentées — les banquiers, les magistrats et même les apothicaires. J'ai lu le chapitre concernant ces derniers et je n'y ai rien trouvé qu'on ne puisse exiger des pharmaciens d'aujourd'hui, c'est-à-dire d'être profondément honnêtes et de ne pas livrer à leurs clients des remèdes avariés.

POÉSIES SPIRITUELLES
PAR F. M. IN-12.

À Paris, chez Estienne Michallet, rue St.-Jacques, à l'image Saint-Paul, DC.LXXI.

Les exemplaires cités par M. Barbier sont de 1756, in-8°. Il ne paraît pas connaître l'édition de 1671.

Malaval, auteur de ces poésies, était un écrivain mystique dont quelques écrits ont été condamnés à Rome et par Bossuet dans une lettre pastorale du 16 juin 1695.

Il était né en 1627 et mourut en 1719.

Toutes les pièces de poésies qui composent ce petit volume sont assez singulièrement intitulées : *La Madeleine parlant à un de ses amants après sa conversion*; *Sainte Thérèse transpercée par un séraphin*; *Crayon du Paradis, Stance accommodée à un air*; *Élévation en travaillant à l'aiguille*; *Élévation en voyant de la fumée*; *Le sommeil de l'Épouse sur ces paroles du cantique : Je dors et mon cœur veille*.

Voici un passage de la première :

> Va, ne m'approche plus, que le monde me laisse,
> Qu'il m'oste ces vains noms d'amante et de maîtresse ;
> J'ay fait moi-même un maistre, et depuis ce beau jour
> Il a tous mes respects, il a tout mon amour.
> Ce n'est que pour Dieu seul qu'il faut qu'un cœur soupire
> Il a formé ce cœur qu'il en ait seul l'empire !

J'ai connu mes péchez, j'ai compris mes malheurs ;
Ma vie est un sujet de honte et de douleurs ;
L'image m'en fait peur, ce souvenir me blesse.
Tu sçavais mon orgueil, tu voyais ma faiblesse.
Les hommes, Azarie, à nos mœurs complaisants,
Rendent l'âme plus vaine et nos fers plus pesants ;
En me nommant déesse on me rendait infâme :
Je pensais être forte et j'étais moins que femme ;
Je me laissais aller à tous mes mouvements ;
Et plus j'avais d'amour, plus j'avais de tourments.
En démon furieux l'amour m'a possédée
Malheureuse en effet, bienheureuse en idée ;
Mes maux étaient cruels, mes plaisirs étaient faux,
Et je tâchais encore d'ignorer mes travaux.
Je renonce à jamais à cette frénésie ;
L'amour de mon salut à mon âme saisie :
Pour un soucy chagrin d'être aymé et d'aymer
En des feux éternels je m'allais abismer.
Guéris-toy de l'amour, comme j'en suis guérie :
C'est un enchantement, une douce furie.
J'ay dit à tous ces feux un éternel adieu,
J'establis mon repos à n'aymer plus que Dieu.

LES DÉLICES DE L'ESPRIT

DIALOGUES DÉDIEZ AUX BEAUX-ESPRITS DU MONDE, PAR F. DESMARETS,
CONSEILLER DU ROY
ET CONTROLEUR GÉNÉRAL DE L'EXTRAORDINAIRE DES GUERRES.

A Paris, chez Augustin Besoigne, dans la Grande Salle du Palais,
vis-à-vis la cour des Aydes et chez Claude Audinet,
rue des Amandiers, devant le Collége des Grassins, à la Vérité Royale.
M.DC.LXXV, avec approbation et privilége.

Préface aux beaux esprits du monde — Protestation de l'auteur à Sa Sainteté. Bien que j'aie soumis ce livre des *délices de l'esprit* au jugement et à la correction de plusieurs savants et pieux théologiens, dit Desmarets — je le soumets encore, à toujours à Notre Saint Père le Pape.

Ces docteurs avaient trouvé l'ouvrage conforme à la doctrine de l'Église, aux bonnes mœurs et très-utile à la vie spirituelle.

Des contemporains appelèrent cependant les délices de l'esprit les *délires de l'esprit*.

L'ouvrage est orné de treize gravures de Chauveau et d'un titre gravé.

Desmarets né en 1595 fut un des premiers membres de l'Académie française. Il composa des pièces de théâtre et le poëme de *Clovis*, etc. Bien que d'un esprit aimable, il se montra d'un caractère violent dans la lutte du Jansénisme.

Desmarets est auteur de *la Violette*, de *la Guirlande de Julie*. C'est une des meilleures, la voici :

> Fleur sans ambition, je me cache sous l'herbe,
> Modeste en ma couleur, modeste en mon séjour ;
> Mais si sur votre front je me puis voir un jour,
> La plus humble des fleurs sera la plus superbe.

DICTIONNAIRE APOSTOLIQUE

PLEIN DE DESSEINS POUR LES MYSTÈRES, PANÉGYRIQUES, ORAISONS
FUNÈBRES, PRONES, SERMONS, EXHORTATIONS AUX PERSONNES
ECCLÉSIASTIQUES ET RELIGIEUSES, ET GÉNÉRALEMENT POUR TOUTES SORTES
DE DISCOURS DE PIÉTÉ,
OU LES MEMBRES DE CHAQUE DIVISION SONT DES PROPOSITIONS TIRÉES
DE LA SAINTE ÉCRITURE ET DES SAINTS PÈRES :
COMPOSÉ PAR LE R. P. C. D. V. P. D. L. EN FAVEUR DES ECCLÉSIASTIQUES
QUI DÉBITENT LA PAROLE DE DIEU ET DES FIDÈLES QUI
L'ÉCOUTENT ET QUI TROUVERONT DANS CE LIVRE L'ABRÉGÉ DE
TOUT CE QUE L'ON PEUT ENSEIGNER. IN-8°.

A Lyon, chez Jean Certe, marchand-libraire, rue Merciére, à la Trinité.
M.DC.LXXIX, avec permission des Supérieurs.

Ce livre dont je n'ai pu découvrir l'auteur m'a semblé, ainsi que le dit le titre, devoir être fort utile; il donne pour chaque sujet ou partie de sermons des points de rappel fort bien exprimés pour faire naître l'idée. Ces indications sont placées sous un mot principal. Ces mots sont fort nombreux. J'ai cherché le mot tolérance que j'aurais voulu donner ici pour montrer quelles idées ce mot pouvait inspirer en 1699, mais je ne l'ai pas trouvé dans le *Dictionnaire apostolique*.

LES ŒUVRES DE MONSIEUR DE MONTREUIL
NOUVELLE ÉDITION.

A Paris, chez Guillaume de Luyne, libraire juré au Palais, dans la Salle des Merciers, sous la montée de la cour des Aydes, à la Justice. M.D.LXXX.

Le portrait de Montreuil qui orne ce livre annonce un charmant homme de cour et peint bien ce que l'auteur se montre dans les gracieux écrits qui se composent de lettres et de vers.

Mathieu de Montreuil né en 1620 était frère d'un autre (Jean) de Montreuil qui fut employé dans la diplomatie. — Le nôtre, sans être engagé dans les ordres, porta l'habit ecclésiastique : c'était un véritable abbé galant. Il n'y a pas dans son livre une ligne de prose ou de vers qui n'exprime le sentiment d'amour. On l'a comparé à Voiture en le plaçant au-dessous — je le trouve plus naturel. — Ses écrits sont assez lestes et il en est qu'on ne reproduirait pas sans inconvénient. J'ai trouvé dans ses lettres un récit extrêmement intéressant du voyage de la cour de France (à laquelle il était attaché) vers les frontières d'Espagne lorsque Louis XIV, accompagné de Mazarin, alla épouser Marie-Thérèse d'Autriche.

Ce récit, adressé à une de ses maîtresses (il en avait beaucoup et se mourait pour toutes), abonde en détails piquants. Dans sa première visite à une église d'Espagne, il assiste à l'enterrement d'un pauvre amoureux que sa maîtresse avait fait mourir d'amour. « Elle était, dit-il, à ses obsèques et n'en faisait que rire. »

Don Louis de Haro, négociateur espagnol, était, à ce qu'il paraît, un homme du plus bel air; tout en lui annonçait un esprit fin et un caractère des plus fermes. Ses deux fils l'accompagnaient et Montreuil fait cette remarque que bien qu'âgés de plus de vingt-quatre ans, ils étaient vêtus pareillement comme deux frères en bas âge. Les seigneurs espagnols répandaient l'or à pleines mains et damaient le pion en cela aux seigneurs français. A la première entrevue, le roi d'Espagne avait la gravité d'une idole, c'était à peine s'il regarda les grands personnages qui lui furent présentés. Un seul attira ses regards lorsque son nom fut prononcé.

C'était Turenne...

Les dames espagnoles parlaient si librement que Montreuil, malgré les meilleures dispositions qui étaient en lui, n'ose pas rapporter à son amie les propos lestes de ces dames.

Il y avait échange de courtoisie entre les deux cours : — les gens de la suite du roi d'Espagne entraient librement chez le roi de France et réciproquement — et cela en des occasions où les Espagnols et les Français n'étaient pas admis dans leur propre cour.

Louis XIV se montrait très-inquiet du résultat des conférences, et le narrateur rapporte quelques traits de l'empressement du prince à voir sa future. Montreuil a soin de noter tous les incidents de voyage : « Il est arrivé ici, dit-il, une dame de Paris aussi belle que son nom est laid, âgée de vingt ans, femme d'un des plus grands officiers de la reine future. Il ne se passe pas un jour qu'elle n'ajoute quelque chose à sa beauté et qu'elle ne diminue quelque chose de sa réputation. Elle fait (coquettement parlant) tout ce qu'elle peut pour se perdre, et comme si elle avait peur de n'en pouvoir venir à bout toute seule, il semble qu'elle ait pitié du marquis de..... et le secrétaire de monsieur..... de lui aider ; et je vous assure qu'à force de violons, de promenades et de collations, ils la secondent si bien, qu'il y a toute sorte d'espérance qu'elle aura contentement, eux aussi. »

Chaque jour compte de nouveaux arrivants pour les fêtes du mariage,— les seigneurs rivalisent de luxe. — M. de Saint-Aignan, courrier des compliments de Louis XIV pour la future reine, monte à cheval couvert des plus riches habits en disant qu'il faut garder sa broderie pour les amours ordinaires, mais que pour les amours du roi, il faut les crotter.

Notre auteur trouve les comédies espagnoles insipides, y compris celle du menteur que Corneille avait imitée, mais de manière à changer en or pur un plomb vil.

Lorsque Montreuil vit le roi d'Espagne à la messe, il fut émerveillé de la splendeur des cérémonies. « Les grands seigneurs d'Espagne, dit-il, causent à la messe comme en France, mais plus bas. » Il donne une description minutieuse des costumes. L'infante n'assistait pas à cette messe. Selon l'usage, elle en avait entendu une dans ses appartements. Logée près de l'église, elle vint au balcon de son hôtel pour saluer son père. L'infante ressemblait beaucoup à Anne d'Autriche ; elle avait des yeux admirables, des lèvres d'un rouge si beau, qu'on eût pu croire que l'art de la toilette n'y était pas étranger, le teint d'un blanc à éblouir, une douceur et un charme inexprimable dans tous ses mouvements. « Ce que j'en estime plus, dit Montreuil, c'est une fleur de santé sans égale. »

La cour partageait son temps en mille occupations diverses — ce n'était que promenades, spectacles et concerts. — Le roi prenait un plaisir extrême à entendre Oltheman, célèbre joueur de viole.

Le jeudi 3 juin 1660, le mariage fut célébré par procuration. Louis de Haro représentait le roi de France et l'auteur fait cette remarque, que lorsqu'ils durent se donner la main, la princesse n'atteignit pas celle de Louis de Haro, mais celle du roi, son père. Aussitôt celui-ci ôta son chapeau à l'infante et lui fit une révérence : non plus comme à sa fille, mais comme à la reine de France.

La cour espagnole vint ensuite rejoindre celle de France à Saint-Jean-de-Luz. Montreuil décrit la fête, le bal, note ceux qui ne dansèrent pas et ceux qui dansèrent le mieux. Parmi ces derniers, il cite MM. de Villequier, Saucour, Gonteri, etc, mais il met le roi *hors ligne* pour le succès.

Le vendredi 4, le roi envoya à l'infante son présent de noces, qui consistait en une cassette remplie de pierreries. Le même jour, à deux heures de l'après-midi, la reine de France arriva à l'île de la Conférence, montée sur un bateau dont la magnificence était indescriptible. Le mariage en propre personne, comme dit Montreuil, eut lieu le 9 juin. Peu après, la cour de France partit pour Paris, et nous savons que ce fut un triomphe jusqu'à son arrivée. Louis XIV fit rendre à la reine sur la route tous les honneurs imaginables; mais, comme le dit un historien (l'abbé Legendre), ces triomphes de province n'étaient qu'autant de préludes de l'entrée magnifique que l'on préparait à Paris, pour donner à la reine une haute idée de la richesse et des ressources du royaume sur lequel elle allait régner.

Les poésies de Montreuil sont, ainsi que je l'ai dit, — extra-galantes. — Ceux qui voudront les connaître feront bien de se procurer l'ouvrage même. C'est un homme qui étouffait d'amour, témoin ce madrigal :

> J'ay pris votre éventail, Madame,
> Mais n'en soyez pas en courroux;
> Songez à mon ardeur, considérez ma flâme
> Vous verrez que j'en ay plus de besoin que vous.

Une autre citation justifiera encore davantage la galanterie de l'auteur.

MADRIGAL

> Hier je rencontray ma charmante Philis
> Les yeux étincelants et la bouche allumée;
> Elle avait sur son teint cent roses contre un lys,
> Et de mille désirs paraissait enflammée.
> Son mari qui dormait sur le pié de son lit,
> Fit qu'à l'oreille elle me dit :
> Aujourd'huy je commence à sentir que je t'aime.
> Hélas ! depuis longtemps mon ardeur est extrême.
> Luy répondis-je aussi tout bas.

Mais si nous étions seuls, que feriez-vous, madame ?
Elle, avec un regard languissant, plein d'apas
   Comme une femme qui se pasme
Me dit en soupirant, ah ! nous n'y sommes pas

LES NOUVELLES ŒUVRES DE MONSIEUR LE PAYS
OU SUITE DES AMITIEZ, AMOURS ET AMOURETTES.
SECONDE PARTIE.

A Paris, Charles de Sercy, au Palais, au sixième Pillier de la Grande Salle, à la Bonne Foy couronnée. M.DC.LXXX, avec Privilège du Roy.

Le Pays était un homme de finance, ce qui ne l'empêcha pas d'être poëte et bel esprit. Ses *Amitiés, Amours et Amourettes* (titre gracieux s'il en fut !) étaient regardées comme le rudiment des amoureux. Elles parurent pour la première fois en 1664. Son ouvrage est charmant et donna à beaucoup de gens l'envie de connaître l'auteur. Une chronique rapporte que des dames vinrent chez son libraire pour s'informer comment il était fait. C'est à l'occasion d'une circonstance semblable qu'il crut devoir envoyer son portrait moitié prose et moitié vers à la duchesse de Nemours. Il avait un esprit supérieur, ainsi que le prouve la manière dont il prit la satire de Boileau, dans laquelle on lit ces vers :

   Le Pays sans mentir est un bouffon plaisant,
   Mais je ne trouve rien de beau dans ce Voiture.

Le Pays a publié en 1688 : *Le Démêlé de l'esprit et du cœur*, in-12. Ce dernier ouvrage ne m'est jamais passé par les mains.

Je trouve dans une de ses Lettres cette pensée assez vraie, c'est que les auteurs sont surtout auteurs *de leur misère*.

Voici en quels termes il apprécie le prince des poëtes.

> La muse de Virgile, après seize cents ans
> Estant belle malgré son âge,
> Compte encore entre ses amants
> Plus d'un savant et plus d'un sage;
> Chacun sçait bien que Scaliger,
> Ce sage et ce savant qui n'eut point de faiblesse,
> L'ayant prise pour sa maîtresse
> Ne voulut jamais la changer;
> Comme un amant plein de tendresse,
> Jusques dans le cercueil souvent porte un tableau,
> Scaliger ordonna pour dernière caresse,
> Que sur son cœur dans son tombeau
> On mît tous les beaux vers qu'avait faits sa maîtresse.

Tout ce volume est plein de grâces.

L'ESPRIT DE COUR
OU LES CENT CONVERSATIONS GALANTES,
DÉDIÉES AU ROY PAR RENÉ BARY, CONSEILLER ET HISTORIOGRAPHE DE SA MAJESTÉ. IN-12.

À Paris, Charles de Sercy. DC.LXXXI

Une dédicace au roi explique la pensée de ce livre :

« Sire, comme votre majesté est toute martiale, j'ay cru qu'elle n'aurait pas pour désagréable que je luy présentasse un livre tout combattant. Il est vray que votre majesté ne tend qu'à vaincre les hommes et que mes personnages ne tendent qu'à vaincre les femmes, et que ces fins ont de notables différences ; mais quoy qu'il y ait une grande disproportion entre la gloire que vous vous proposez et les avantages qu'ils se proposent j'ai pensé que ce qui renfermait quelque image de guerre ne vous déplairait pas et que si vous condamniez l'attaque de mes galans, vous regarderiez de bon œil la résistance de mes héroïnes. »

L'auteur dit ensuite qu'un autre que lui prendrait, de la circonstance, occasion de faire l'éloge du roi, mais qu'il ne s'abandonnera pas à son inclination, et pour le prouver il continue ainsi :

Et comme je sçay, Sire, que vous êtes religieux sans superstition, que vous êtes hardy sans témérité, que vous estes prudent sans artifice, que vous estes juste sans rigueur, que vous estes magnifique sans profusion, que vous estes accessible sans familiarité, que vous estes même expéditif sans relâche et que pour étendre ces vertus qui sont les vertus que l'histoire attribue à saint Louis, il faudrait à ma veine l'étendue de plusieurs volumes.

Voici les titres les plus singuliers des conversations de ce recueil :

Du Libre abord. Tyren aborde une très-belle fille à laquelle il n'a jamais parlé. — *De la Discrétion.* Un homme s'acquitte d'une paire de gants qu'il a perdus. — *Des Fontaines et des ruisseaux.* Théodate cajole Arianne sur ce qu'elle aime les ruisseaux et les fontaines. — *De la belle résistance.* Poléonthe, qui est ami d'une très-belle femme, tâche de se prévaloir de ses déplaisirs domestiques. — *De la Pudeur.* Flavie galantise une demoiselle sur ce qu'elle rougit aisément. — *Du Festin.* Un goinfre représente à ses amis les particularités d'un festin où il s'est trouvé. — *Du Retour des esprits.* Une grande dame, qui avait fait mourir sous le bâton un insolent, croit fermement avoir revu le même homme; et comme elle est raillée d'un savant qui fait l'incrédule, elle est défendue d'un savant qui croit ce qu'il voit croire. — *De l'Inclination bizarre.* Beligonne, qui est fille, ne se plaît qu'après les filles. — *Du Roman.* Un galant homme feint de ne trouver pas bon que les dames lisent des romans. — *Du Beau sein.* On cajole Sinope sur la beauté de son sein, etc., etc.

Ainsi que l'auteur le dit, les titres de ses conversations et les conversations elles-mêmes, présentent souvent des peintures peu édifiantes. Mais comme après tout c'est la vertu qui triomphe toujours ; il pense qu'on l'excusera. Rien de plus précieux que son style, de plus fade et de plus ennuyeux. *Le Dialogue du Goinfre* m'a paru assez drôle comme peinture du temps. Je vais le rapporter ici en entier, en priant le journal *le Gastronome* de vouloir bien le reproduire.

MYSSÈNE.

Je ne m'étonne pas de ce que vous ne soupez presque point, l'on m'a dit que vous aviez fait un ample diné.

BRISEIS.

Ceux qui cognoissent Origone, savent que quand il se mêle de tables, les délicatesses de la nature et les raffinemens de l'art, sont de la partie.

BYSONTE.

Comment avez-vous esté servy?

BRISEIS.

Pompeusement.

BYSONTE.

Il ne faut pas demander si à l'envy l'un de l'autre Carbon et Ragoutin ses cuisiniers ont fait des merveilles.

BRISEIS.

On peut les qualifier du titre dont on honoroit autrefois un empereur ; l'on peut les appeler les délices du genre humain.

BYSONTE.

Qu'on aille tous les jours, si l'on veut, manger chez Origone, l'on ne verra jamais à sa table ni l'abstinence ni la sobriété.

BRISEIS.

Qui manquerait d'appétit devant des viandes extrêmement bien apprêtées?

MYSSÈNE.

Il ne suffit pas pour nous satisfaire que nous sçachions que vous ayez fait un grand repas; il est à propos pour nous contenter que vous nous entreteniez des particularités du festin.

BRISEIS.

Je voy bien ce que c'est, vous voulez que vostre imagination entre en part des douceurs que j'ay goûtées. Hé bien, je suis prest de châtouiller vos oreilles.

BYSONTE.

Écoutons, ne perdons pas un mot; il n'y a pas de diversité plus plaisante que la diversité des plats.

BRISEIS.

Comme les inclinations sont différentes on nous a servy d'abord divers potages — les quatre qu'on a mis au bout où j'étois valaient bien ceux qu'on a mis au bout où je n'estois pas. Le premier qu'on appelle à la royale au bouillon brun estait composé d'ortolans, de cardons et d'artichaux; le deuxième qui passe pour une soupe à la Reine n'estoit seulement pas remply de blanc de perdrix, il estoit encore arrosé de jus d'éclanche et de citron; le troisième que les maîtres de l'art appellent à la Princesse, fournissoit de pigeonneaux et de béatilles; enfin le quatrième, qui a aussi son illustre nom et qu'on appelle à l'Altesse estoit de ris de veau, de blanc de chapon, de champignons et de truffes.

MYSSÈNE.

Si les autres potages approchent des premiers on peut appeler le premier service un beau début.

BRISEIS.

L'on a veu au bout où je n'estois pas un potage de santé :

l'on a veu au même endroit une bisque de pigeons de volière. L'on a accompagné ces deux soupes d'un potage de poulets farcis : et celuy qui a suivy celui-cy, que les françois appellent à l'italienne estoit assaisonné de macaroni de fromage, gratate et vermiceilly.

BYSONTE.

Il est à croire que ce qui est venu ensuite a correspondu à ce qui a précédé.

MYSSÈNE.

Il n'en faut pas douter.

BRISEIS.

Le premier service, comme vous pouvez penser, a esté relevé de huit entrées. Il a été relevé d'une longe de veau farcie de petits pigeons, de ris de veau, de champignons et de capres ; d'une multitude de poulets aux huîtres et aux anchois, d'un poulet d'Inde, d'une éclanche à la royale, d'une tourte de pigeons et de béatille, d'un filet de cerf à la sauce douce, d'une portion de veau en ragoût et d'une compote de pigeons garnie de marinade.

BYSONTE.

Ces sortes d'entrée méritent bien d'être mises en ligne de compte.

BRISEIS.

Comme vous êtes des goinfres — je n'ai pas voulu vous entretenir de toutes les délicatesses qui les ont accompagnées — vous vous imaginez bien de tous les ingrédients dont elles étaient garnies.

MYSSÈNE.

Passons au troisième service ; ce que vous avez obmis est assez ordinaire.

BRISEIS.

Après les potages et les entrées, ont paru vingt-quatre faisanteaux, quarante-huit perdreaux, vingt-quatre poulets de grain, quarante-huit ramereaux, soixante cailletaux, trente-six pigeonneaux de volière, dix-huit lapreaux et soixante tourterelles.

MYSSÈNE.

La justesse a été exactement observée dans ces pyramides.

BRISEIS.

Il ne s'est rien veu de plus égal, chaque bassin a été proportionnément remply.

BYSONTE.

Vous a-t-on donné de fins entremets?

BRISEIS.

L'on a rien oublié.

MYSSÈNE.

Ils ont dû vous régaler d'un plat de ris de veau, d'un ragoût de champignons et de truffes, d'un service de pied de porc, d'une tourte de franchipane et de quelques omelettes au jambon.

BRISEIS.

Ils ont ajouté à cela un mélange de petites langues de porc et de bœuf parfumées, d'une gelée ambre et d'une herbeluche.

BYSONTE.

Vrayment si le dessert a esté de cet air, vous pouvez vous vanter d'avoir veu un festin bien ordonné.

BRISEIS.

L'on ne s'est pas contenté de couvrir la table d'oranges confites, de poires de bon chrétien, de massepain à la Royale, de poires de double fleur, de chaire de citron et d'orangeades, de biscuits de Savoye, de poires de Bergamotte, et de poires de Bezicdhery; l'on a servi encore des abricots liquides, entourez de quelques autres abricots, des prunes de Perdrigond liquides, environnées aussi de quelques autres prunes, des cerises liquides garnies à oreilles, des biscuits de citron parfumé, des framboises liquides, accompagnées de framboises sèches, des zestes d'oranges, des conserves d'abricots et de pistaches, et des amandes à la Pralines.

MYSSÈNE.

De quelles sortes de vins avez-vous fait rubis sur l'ongle?

BRISEIS.

Nous avons beu d'abord du célestin de Mante, des vins d'Ais et de Chably, de Coindrieux et d'Avenette, et de quelques autres renommez; et à peine avons-nous été aux assiettes volantes, que nous avons beu du doux et piquant de Piedmont, du Ruiezalt et du Rossoly, de la Verdée et de Malvoisie, de la Gioula et de Lacryma Christi.

MYSSÈNE.

Les liqueurs dont vous avez si heureusement conservé la mémoire, ont des grandes vertus; elles font bien faire des choses.

BRISEIS.

Elles en font bien dire aussi.

MYSSÈNE.

C'est ce qui me persuade que les bons mots ont été dits et que les bons contes ont été faits.

BRISEIS.

Arondile et Mezingue ont esté un second régal; ils se sont entrepris, ils se sont entre-raillez; et à n'en point mentir, je n'ay jamais rien entendu de si divertissant.

BYSONTE.

Il est assez ordinaire aux grands festins d'avoir leurs rieux.

BRISEIS.

Ceux que je vous parle conservent toujours leur feu: ce sont de ces goinfres qui mêlent en quelque façon la modération avecque la débauche, la retenue avec la licence, et qui sçachant de longue main de quels excès ils sont capables, sont toujours en état de payer de leur personne.

MYSSÈNE.

Je n'estime pas peu ces sortes de gens.

BYSONTE.

Ils disent d'excellentes choses.

BRISEIS.

L'esprit trouve son compte avec eux, il se nourrit comme d'un aliment du suc de leur entretien ; et l'on peut dire à leur avantage, que s'ils reçoivent des repas de bouche, ils donnent des repas d'oreille.

HISTOIRE DE LA SANTÉ

PAR M. DE ***.

A Paris, chez Jacques Villery, rue de la Vieille Bouclerie, à l'Estoille, 1683.

Fremont d'Ablancourt est, dit-on, l'auteur de ce livre. C'était un homme d'infiniment d'esprit, ami de Turenne. Il obtint par le crédit de ce grand homme l'ambassade de Portugal ; obligé de s'expatrier comme protestant à la suite de la révocation de l'édit de Nantes, il se retira en Hollande où il fut parfaitement accueilli par le prince d'Orange qui le nomma son historiographe. On attribue à Fremont un catéchisme à l'usage des Églises protestantes, et l'épître dédicatoire à Bossuet des *ce-*

rémonies et coutumes qui s'observent parmi les juifs.

Les dialogues de la santé ont pour but de railler ceux qui mangent gloutonnement. Les avertissements leur viennent du cœur, de l'estomac, des boyaux, de la sobriété et de la prévention, érigés en personnages; l'auteur critique quelquefois spirituellement ceux qui ne sont souvent malades que par la peur de le devenir. Le dixième dialogue s'attaque aux médecins. L'ensemble du livre est d'enseigner l'art de se passer des docteurs. L'auteur raille la versatilité de leurs moyens de guérir, le ridicule des remèdes que recherchent souvent les malades, et tombe sur la faculté qui a, dit-il, trois cigognes dans ses armes, parce que cet oiseau passe pour se donner des lavements avec son bec.

LES PLUS BELLES LETTRES
DES MEILLEURS AUTEURS FRANÇOIS, AVEC DES NOTES,
PAR PIERRE RICHELET.

A Lyon, chez Benoit Bailly, rue Mercière, à la Vérité. M.DC.LXXXIV.

Il y a à la suite des lettres citées par Richelet, des observations qui servent, soit à compléter le texte, soit à faire juger l'auteur. Une sorte de préface la plus drôle du monde. Elle a pour titre : *A qui lit*.

Ce recueil (dit l'auteur) oblige les honnêtes gens qui aiment notre langue ; et sert en quelque manière à la réputation de plusieurs illustres morts. Il oblige les honnêtes gens par la beauté des lettres et les fameux mots qu'il contient, par les agréables billets qu'on y trouve de leur façon et où on les fait parler plus poliment qu'ils n'avaient accoutumé. Pour leur faire encore plus d'honneur et avoir la satisfaction d'agréer davantage au public, on éclaircit les endroits les plus remarquables de leurs lettres, et de celles de nos excellents auteurs qui vivent, et l'on retranche des ouvrages des uns et des autres les choses trop obscures ou trop particulières. — Elles auraient peut-être le malheur de faire bailler et l'on est ravi de ne rien mettre au jour qui fasse cet effet. On ne veut que plaire et être utile. C'est l'unique but qu'on doive avoir. Heureux qui l'attrape.

Les auteurs dont Richelet cite des lettres ou de simples billets sont d'Ablancourt, Arnauld d'Andilly, Balzac, Bouhours, Bussy, La Chambre, Conrart, Corneille, Costar, le chevalier de Meré, le chevalier d'hier ***, Despréaux, mademoiselle Desjardins, Lafontaine, Furetière, Gombaud, Mainard, Maucroix, Marigni, Molière, Montreuil, Patru, Patin, Sarazin, Scaron, Théophile et Voiture.

Notre illustre gammairien donne son sentiment

d'une manière développée sur quatre d'entre eux, Bussi, Arnauld d'Andilly, le chevalier d'hier *** et Conrart. Puis il s'arrête et on trouve cet avis de libraire :

> On ne publie point ce que M. Richelet a dit des autres messieurs dont les lettres composent ce recueil. On est bien aise de voir auparavant ce qu'on pensera de ce qu'il a écrit de ces quatre ; et sur ce qu'en dira le public qui est un bon juge, il se réglera à l'égard des autres (la précaution est bonne !) — Alors j'imprimerai ce qu'il aura écrit de leur vie et de leurs ouvrages à la tête du second volume de ce recueil, ou d'une petite poétique qu'il m'a donnée.

Richelet fait un grand éloge de Bussi. Il ajoute après cela : « Il y aurait ici quelque chose à dire des accidents qui sont arrivés à monsieur le comte : mais c'est l'affaire de ceux qui feront sa vie.

Selon lui M. le chevalier d'hier *** est savant et honnête homme.

L'éloge d'Arnauld est mêlé de blâme, selon Richelet le mérite de Conrart est complet. Il écrivait poliment et c'était un honnête homme.

Le premier billet cité est celui d'une demoiselle qui n'est pas nommée, parce que, dit Richelet, cela n'est pas nécessaire, ses billets en disent assez. C'était une demoiselle de très-bon air et elle était bien faite autant qu'on le saurait être.

Le billet est adressé à un amant. Elle lui demande son cœur pour étrennes.

> Si votre cœur est à donner je vous demande mes étrennes ; et de vous je ne saurais recevoir autre chose. S'il est en votre disposition, obligez-moi de me l'envoier, ou de me l'aporter ; et soyez seur que je n'ai rien, je die rien, que je doive refuser à la récompense d'un présent qui me sera si cher.

Richelet croit que cet amant était M. de la Sablière. Il écrivait, dit-il, ingénieusement en vers et en prose ; et il faisait de si jolis madrigaux que M. Conrart lui donna la qualité de secrétaire des muses, des lettres, de grand madrigalier français. Cette galanterie, s'étant répandue dans le monde poétique, Barbin qui le fréquentait fit tant qu'après la mort de M. de la Sablière il eut des amis du défunt la plupart de ses madrigaux. Il les imprima avec la pensée d'en faire un grand débit ; cependant, ajouté Richelet, comme les livres ont leur destin, et que le recueil des poésies de M. de la Sablière a été imprimé sous une malheureuse étoile, le public ne répondit pas à l'attente de l'illustre éditeur de Larochefoucauld.

Richelet reconnaît qu'il y a dans ce petit livre des madrigaux très-jolis et très-bien tournés (je suis bien de son avis) ; mais fait-il observer « il n'a pas assez de variété, et la variété est l'âme de tout ce qui n'est fait que pour plaire ».

Bien que les billets de cette belle personne n'aient rien que de convenable, les titres en sont assez curieux. En voici quelques-uns : billet II, elle est fâchée de n'avoir pas été au logis ; billet III, c'est la cajoler que de lui dire qu'elle écrit bien ; billet V, à sa rivale, elle tâchera de lui enlever son amant ; billet X, elle lui demande des nouvelles de ses amours, etc., etc.

Je trouve ensuite une lettre de Voiture à Mademoiselle Paulet qui fut une des premières maîtresses de ce gracieux littérateur. Mademoiselle Paulet était fille d'un secrétaire de la chambre du roi. On l'appelait *la lionne*, à cause de son courage et de ses cheveux dorés — on voit par là que nous ne sommes pas très-inventifs.

Dans une lettre sur l'amitié, Balzac dit : Vous ne pouvez, monsieur, vous imaginer le contentement que j'ai reçu de votre lettre et des choses qu'elle m'a apprises. Le moyen de me contredire quand je m'appelle malheureux, c'est de me faire l'honneur de m'aimer — si je n'en étais persuadé, je me laisserais mourir de tristesse — vous m'êtes, monsieur, nécessaire pour vivre, et si vous souhaitez d'avoir dans peu de temps ma succession, vous n'avez qu'à m'ôter vos bonnes grâces. Mais je ne crains pas cette perte, vous n'êtes pas attaché aux biens de la terre, et vos sentiments sont trop nobles, n'en changez jamais, je vous supplie et quoique je sois toujours mélancolique, faites-moi la faveur de croire qu'il y a des yeux qui pleurent si agréablement qu'on est amoureux de leurs larmes, obligez-moi de me mander de vos nouvelles : mais si vos lettres sont courtes, je les lirai si souvent qu'elles deviendront longues malgré vous.

Rien de plus gracieux que cette pensée.

Richelet, dans les explications de cette lettre, dit que Balzac avait une mélancolie douce et ingénieuse.

Elle paraît, dit-il, dans ses lettres : et il n'en parle jamais sans chatouiller le cœur et inspirer la joie : ses beaux yeux, comme il dit, pleurent de si bonne grâce, qu'il se trouve souvent des gens qui sont amoureux de leurs larmes, et il y a une certaine mélancolie pleine de charmes, qui vaut mieux que toute la gaieté du monde.

Costar, dans une lettre au marquis de Villaines, montre jusqu'où peut aller l'obéissance de l'amitié. « Puisque vous vous intéressez tant à moi, dit-il, je me résoudrais jusqu'à avoir de l'ambition. » Cela est dit plaisamment, remarque Richelet, par Costar qui était archidiacre. Il désigne à ce qu'on croit un capucin fameux du temps de la Ligue, lequel par une humilité apostolique et un entier renoncement aux vanités du monde s'était obligé par vœux à devenir cardinal.

Notre grand cardinal M. de Cheverus disait à quelqu'un qui le félicitait sur son élévation à la pourpre : » Prenez garde que cette robe qui est couleur de feu ne me brûle... »

A propos d'une autre lettre de Costar dans laquelle celui-ci qui se trouvait au Mans semble regretter Paris, Richelet dit (il avait raison) :

Il y a dans cette ville fameuse plus de politesse et de galanterie, les plaisirs y sont plus purs, les esprits plus délicats, plus solides et plus adroits en toutes sortes d'exercices et il y a même à Paris plus de véritable gloire, et de courageuse émulation que dans la province.

A la suite des lettres galantes on traite du portrait. Selon notre auteur le portrait est une description grande, enjouée ou satirique de quelque personne. Il en a pour matière le corps, l'esprit, les vertus ou les vices. Son caractère est fleuri et naturel, on fait le portrait en vers, ou en prsoe ; ou en vers et en prose tout ensemble. Les choses s'y tournent d'une manière à inspirer de l'estime, de l'amour ou de la haine : et l'on travaille à y marquer naturellement l'air, le visage, les mœurs et les inclinations des gens. L'une de ses plus sensibles beautés consiste en cela. Il ne faut pourtant pas peindre si fort d'après nature qu'on aille un peu au delà: mais sans choquer la vraisemblance, les grands peintres le pratiquent de la sorte et on les doit imiter. »

Parmi les portraits donnés pour modèles, j'ai distingué celui de cette princesse infortunée morte à Saint-Cloud, en 1670 et dont la fin saisissante est racontée par Bossuet dans cette célèbre oraison funèbre où il s'écrie : *Madame se meurt — madame est morte !*

Madame avait la taille médiocre et dégagée, le teint blanc et d'un incarnat inimitable ; les traits du visage réguliers et délicats ; la bouche petite et relevée, les lèvres vermeilles ; les dents bien rangées et de la couleur des perles ; les yeux bleus, vifs, languissants, en un mot adorables. Les cheveux d'un blond cendré le plus beau du monde, la gorge, les bras et les mains d'une blancheur achevée. Son esprit était vaste, brillant et digne de mille empires ; ses sentiments grands et élevés ; et l'assemblage de tant de belles choses produisait un effet si admirable qu'elle paraissait plutôt un ange qu'une créature mortelle.

En voici un autre qui pour être d'un abbé (Cotin) n'est pas moins remarquable.

Madame R*** est trop belle pour être peinte d'après nature. La main la plus hardie n'en saurait faire qu'une légère ébauche : et rien ne la peut bien représenter que la glace de son miroir. On ne vit jamais dans une même personne un air, ni si doux, ni si noble. Elle a tout ce qui peut faire une beauté parfaite, la proportion et la délicatesse des traits, le beau tour du visage et cet agrément qui jusqu'ici n'a pas eu de nom. Sur toutes les aimables personnes de son sexe, elle a cet avantage qu'elle n'est pas journalière: son teint est toujours admirable et il est au-dessus de toute comparaison : sa bouche est belle, et ses dents blanches et petites en augmentent le charme ; elle a les yeux de la plus agréable couleur que l'on puisse imaginer ; ils sont d'un bleu pâle, ce qui les rend extrêmement doux et touchants : on ne voit pas de gorge si bien taillée que la sienne ; et l'éclat de sa blancheur éblouit : ses bras et ses mains ne le cèdent pas à tout le reste. Le ciel fit tous ses efforts pour loger une belle âme dans un si beau corps : elle est née généreuse et obligeante; mais ce qu'on admire autant, elle a une grande modération dans une grande fortune, et beaucoup de fermeté dans les plus sensibles disgrâces; elle est d'une humeur agréablement égale, sa conversation est spirituelle et délicate : elle juge très-bien de la plupart des belles choses, je dirais de toutes si elle jugeait assez avantageusement d'elle-même; mais elle ne se fait point justice. Je donnerais des louanges à cette modestie si je ne savais qu'elle ne les peut souffrir et c'est ce qui m'empêche d'achever son portrait; je ne puis le finir sans la louer et je ne la puis louer sans lui déplaire.

Ne reconnaît-on pas là celui qui a dit :

> Iris s'est rendue à ma foi ;
> Qu'eût-elle fait pour sa défense ?
> Nous n'étions que nous trois: elle, l'amour et moi,
> Et l'amour fut d'intelligence.

A la suite des portraits se trouvent les épîtres dédicatoires qu'on a pu déjà apprécier à l'occasion des ouvrages précédemment cités. Les conseils que donne Richelet étaient-ils suivis? C'est ce que le lecteur appréciera.

Ce que le sonnet est dans la poésie, l'épître dédicatoire l'est dans la prose, un petit chef-d'œuvre quand elle est bien faite. Il faut, pour y réussir, trouver aux actions de son héros quelque chose de vrai et de grand, qui lui soit particulier, et qui le distingue de quelque autre personne que ce soit. On met en son plus beau jour ce qu'on a trouvé; et chatouillant là-dessus d'une manière nouvelle et délicate celui à qui l'on rend des témoignages publics de son respect, on l'oblige avec esprit d'agréer ce qu'on prend la liberté de lui offrir. L'air dont on s'exprime aux épîtres dédicatoires doit n'avoir aucune apparence de flatterie et être plus brillant, plus fleuri, plus exact, et plus soutenu que dans les lettres ordinaires. Le panégyrique le demande de la sorte. L'épître dédicatoire en est un et c'est tout dire.

Parmi ces épîtres dédicatoires Richelet cite celle que Furetière eut la fantaisie d'adresser au bourreau à l'occasion de son *Roman bourgeois*. Il ne faut pas croire pour cela qu'elle ait été placée en tête de ce livre. M. Charles Nodier qui avait la première édition, *Paris, Théodore Girard* 1666, dit qu'elle se trouve à la page 672, mais, ajoute-t-il, c'est un hors-d'œuvre satirique qui ne se rapporte point à l'ouvrage lui-même. Elle s'adresse à très-haut et très-redouté seigneur Jean Guillaume, maître des hautes œuvres de Paris.

   Guillaume,

Voici sans doute la première fois qu'on vous dédie un livre. Un présent de cette nature est rare pour vous et sa nouveauté vous surprendra. Je suis las, ajoute-t-il, de voir des auteurs encenser des personnes qui ne le méritent pas tant que vous.

Depuis que j'ai vu, continue-t-il, tant de faquins qui ont des équipages de grands seigneurs, et tant de grands seigneurs qui ont des âmes de faquins, il m'a pris envie de vous louer aussi. (Suivent diverses plaisanteries.)... On vous peut louer en conscience puisque c'est vous qui montrez à beaucoup de monde le chemin du salut et à qui vous ouvrez la porte du ciel, etc.

Richelet dit que Furetière qu'il avait en haine a travaillé de génie en faisant cette épître à son patron.

Le livre est terminé par des lettres de félicitations empruntées aux auteurs que j'ai déjà cités et qu'il ne m'a pas paru utile de reproduire.

LES QUESTIONS D'UNE PRINCESSE
SUR DIVERS SUJETS, AVEC LES RÉPONSES PAR M. PONTIER, PRÊTRE THÉOLOGIEN ET PROTONOTAIRE DU SAINT-SIÉGE.

Paris, Guillaume de Luyne, libraire juré au Palais, sous la montée de la Cour des Aydes, à la Justice, et Claude Barbin, sur le second perron de la Sainte-Chapelle, M.DC.LXXXV (1685).

L'abbé Pontier dédie son livre au père de la Chaise, conseiller et confesseur du roy. Il place avec raison cet illustre jésuite au-dessus de toutes les autres personnes considérables de la cour de Louis XIV, puisque ce prince, en lui commettant le soin de son âme, l'a chargé de tout ce qu'il y a de plus précieux :

Si j'osois passer les bornes de votre modestie, dit-il au confesseur de Sa Majesté, que ne diray-je pas de votre naissance et de toutes ces grandes qualités dont vous vous servez si utilement pour remplir tous les devoirs d'un employ si important.

Il est rare, dit l'auteur dans un avertissement, qu'on ne soit auteur qu'une fois :

Le succès d'un ouvrage est une violente tentation pour d'autres. Le public a reçu 'si favorablement mon livre intitulé *le Cabinet des grands*, qu'il m'a excité à mettre au jour celui-ci, qui contient des réponses à plusieurs questions, lesquelles m'ont été proposées en différentes rencontres par une princesse qui a joint une piété solide à des notions sur toutes sortes de sciences, qui sembloient passer la portée de son sexe. Elle est morte en l'année 1682 agée de quatre-vingt-deux ans. C'est feue madame la duchesse d'Angoulesme, comtesse d'Alais ; Henriette de la Guiche, veuve de Louis-Emmanuel de Valois, duc d'Angoulesme, dont le père Charles duc d'Angoulème, étoit fils naturel de Charles IX, roy de France. Cette illustre défunte fut élevée, ajoute-t-il, au rang de princesse, par les avantages de son esprit et de sa personne.

Le père Pontier assure que son livre sera utile aux théologiens, aux jurisconsultes, aux philosophes, aux naturalistes, aux historiens, aux astronomes, aux grammairiens et même aux ambassadeurs. Il termine son avertissement en citant deux lettres qui lui ont été écrites l'une par madame la duchesse de Savoie et l'autre par le cardinal Pierre de Bonzy au sujet de son *Cabinet des grands*.

Bon nombre des questions auxquelles il répond sont aussi naïves qu'il est possible et justifie bien ce que disait la Bruyère dans la peinture qu'il a faite de notre auteur sous le nom de Dioscore (voir toutes les clefs) :

Il écrirait volontiers que la Seine coule à Paris, qu'il y a sept jours dans la semaine ou que le temps est à la pluie.

Je trouve sur mon exemplaire un autographe de Pontier.

Parce que les livres qui ont cours, écrit-il, sont sujets à être contrefaits, l'on a obligé l'auteur de celui-ci de le parafer de sa propre écriture. — Signature: PONTIER.

Les questions proposées et résolues sont au nombre de cent. Voici les plus singulières :

D'où vient que les hommes vivaient plus longtemps avant le déluge qu'ils ne font présentement ?

D'abord parce que les premiers enfants d'Adam tenaient beaucoup de son bon et parfait tempérament et qu'il était nécessaire qu'il en fût ainsi pour la propagation du genre humain.

La nature a-t-elle donné des remèdes spécifiques à chaque maladie ?

Chaque remède a sa vertu et propriété particulière. — Par exemple, le séné et le sirop de roses pâles purgent la mélancolie, l'agaric la pituite, la rhubarbe la bile, etc.

Le tempérament le plus propre à la santé contribue-t-il au bon esprit?

Le père Pontier avoue qu'il y a des valitudinaires qui ont plus d'esprit et de raison que de gros hommes bien portants.

Y a-t-il eu des personnes qui aient dormi des années sans interruption?

Il y a eu des personnes qui, par quelque cause occulte et par permission de Dieu, ont dormi des années entières, témoins les sept dormans d'Éphèse qui, fuyant la cruelle persécution de l'empereur Dèce, se retirèrent dans une grotte et y dormirent cent quatre-vingt-seize ans.

La douzième question est relative aux somnambules. — D'où vient que des personnes se lèvent la nuit étant endormies, qui descendent par les fenêtres, grimpent sur les murailles, passent les rivières à la nage, etc.?

R. — Cela procède d'une constitution extrêmement chaude et pleine d'un sang écumeux, et des esprits grandement bouillants, lesquels montant au cerveau le troublent, et bouchent les conduits et organes des sens, excitant les facultez de l'âme à toutes ces actions, de sorte que le corps, par l'impulsion et l'agitation de ces esprits animaux, dans lesquels consiste la force des nerfs, des muscles et du mouvement, est porté même pendant le sommeil à tous ces effets étranges et surprenants.

Il me semble qu'après une pareille interprétation le somnambulisme ne devra plus étonner personne.

FACTUM POUR MESSIRE ANTOINE FURETIÈRE
ABBÉ DE CHALIVOY CONTRE QUELQUES-UNS DE L'ACADÉMIE FRANÇAISE
(A LA SPHÈRE).

A Amsterdam, chez Henry Desbordes, dans le Calvert-Straat, près la Dune, in-12, 1686.

On connaît l'histoire de Furetière que l'Académie bannit de son sein en 1685 (vingt-trois ans après sa réception) comme accusé d'avoir pillé le dictionnaire qu'elle faisait elle-même. Furetière dans sa réclamation au chancelier rappelait qu'il avait obtenu un privilége régulier pour son dictionnaire universel ; mais l'Académie prétendit qu'il n'avait obtenu ce privilége que par un faux exposé et elle persista à éloigner d'elle ce confrère infidèle. Rien n'égale la fureur que Furetière manifesta à cette occasion. Comme il était homme d'esprit il se défendit quelquefois avec force dans ses factums. En invoquant l'appui du chancelier au sujet de sa disgrâce, il prit soin de déclarer qu'il ne pouvait l'attribuer à l'Académie entière. Il la partageait en deux camps. Dans le premier se trouvaient MM. le cardinal d'Estrées, l'archevêque de Paris, le coadjuteur de Rouen, l'évêque de Meaux, le premier président, le président de Mème, les ducs de Coislin et de Saint-Aignan, le comte de Bussi, le marquis d'Angeau, Villayer et Pelisson, ainsi que MM. Fléchier, Galois, Huet, Racine, Despréaux, Corneille et autres qui ont, disait-il, un vrai mérite de littérature. Ceux qu'il prend à partie et qui forment le second camp étaient selon lui les *ânes de l'Académie*. Il les passe en revue dans son second factum. C'était d'abord l'abbé Tallemant qui, à l'occasion de la définition de l'océan, avait dit que ce n'était pas l'eau qui entourait la terre, et qu'au contraire c'était la terre qui entourait la mer. On lui répliqua (c'était dans une discussion de l'Académie précisément pour le dictionnaire) qu'il fallait dire pareillement que ce n'étaient pas les fossés qui entouraient la ville, mais que c'était la ville qui entourait les fossés. Il persista en son opinion en disant qu'il n'y a point de mer qui n'eût son rivage, et cette contestation ne finit point qu'il n'en eût coûté quarante francs (de jetons) au roi.

Selon Furetière l'abbé Tallemant avait aussi les

idées les plus drôlatiques en astronomie et il ne se passait pas de jour qu'il ne débitât quelque folie.

Quinaut nommé ensuite est reconnu comme une bonne paste d'homme, mais il ne s'ensuit pas de là, dit-il, qu'il ait une grande autorité en littérature. Charpentier, dit Furetière, à cause qu'il sait un peu le grec passe pour savant devant ceux qui n'en savent pas du tout. Barbier Daucourt est un homme qui a deux noms aussi inconnus l'un que l'autre. Le sieur de Lavau est un académicien non élu; l'Académie l'a reçu tout fait d'un ministre qui s'en était servi. Il avait la prudence de se mettre à la place du dernier opinant, afin de donner son avis en faveur du parti le plus fort, de sorte qu'on ne peut l'accuser d'être auteur d'aucune des bévues du dictionnaire de l'Académie. Le sieur Bonjat, doyen de l'Académie, est un bon jurisconsulte canonique qui est merveilleusement fort sur la *Ratio dubitandi*. Un jour, à l'occasion de la discussion du mot *mast*, il se leva disant qu'il allait acheter une gravure réprésentant un navire et au bas de laquelle il y avait l'explication de toutes ses parties. Mais Racine l'arrêta au moment où il allait faire emplette de ce ridicule éclaircissement. Benserade a assez bien étudié en sa jeunesse, mais il est devenu ridicule; c'est le chevalier des proverbes;

leur fonds est tout ce qu'il possède en littérature. Il croit que toute la langue n'est faite que pour des rondeaux. Il est, ajoute-t-il, de ces petits poëtes qu'un galant homme a dit :

> Estre la populace
> Qui loge aux galetas et bouges du Parnasse.

Jean de la Fontaine n'a pas été plus heureux que Boyer et que le Clerc : quand il a voulu mettre quelque pièce sur le théâtre, les comédiens n'en ont pas osé faire une seconde représentation de peur d'être lapidés. Il se vante d'un malheureux talent qui le fait valoir. Il prétend qu'il est original en l'art d'envelopper des saletés, et de confire un poison fatal aux âmes innocentes, de sorte qu'on pourrait lui donner à bon droit le nom d'*Arétin Mitigé*. C'est ce qui l'a mis en réputation chez les coquettes et c'est ce qui l'a longtemps éloigné de l'Académie dont il a brigué une place pendant sept années. L'opposition qu'on y forma fut poussé si loin que, quand on parla de son élévation, on jeta sur le bureau un de ses ouvrages, où la piété et la pudeur étaient tellement offensées, que les plus sages se déclarèrent contre lui ; si bien qu'il n'est redevable de son admission qu'aux ennemis qu'avait alors son compétiteur. On lui reproche d'avoir été obligé de faire imprimer clandestinement ses ouvrages, craignant la censure et la punition des magistrats de police. Je ne sais par quel bonheur il l'a évitée; car dans les contes dont il se pare le plus, il y a des choses si scandaleuses qu'elles choquent absolument les bonnes lois et notre religion jusque-là que, dans celui de *la Coupe enchantée*, il donne tant d'éloge au cocuage volontaire, que quelques-uns pourraient conclure de là, qu'il y a apparence qu'il s'en est bien trouvé. »

Furetière ne s'arrête pas là contre la Fontaine; il l'accuse de cupidité en disant qu'il n'est assidu aux réunions que pour avoir les jetons et qu'il les fait même payer à ceux qui l'ont détourné d'une séance. Sa capacité va de paire avec les médiocres, et, quoique maître particulier des eaux et forêts, il n'a appris que dans le *Dictionnaire universel*, ce que c'est du bois en grume. Toute sa littérature consiste en la lecture de Rabelais, de Pétrone, d'Aristote, de Bocace et de quelques auteurs semblables. Séraphin Régnier des Marais est plein de vanité parce qu'il est secrétaire perpétuel. Furetière l'accuse de régner en despote sur ses confrères, d'imposer ses idées jusqu'à dénaturer les décisions de l'Académie qu'il est chargé de transcrire.

Le sieur Perraut est un homme qui (érudition à part) peut avoir quelque mérite. L'Académie l'a considéré comme son bienfaiteur tandis qu'il était commis des bâtiments, parce qu'elle croyait luy avoir obligation de la concession d'un petit fonds pour du bois et des bougies. Elle lui a fait aussi présent d'un registre, d'un portefeuille, et d'une machine propre à jouer des gobelets, qui sert aux élections pour le scrutin.

Si quelques curieux, continue Furetière, désirent connaître la capacité des autres académiciens jettoniers que je ne nomme pas à présent par quelque considération, ils n'ont qu'à en prendre la liste et aller de porte en porte chez les libraires, en demander les ouvrages : ils verront qu'ils ne connaissent pas seulement le nom de la plupart, ou s'ils le connaissent, c'est pour leur malheur. Leurs livres ne sont qu'en dépôt dans leurs boutiques et ne servent qu'à entretenir quelque commerce entre les libraires et les épiciers.

Furetière presse vivement les académiciens qui l'ont expulsé, en démontrant les erreurs dans lesquelles ils sont tombés. Il fait une peinture assez drôle des occupations de l'Académie et cite pour se disculper en les mettant à côté l'une de l'autre des pages du dictionnaire de l'Académie et celui dont il est auteur. Il y a un bel endroit, dans son factum, où il montre Bourdaloue dans la chaire, Pascal dans ses œuvres, Nicole dans ses traités portant au plus haut degré d'éloquence cette langue française qui, dans le sénat littéraire, était trop souvent l'objet de futiles digressions.

LA MANIÈRE DE BIEN PENSER
DANS LES OUVRAGES D'ESPRIT, DIALOGUES. — SECONDE ÉDITION.
1 VOL. IN-12.

A Paris, chez la veuve de Sébastien Mabre. — Cramoisy, imprimeur du Roy, rue St.-Jacques, aux Cigognes, LXXXVIII.

Une note manuscrite placée en tête de mon exemplaire dit :

Ce livre est un de ceux qu'un homme d'esprit et de goût pourrait refaire avec succès (avis aux amateurs). On profiterait d'un assez grand nombre des idées de l'auteur et des citations qu'il a faites des écrivains anciens, ainsi que ceux du siècle de Louis XIV, en élaguant une bonne partie des éloges de ce prince, mérités sans doute, mais multipliés à l'infini, et dont quelques-uns ne sont pas toujours de bon goût.

On joindrait aux citations quelques-unes tirées non-seulement des auteurs qui ont bien écrit postérieurement au P. Bouhours, et que, par conséquent, il n'a pu citer; mais celles de quelques-uns qu'il a négligés ou oubliés, par exemple, Habert, dont le *Temple de la mort* renferme plusieurs idées géniales. Il ne cite que très-rarement la Fontaine qui cependant mérite bien d'être cité.

Quoi qu'il en soit, ce livre et celui du même auteur qui est intitulé : *Pensées ingénieuses*, sont loin d'être sans mérite et peuvent être lus avec fruit.

On regrette de voir le P. Bouhours faire en plusieurs endroits de son livre l'éloge de la révocation de l'Édit de Nantes et des persécutions contre les protestants.

Rollin faisait le plus grand cas de cet ouvrage.

Après ces observations générales, on lit cette remarque qui est de la même main.

Madame Deshoulières, piquée de ce que le P. Bouhours ne l'avait point nommée dans son ouvrage, a lancé contre lui les deux épigrammes suivantes :

>   Père Bouhours, dans vos pensées
>   La plupart fort embarrassées,
>   A moi vous n'avez point pensé.
>   Des célèbres auteurs que votre livre chante
>   Dans une liste triomphante,
>   Je ne vois pas mon nom placé ;
>   Mais aussi dans le même Éole
>   Vous avez oublié Pascal[1]
>   Qui pourtant ne pensait pas mal :
>   Un tel compagnon me console.
>   On voit par le recueil qu'il vient de mettre au jour
>   Qu'il lit et prose et vers de folie et d'amour ;
>   Cela vaut beaucoup mieux que de prendre la peine
>   De débrouiller saint Augustin,
>   Le dur Tertullien et l'obscur Origène ;

[1] Le grand écrivain est cité dans notre édition, page 175 ; quant à madame Deshoulières il l'a citée plusieurs fois dans ses *Pensées ingénieuses*.

Il vaut mieux commenter Ovide et la Fontaine,
Et les plus beaux endroits de Bussy-Rabutin.

Un autre livre du P. Bouhours, antérieur aux deux autres, fut aussi l'objet d'une vive critique par Barbier d'Aucourt, avocat qu'un premier insuccès au barreau réduisit au silence et créa homme de lettres. Cette critique a pour titre : *Sentiment de Cléanthe sur les entretiens d'Ariste et d'Eugène.* Cet ouvrage, dit Laharpe, est après *les Provinciales*, le seul livre polémique qui ait assuré à son auteur une réputation qui a duré jusqu'à nous. C'est à très-peu de chose près ce que la critique littéraire a produit de meilleur dans le dernier siècle.

Que la terre soit légère au P. Bouhours! tant d'attaques sont certainement une présomption de mérite. La première édition du livre de Barbier d'Aucourt est de 1671. J'en possède une édition (la 4e) qui est de 1776. Plus de cent ans après! et à laquelle on a joint les deux factums de Barbier d'Aucourt pour Jacques Lebrun. Ce Jacques Lebrun était un domestique qui fut la victime d'une erreur judiciaire. Le drame est des plus saisissants ; et la lecture m'a rappelé que dans mon enfance nous avions une cuisinière qui ne tenait pas seulement la plume pour écrire ses comptes. Elle avait la passion du théâtre, et nous surprimes un jour dans ses mains le manuscrit d'un drame intitulé : *Jacques Le Brun*, qu'elle disait avoir composé elle-même et dont je ne soupçonnais pas devoir découvrir l'origine trente ans plus tard ; mais la passion du bibliophile mène à tout.

SATIRES
OU RÉFLEXIONS SUR LES ERREURS DES HOMMES ET LES NOUVELLISTES DU TEMPS, IN-12.

A Paris, Gabriel Quinet, au Palais, dans la Grande Salle, au troisième Pilier, vis-à-vis la porte de la grand'chambre, à l'ange Gabriel. DC.XC.

La dédicace adressée à Mgr Boucherat, chancelier de France, est signée *D. D.*, ce qui veut dire (*Voyez* Barbier, *Dictionnaire des Anonymes. Pierre Ducamp, seigneur d'Orgas*). Je n'ai trouvé sur ce poëte rien dans les biographies, non plus que dans Boileau dont les œuvres sont pour les malheureux amants d'Apollon du genre de M. d'Orgas un véritable martyrologe.

Ces satires ou réflexions ont pour objet : 1° la fureur qu'ont les hommes à s'entre-détruire ; 2° les erreurs de l'esprit ; 3° l'avarice des hommes ; 4° les égarements de la jeunesse et par suite les déceptions ; 5° la manière de se rendre illustre par

ses ouvrages; 6° l'homme n'est jamais heureux ;
7° les nouvellistes ; 8° sur la différence de ce siècle d'avec les siècles passés et sur les désordres que le poison commençait à faire.

Il faisait sans doute allusion aux crimes de la Brinvilliers et aux nombreux imitateurs qu'elle eut dans tant de familles. — Voici comment il termine :

> « Tandis que notre gloire en tous lieux se publie,
> Le poison nous attaque et quitte l'Italie.
> Chacun dans les vieux temps satisfait de son sort
> Trouvoit dans ses vieux ans la saison de la mort ;
> Mais depuis qu'on a vu ces écoles publiques,
> Ces gens qu'on a nommés chimistes empiriques,
> On a vu pour le crime un tel raffinement,
> Que dans tous les États on craint également.
> Ainsi l'on ne voit pas qu'une faible étincelle,
> Produise en un instant une flâme rebelle.
> Si d'abord de ce mal on n'arrête le cours,
> En vain contre sa force on cherche du secours.
> A ces commencements il faut que l'on s'obstine
> Si l'on ne veut souffrir une triste ruine.
> A fuir un tel malheur, nos yeux négligens,
> A notre grand dommage ont trop souffert ces gens ;
> Sous le nom de secret d'élixir et d'essence,
> On leur a vu cacher leur funeste science.
> Aujourd'huy tout rafine et suivant notre choix
> On nous vend du poison d'un jour, d'un an, d'un mois.
> Les parfums dans nos jours vont perdre leur usage
> L'ambre va désormais pourrir sur le rivage,
> Et dans ce que le goût a le plus recherché
> On craindra désormais quelque venin caché
> Du moins si de ce temps les craintes salutaires
> Pouvoient faire revoir le siècle de nos pères :

Les mortels à l'envi dégagez de tous soins,
Pourroient à peu de frais fournir à leurs besoins.

On vivroit en repos, on vivroit dans la joye,
Les brebis fourniroient le clinquant et la soye;
Le fruit les nourriroit et les sobres repas
Sous le faix de cent ans conduiroient au trépas :
Mais en vain ces leçons paroissent légitimes :
Le temps n'est guère propre à réformer les crimes.
Avec rapidité chacun suit son penchant,
Plus le monde vieillit et plus l'homme est méchant.
Il est vray qu'en nos jours une chambre éclairée [1]
Nous promet de ces gens la deffaite assurée.
Malgré les chatiments et les siècles entiers
Les méchants ont toujours laissé des hëritiers.

DE L'AMITIÉ.

A Paris, Claude Barbin, au Palais, sur le second perron
de la Sainte-Chapelle, DC.XCII.

Ce poëme est de l'abbé Pierre de Villiers, auteur d'un autre poëme : l'*Art de prêcher*, qui eut, dit-on, plus de trente éditions, et qui a été réimprimé encore assez récemment.

Le livre est dédié à M. Brunet, conseiller d'État et garde du Trésor royal, dans le commerce du-

---

[1] La chambre ardente sous le rapport du nombre des accusés et de la nature des délits de cette époque eut beaucoup de ressemblance avec l'année 423 de Rome, fameuse par les accusations d'empoisonnement, portées contre un très-grand nombre de matrones romaines.

quel M. de Villiers déclare avoir puisé l'idée et les sujets de ses vers. Dans une préface qui suit cette dédicace, l'auteur rappelle que son poëme, l'*Art de prêcher*, a eu déjà de nombreuses éditions sur une copie *qui lui aurait été dérobée* (c'est le dire de tous les auteurs de ce temps).

Le premier chant renferme une description des avantages de l'amitié en général; le second roule sur le choix des amis; le troisième sur les vices qui peuvent corrompre l'amitié et favoriser l'entêtement ou la lâcheté des amis; et le quatrième enseigne quels sont les principaux devoirs de l'amitié.

Dans le second chant, l'auteur ayant dit :

>Laissez aux vains héros de Cyrus, de Clélie,
>D'un amour impromptu la burlesque saillie.

a cru devoir, dans une note, se défendre d'avoir voulu attaquer les romans de Mademoiselle de Scudéry, attendu qu'il rend justice à l'esprit et au rare mérite de cette illustre fille.

Faisant dans le même chant le tableau de la naissance de l'amitié qui conduit à l'amour il s'écrie :

>Avant de vous aimer, vous devez vous connaître,
>L'amour impatient se livre avec ardeur;

> La timide amitié se donne avec lenteur.
> *Massinisse en un jour voit, aime et se marie;*
> Le conseiller Argant eut la même furie;
> Il vit Cloris, l'aima, pressé de son amour,
> On publia ses bans et sa honte en un jour.

M. de Villiers se défend d'avoir eu qui que ce soit en vue en se servant des noms d'*Acaste*, *de Damis* et autres. C'est, dit-il, la croyance de certaines gens de se persuader que ceux qui écrivent sur les mœurs cachent des noms véritables par ces noms d'emprunt. Il affirme n'avoir employé ce procédé que pour animer son sujet. Du reste, il loue ouvertement ses amis et ses protecteurs, et les noms des Louis, des Turenne, des Chanvalon, des Luxembourg, des d'Estrées, des L'Ile-Adam, des Lamoignon reviennent fréquemment dans ses vers.

L'ART DE LA POÉSIE FRANÇAISE ET LATINE
AVEC UNE IDÉE DE LA MUSIQUE SOUS UNE NOUVELLE MÉTHODE, EN TROIS PARTIES, PAR LE SIEUR DE LA CROIX.

A Lyon, Thomas Amaulry, rue Mercière, au Mercure galant, M.DC.XCIV.

Ouvrage curieux. L'édition que je possède paraît avoir été précédée de cinq autres, ce qui est assez significatif. L'auteur était, dit-on, maître de langues et mathématicien. On voit en tête du livre une gravure représentant trois personnages entourés de tous les attributs des beaux-arts. Ces personnages sont, à ce qu'il m'a paru, la poésie latine, la poésie française et la musique, sujets qui forment d'ailleurs la division du livre. L'un de ces personnages (la poésie française, car elle porte un sceptre fleurdelisé) dit aux deux autres :

> Nous ne sommes qu'une âme en ces trois corps divers ;
> Il faut pour subsister paraître inséparables ;
> C'est ainsi qu'en tous lieux nous nous rendons aimables
> Et que nous imitons l'accord de l'univers.

Delacroix dédie son livre à Marguerite de Cossé, Maréchale, Duchesse de Villeroi et Gouvernante de Lyon et des pays de Lionnois, forêts et Beaujolois.

Bien que l'auteur dise qu'une épître est trop courte pour bien louer, il serait difficile d'en dire davantage dans sa préface ; l'écrivain reconnaît qu'il a pris un peu partout pour la composition de son livre.

> Je n'ai connu qu'un homme, dit-il, qui m'ait assuré qu'il n'avait jamais emprunté de personne, et qu'une femme qui m'ait soutenu qu'elle n'avait point encore beu ayant soif; mais, ajoute-t-il, ce sont des espèces de miracles dans la vie commune des hommes.

L'approbation déclare que :

Le nouvel ouvrage de M. de la Croix « ne cèdera en rien aux précédents ouvrages qui lui ont acquis tant de réputation. Celui-ci est fort utile à ceux qui voudront se perfectionner dans cette étude inspirée du ciel. »

L'auteur regarde les anges comme les premiers poëtes qui aient chanté.

Ce livre, je le répète, est des plus curieux. Il est rempli de citations qui feront encore plus admirer nos vieux poëtes même à ceux qui croient les avoir lus. M. Delacroix signale des genres de poésie sous des noms que nous ne connaissons plus. On trouve aussi une liste chronologique de poëtes jusqu'à Madame Deshoulières, ou plutôt, comme dit l'auteur, jusqu'à quantité d'autres personnes qui font très-bien les vers en particulier.

MÉTHODE
POUR APPRENDRE FACILEMENT L'HISTOIRE DE LA BIBLE
AVEC L'HISTOIRE DES CONCILES GÉNÉRAUX,
DÉDIÉE A MADAME DE MAINTENON, PAR M. D. IN-12.

A Paris, Martin Jouvenel, rue de la Vieille-Bouclerie, au bout du pont Saint-Michel, à l'image de Saint-Augustin. M.DC.XCIV.

La dédicace à madame de Maintenon est ainsi conçue :

Madame,

Parmi ces instructions pieuses que vos soins généreux vous font donner à ce grand nombre de filles que vous conduisez avec tant de succès à l'époux divin, il n'y en a point qui puisse leur être plus utile, ny leur servir d'un plus solide fondement à la piété, que la connaissance de l'histoire sainte.

C'est, madame, ce qui m'a fait croire que je pourrais vous offrir cet ouvrage, et que vous voudriez bien agréer qu'il parût à l'ombre et sous l'autorité de votre nom.

Vos vertus, madame, vous élèvent tellement au-dessus de votre sexe, qu'il ne faut pas s'étonner si tant d'actions pieuses vous rendent agréable au Roi des Rois ; vous avez acquis la faveur, l'estime et la confiance du plus juste, du plus sage et du plus chrétien des rois de la terre.

Je ne m'étendray point, madame, sur vos vertus : car comme vous les possédez toutes dans un degré éminent, je ne pourrais m'attacher à pas une en particulier, sans choquer celle qui couronne toutes les autres ; c'est-à-dire cette modestie admirable avec laquelle vous soutenez une fortune que vous mépriseriez, si elle ne servait au bien général de la France, à la gloire de Dieu et à votre propre salut.

Agréez, donc, madame, cet ouvrage qui contient les merveilles que Dieu a opérées sur son sexe, et permettez-moi de me dire avec un très-profond respect,

Madame,

Votre très humble et très-obéissant serviteur,
D...

L'approbation est fort simple :

J'ai lu l'histoire de la Bible et du Nouveau Testament fait à Paris, le huitième septembre 1693.

J'ai parcouru ce petit livre qui est en forme de catéchisme. Il est écrit avec une convenance parfaite. Je ne sais s'il a été réimprimé, mais je crois que tel qu'il est il serait encore très-goûté aujourd'hui.

L'exemplaire qui m'appartient était à M. Bedigis, dont les livres ont inondé les quais il y a quelques années. Ils étaient remarquables par une reliure en parchemin, que leur ancien propriétaire avait pris plaisir d'orner à sa façon. C'étaient des dessins faits à la plume. Je me suis expliqué cela dernièrement en lisant une première livraison de bibliographie moderne, publiée en 1826 chez Dondey-Dupré, par M. Querard. M. Bedigis était maître d'écriture. Il a publié en 1770 *les agréments de l'écriture, ou l'exposition du goût des Français sur l'art d'écrire;* puis un autre ouvrage sur le même sujet. Grand in-folio.

LES ŒUVRES DE M. SARASIN

CONTENANT LES TRAITÉS SUIVANTS :

LA CONSPIRATION DE VALSTEIN CONTRE L'EMPEREUR.

S'IL FAUT QU'UN JEUNE HOMME SOIT AMOUREUX, DIALOGUE.

LA VIE DE POMPONIUS ATTICUS.

LA POMPE FUNÈBRE DE VOITURE, ET DIVERSES POÉSIES.

DISCOURS DE LA TRAGÉDIE, ET REMARQUES SUR L'AMOUR TYRANNIQUE DE M. DE SCUDÉRY.

HISTOIRE DU SIÉGE DE DUNKERQUE.

OPINIONS DU NOM ET DU JEU DES ÉCHEZ.

A Paris, chez la veuve Sébastien Mabre, Cramoisy. M.DC.XCXI.

Cette édition donnée par Ménage est dédiée à mademoiselle de Scudéry à laquelle il offre les compliments les plus chaleureux sur son génie, son caractère et toutes ces qualités éminentes qui en font la gloire du siècle. En lui adressant cette dédicace il lui donne l'assurance que Sarasin ne l'eût pas démenti, mais il se promet d'ailleurs de lui donner une nouvelle marque de sa respectueuse admiration en lui offrant un jour un de ses propres écrits.

Rien de plus ingénieux que les compositions de Sarasin. Ses poésies sont pleines de charme. Dans *la pompe funèbre de Voiture*, son rival en badinage, notre auteur se montre plein de grâce et de finesse.

Dans l'ode il a réussi en maître; témoin cette strophe sur le prince de Condé :

> Il monte un cheval superbe
> Qui, furieux aux combats,
> A peine fait courber l'herbe,
> Sous la trace de ses pas;
> Son regard semble farouche,
> L'écume sort de sa bouche;
> Prêt au moindre mouvement
> Il frappe du pied la terre
> Et semble appeler la guerre
> Par un fier hennissement.

Il y aurait beaucoup à citer dans les poésies de Sarasin. Je me borne à donner encore ici le sonnet qu'il adressa à Charleval sur la mère du genre humain.

> Lorsqu'Adam vit cette jeune beauté
> Faite pour lui d'une main immortelle,
> Il l'aima fort ; elle, de son côté,
> (Dont bien nous prit) ne lui fut pas cruelle.
>
> Cher Charleval, alors en vérité
> Je crois qu'il fut une femme fidèle :
> Mais comme quoi ne l'aurait-elle été?
> Elle n'avait qu'un seul homme avec elle.
>
> Or, en cela, nous nous trompons tous deux,
> Car bien qu'Adam fût jeune et vigoureux,
> Bien fait de corps et d'esprit agréable,
>
> Elle aima mieux, pour s'en faire conter,
> Prêter l'oreille aux sornettes du diable,
> Que d'être femme et ne pas coqueter.

LE VÉRITABLE SECRÉTAIRE
OU LA BELLE MANIÈRE D'ÉCRIRE AVEC JUSTESSE SUR DIFFÉRENTS SUJETS,
PAR UN GENTIL-HOMME FRANÇAIS.

A Amsterdam, chez Henri Desbordès, dans le Kalvertraat. M.DC.XCVI.

L'auteur cite d'abord une lettre qu'une dame lui aurait adressée et dans laquelle celle-ci lui dit : « Vos lettres me plaisent extrêmement : je n'ai jamais rien vu de si charmant en ce genre. » Suivent mille invitations à publier les lettres en portefeuille.

La lettre dans laquelle l'auteur dit que s'il se rend, c'est, non parce qu'il a du talent, mais parce qu'il aime (la dame). Du reste, bien que ce recueil soit varié, l'amour est le sentiment dont l'expression revient le plus fréquemment.

On trouve dans la XXIIe lettre ces vers :

> L'amour traite d'égal le sceptre et la houlette ;
> Les bergers et les rois ont les mêmes désirs ;
> On aime également la reine et la grisette
> On s'en fait les mêmes plaisirs.

Croyez-m'en, monsieur (lit-on plus loin), l'amour bourgeois a de grands avantages. La nature l'y trouve, presque toujours, dans toute sa simplicité ; et c'est ce qu'il ne faut pas chercher dans le grand monde.

On distingue dans cette correspondance une lettre badine (l'auteur la qualifie ainsi) d'un amant à sa maîtresse pour lui conseiller de ne pas tenir ses tetons si étroitement enfermés. Une autre d'un ami à une dame qui l'avait prié de lui envoyer un lit pour ses noces. (Je ne puis la transcrire.)

LA MANIÈRE DE NOURRIR LES ENFANTS A LA MAMELLE

TRADUCTION D'UN POËME LATIN DE SCEVOLE DE SAINT-MARTHE, PAR MESSIRE ABEL DE SAINTE-MARTHE,

CHEVALIER, SEIGNEUR DE CORBEVILLE, CONSEILLER DU ROY EN SES CONSEILS, DOYEN DE LA COUR DES AYDES, ET GARDE DE LA BIBLIOTHÈQUE DE SA MAJESTÉ A FONTAINEBLEAU.

A Paris, Guillaume de Luyne, libraire juré en l'Université de Paris, au Palais, dans la salle des Merciers, à la Justice.
Claude Barbin, au Palais, sur le Perron de la Sainte-Chapelle, et Laurent d'Houry, rue Saint-Jacques, devant la Fontaine St. Séverin, au S. Esprit, M.C.XCVIII.

La traduction de ce poëme qui avait été présentée par l'auteur à Henri III en 1584, est un acte de piété filiale. Le grand-père du traducteur ayant eu un fils affligé de grandes maladies dans le temps qu'il était en nourrice, avait employé les plus habiles médecins pour le secourir, mais leurs soins furent inutiles. Ils déclarèrent renoncer à la guérison. Comme Sainte-Marthe était très-bon père et très-docte, il entreprit de guérir lui-même son fils. Pour cela, dit l'avertissement que nous avons sous les yeux, il pénètra jusque dans les secrets les plus cachés de la nature et de la physique, et il s'en servit si efficacement qu'il parvint à arracher son enfant à la mort. Ses amis l'invitèrent à conserver à la postérité le résultat de ses recherches ce qu'il fit en les renfermant dans un poëme qui a pour titre la *Pædotrophie*. Henri III reçut avec beaucoup de faveur l'offrande de ce poëme, ainsi que l'auteur le disait d'ailleurs dans l'épître dédicatoire :

> Si le sujet semble d'abord trop bas et trop populaire pour être présenté devant les yeux d'un si grand monarque, mon dessein à qui le voudra bien considérer, ne se trouvera pas tout à fait inutile au service de Votre Majesté. Vous avez un notable intérest en la conservation des millions de personnes qui sont sous votre domination, pour vous en servir aux armes, aux lettres, au trafic, ou autres emplois différents, dont la multitude et la contrariété produisent une heureuse harmonie, qui seule rend les états superbes et florissants comme les vôtres.

Cet excellent père devait, d'après l'intention du roi Henri III, faire lui-même une traduction de la *Pædotrophie*; mais la mort précipitée de ce prince et les affaires importantes dont Henri IV chargea Scevole s'y opposèrent.

Ce fut donc son petit-fils qui prit soin de ce travail. Le poëme ne laisse pas que d'avoir une certaine étendue. Sainte-Marthe a joint dans ses vers la fable à l'histoire, la philosophie à la médecine. Il est divisé en trois livres.

Dans le premier, l'auteur qui ne peut se dispenser d'invoquer les muses, leur dit :

> Bien que le soin que vous avez de tout temps de conserver votre virginité vous empêche de prendre connaissance des doux engagements du mariage, et de sentir le saint désir d'élever des enfants, j'implore votre assistance.

Puis il s'adresse à sa femme [1] :

> Et vous qu'un saint hymen, et que Junon favorable a accordée à mes désirs pour être la compagne de ma vie, chère épouse, apprenez, puisque vous m'avez fait père d'une lignée que j'ai désirée et que Vénus n'a pas permis que nos feux se ralentissent ; apprenez, dis-je, par quel moyen vous pourrez conserver ces gages communs de notre féconde union, afin que quand nos âmes abandonneront nos corps pour s'envoler au ciel, nous ne mourions pas entièrement ; mais que la meilleure partie de nous-même reste pour avoir soin de notre sépulture et nous rendre les derniers devoirs.

Il lui recommande de nourrir elle-même ses enfants, démontrant que sa santé même bénéficiera de l'accomplissement de ce devoir. Il veut que les femmes, dès qu'elles sont grosses, délient leur ceinture de manière à permettre à leur fruit de se développer, qu'elles renoncent à la danse, blâmant énergiquement celles qui de son temps ne crai-

---

[1] Renée de la Haye.

gnaient pas, étant en cet état, de se livrer à ce plaisir d'une façon que je ne puis faire connaître ici qu'en me rejetant sur le latin même.

> Sic totæ exiliunt, sic, dum væsania fervet,
> Penè sua excutiunt nudis velamina membris,
> Sollicitantque viros, connexuque brachia stringunt,
> Atque ipsa ante oculos tantum non corpora miscent,
> (Proh pudor!) et venerem interne, quæ pestis acerba
> Prægnantum esse solet, stimulo pungente lacessunt.

Les femmes grosses doivent éviter de manger des choses crues. Une nourriture tendre et délicate est préférable, comme le pigeon et la tourterelle dont le suc sert à subtiliser l'esprit, les perdrix, les chapons et les faisans, le veau tendre. Il sait qu'une femme enceinte a peine à modérer son appétit et quelquefois des envies. Aussi Sainte-Marthe a vu des femmes manger des plâtras de muraille, de la boue, du fumier, des cendres, des morceaux de bois pourri et mille autres choses très-contraires à la nature.

J'en ay vu une qui, arrachant les poussins de dessous les ailes de leur mère, les dévorait tout cruds en l'état qu'ils étaient, avec une avidité inouïe. Sa bouche écumait de tous côtés; et le sang meurtri mêlé avec les plumes lui dégouttait dans le sein d'une manière horrible. La face hideuse d'une lionne qui cherche à apaiser sa faim, et qui, d'une gueule affamée dévore les troupeaux épars dans les campagnes de Lybie, n'est pas plus épouvantable.

Scevole, cherchant à expliquer ces envies, remarque que dans les trois premiers mois le sang de la femme remonte dans son estomac et le tourmente de désirs dépravés. Il explique ensuite que les signes marqués sur les enfants viennent de ce que la mère et l'enfant n'ont en quelque sorte qu'un même corps, et comme la peau de la mère est plus dure le signe se grave plus facilement sur l'enfant.

L'auteur termine la première partie de son livre en rappelant à la femme que, si elle enfante avec douleur, c'est la faute d'Ève qui en est la cause.

Le deuxième et le troisième livre sont consacrés à la description des moyens hygiéniques que la tendresse ingénieuse de Sainte-Marthe avait trouvés pour la guérison des maux dont la première enfance de l'homme est accablée. Je ne crois pas que la médecine moderne y ait rien glané, surtout depuis la publication des travaux aujourd'hui si estimés de M. le docteur Bouchut sur les enfants nouveau-nés. L'auteur dit en terminant qu'il a composé ses vers dans un lieu retiré du Poitou et sous un roi (Henri III, le dernier des Valois) auquel il souhaite un fils capable de perpétuer son glorieux sang.

LE POËTE SINCÈRE
OU LES VÉRITEZ DU SIÈCLE : POËME HÉROI-COMIQUE,
DIVISÉ EN TREIZE DISCOURS ET DIX CHANTS.

A Anvers (Marseille), chez Jacques-le censeur, à la Vérité, M.DC.XCVIII.

Un professeur distingué de l'université [1] a publié récemment *les ennemis de Racine*. J'engage les amateurs qui seraient tentés de faire les mêmes recherches sur Boileau à ne pas omettre *le poët sincère*. Ce livre qui est d'un sieur de Bonnecorse s'adresse d'abord aux abus et aux vices du temps, mais il poursuit particulièrement le grand satyrique à l'occasion du *Lutrin* dont il fait une critique sous le titre de *Lutrigot*. Les dix chants du poëme sincère ne sont que la réproduction du *Lutrigot* qui avait été publié en 1686 à Marseille et à Toulouse.

M. Daunou, dans l'avertissement de son édition de Boileau [2], dit : On ne peut sans doute regarder comme *désintéressées*, quoiqu'elles se qualifient ainsi quelquefois, les critiques publiées du vivant de Boileau par des auteurs maltraités dans ses satires et au nombre desquels il faut ranger Bonnecorse.

[1] M. Deltour.
[2] Paris, P. Dupont 1825.

> Faut-il d'un froid rimeur dépeindre la manie ?
> Mes vers, comme un torrent, coulent sur le papier :
> Je rencontre à la fois Perrin et Pelletier,
> Bonnecorse, Pradon, Colletet, Titreville,
> Et pour un que je veux, j'en trouve plus de mille.
>
> (Satire VII.)

Plusieurs de leurs remarques, ajoute M. Daunou, sont futiles ou fausses, et ils en auraient eux-mêmes reconnu l'absurdité, s'ils n'avaient été aveuglés par leurs ressentiments ; mais ils en ont fait qui méritent d'être prises en considération, et le nombre en est plus grand qu'on a coutume de le penser.

Le nom de Bonnecorse roule souvent dans le torrent de vers dont parle Boileau :

> Ma pensée au grand jour partout s'offre et s'expose ;
> Et mon vers bien ou mal dit toujours quelque chose.
> C'est par là quelquefois que ma rime surprend,
> C'est là ce que n'ont point Jonas ni Childebrand [1]
> Ni tous ces vains amas de frivolles sornettes.
> Montre, miroir d'amour, amitiés, amourettes [2]
> Dont le titre souvent est l'unique soutien [3]
> Et qui parlant beaucoup ne disent jamais rien.
>
> (Épitre IXᵉ).

Boileau le saisit encore dans une épigramme adressée à Pradon :

[1] *Jonas*, poëme de Coras, *Childebrund*, poëme de Sainte-Garde.
[2] *La Montre*, mélange de vers et de prose par Bonnecorse.
[3] Grande vérité ! que tous les bibliophiles ont pu reconnaître comme moi.

Venez, Pradon et Bonnecorse,
Grands écrivains de même force,
De vos vers recevoir le prix ;
Venez prendre dans mes écrits
La place que vos noms demandent :
Linière et Perrin vous attendent.

Dans une lettre à Brossette Boileau dit :

J'ai reçu votre lettre avec fort grand plaisir ; mais pour le livre de M. de Bonnecorse, il ne m'a ni affligé ni réjoui. J'admire sa mauvaise humeur contre moi ; mais que lui a fait la pauvre Terpsichore, pour en faire une muse de plus mauvais goût que ses autres sœurs. Je le trouve bien hardi d'envoyer un si mauvais ouvrage à Lyon ; ne sait-il pas que c'est la ville où l'on obligeait les méchants écrivains à effacer eux-mêmes leurs écrits avec la langue ; n'a-t-il point peur que cette mode ne se renouvelle pour lui et ne le fasse pâlir.

Bonnecorse dans son Lutrigot voulait surtout se venger des traits lancés contre sa *Montre d'amour*, et particulièrement, dit M. Daunou, de ce qu'un ami commun (Bernier) s'en étant plaint à Boileau, ce poète avait répondu qu'il y avait eu de sa part, bien de la modération à n'en pas dire davantage.

Dans une autre lettre adressée à Brossette (mars 1700), le régulateur du Parnasse écrit :

Je ne me souviens pas d'avoir parlé de M. de Bonnecorse à M. Bernier, et je ne connaissais point le nom de Bonnecorse dans mon épître à M. de Seignelai ; je puis dire même que je ne connaissais pas la *Montre d'amour*, que j'avais seulement

seulement entrevue chez M. Barbin, et dont le titre m'avait paru très-frivole, aussi bien que ceux de quantité d'autres ouvrages de galanterie moderne, dont je ne lis jamais que le premier feuillet.

Le poëte sincère adresse à Boileau des critiques grammaticales que les érudits reconnaissent assez souvent fondées. Il lui reproche un ton d'orgueil que justifie aujourd'hui son incontestable supériorité, mais dont ses contemporains ont pu, en effet, être cruellement blessés. Nous n'avons pas l'intention de réhabiliter Bonnecorse à l'endroit de Boileau ; mais il faut reconnaître que ce poëte a souvent, tantôt finement, tantôt énergiquement, critiqué les travers du temps. Les bizarreries de la mode, la fatuité des abbés, les erreurs des médecins sont stigmatisées fortement. Bonnecorse était d'ailleurs bon français, s'il n'était grand poëte, on en jugera par cette citation :

>J'admire encor cet âge où nos hardis Gaulois
>Remplissaient l'univers du bruit de leurs exploits,
>Endurcis au travail, nourris dans les allarmes,
>Même durant la paix ils dormoient sous les armes.
>Poussez par leur valeur dès le premier signal
>Ils prenoient tous la lance, ils montoient à cheval.
>Dans cette noble ardeur ils parcouroient la terre,
>Jusques dans Rome enfin leurs bras portoient la guerre.
>La France grâce au ciel par un destin heureux,
>A toujours des enfants de ce sang généreux.

Ne dirait-on pas que le *poëte sincère* a eu la vision des derniers bulletins de nos armées.

AMUSEMENTS SERIEUX ET COMIQUES

A Paris, Claude Barbin, au Palais, sur le second Perron de la Sainte-Chapelle, 1 vol. in-12, 1699.

Ce livre est de Dufresny, auteur de pièces dramatiques bien connues. Chacun sait qu'il descendait de la belle jardinière que Henri IV avait aimée et que notre auteur dut à cette parenté la source des bonnes grâces qu'il obtint du roi, sans que cet appui le tirât jamais de misère, puisqu'il dut, dit-on, épouser sa blanchisseuse pour s'acquitter.

Les amusements sérieux et comiques ont un grand caractère d'originalité et justifient ce que Voltaire a dit de Dufresny.

Les amusements décrits par l'auteur sont au nombre de douze et ont pour objet la peinture des mœurs du temps.

Je donne ici l'amusement quatrième qui a pour titre *le Palais*.

Dans le milieu de Paris s'élève un superbe édifice ouvert à tout le monde, et cependant presque fermé par l'affluence des gens qui s'empressent d'y entrer et d'en sortir.

On monte plusieurs degrés dans une grande salle, où mon Siamois est étonné de voir dans un même lieu les hommes amusés d'un côté par des babioles et de l'autre occupés par la crainte des jugements d'où dépendent toutes les destinées.

Dans une boutique, on vend un ruban ; dans l'autre boutique, on vend une terre par décret ; vous entendez à droite la voix argentine d'une jolie marchande, qui vous invite d'aller à elle ; et à gauche, la voix rauque d'un huissier qui fait ses criées. Quel contraste !

Pendant que le voyageur fait ses réflexions sur cette bizarrerie, il est épouvanté par la lugubre apparition d'une multitude de têtes noires et cornues, qui forment, en se réunissant, un monstre épouvantable qu'on appelle chicane ; et ce monstre mugit un langage si pernicieux qu'un seul mot suffit pour désoler des familles entières.

A certaines heures réglées, il paraît un homme grave et intrépide, dont l'aspect seul fait trembler et dompte ce monstre. Il n'y a point de jour qu'il n'arrache de sa gueule béante quelque succession à demi-dévorée.

La chicane est plus à craindre que l'injustice même. L'injustice ouverte, en nous ruinant, nous laisse au moins la consolation d'avoir droit de nous plaindre ; mais la chicane, par ses formalités nous donne le tort en nous ôtant notre bien.

La justice est, pour ainsi dire, une belle vierge déguisée et produite par le plaideur, poursuivie par le procureur, cajolée par l'avocat et défendue par le juge.

Nous voilà déjà dans les digressions, me dira le critique. Le critique a tort, car les digressions sont précisément de mon sujet, puisqu'elles sont des amusements. Cela est si vrai que je vais continuer.

Par forme de digression, je vous avertis que dans tous les endroits de mon voyage où le Siamois m'embarrassera, je le quitterai comme je viens de faire pour m'amuser dans mes réflexions, sauf à le reprendre quand je m'ennuierai de voyager seul. Je prétends quitter aussi l'idée de voyager toutes les fois qu'il m'en prendra fantaisie : car bien loin de m'assujettir à suivre toujours une même figure, je voudrais pouvoir à chaque période changer de figure, de sujet et de style, pour ennuyer moins les lecteurs du temps, car je sais que la variété est le goût dominant.

Quoiqu'il n'y ait rien de durable dans le monde, on remarque néanmoins au Palais une chose éternelle, c'est le procès ; certains ministres de la chicane s'appliquent à la perpétuer, et se font entre eux une religion d'entretenir l'ardeur des plaideurs, comme les vestales s'en faisaient une entre elles d'entretenir le feu sacré.

Une chose étonnante, c'est que, malgré le bruit épouvantable qui se fait autour des tribunaux, on ne laisse pas d'y dormir ; plût au ciel, lorsqu'on y décide un procès, que les anciens juges fussent bien éveillés et les jeunes bien endormis.

Ils sont cependant tous assez équitables ; l'embarras, c'est de pouvoir les bien instruire d'une affaire ; comment s'y prendre ? la partie leur est suspecte, le factum les endort, le procureur les embrouille, l'avocat les étourdit, le solliciteur les importune, et la solliciteuse les distrait ; à tous risques, j'aimerais mieux la solliciteuse.

Un de mes amis se vantait que la plus charmante femme du monde ne pourrait jamais lui faire oublier qu'il était juge. Je vous crois, lui répondis-je, mais tout magistrat est homme avant que d'être juge. Le premier mouvement est pour la solliciteuse, le second est pour la justice.

Une comtesse assez belle pour prévenir en faveur d'un mauvais procès le juge le plus austère, fut sollicitée pour un colonel contre un marchand. Ce marchand était alors dans le cabinet de son juge qui trouvait son affaire si claire et si juste, qu'il ne put s'empêcher de lui promettre gain de cause. A l'instant même la charmante comtesse parut devant l'antichambre, le juge courut au-devant d'elle; son abord, son air, ses yeux, le son de sa voix, tant de charmes enfin le sollicitèrent, qu'en ce premier moment il fut plus homme que juge, et il promit à la belle comtesse que le colonel gagnerait sa cause. Voilà le juge engagé des deux côtés. En rentrant dans son cabinet, il trouva le marchand désolé. Je l'ai vue, s'écria le pauvre homme hors de lui-même; je l'ai vue, celle qui sollicite contre moi; qu'elle est belle. Ah! monsieur, mon procès est perdu! — Mettez-vous à ma place, répond le juge encore tout interdit, ai-je pu lui refuser ce qu'elle demandait? En disant cela, il tira d'une bourse cent pistoles; c'était à quoi pouvaient monter les prétentions du marchand; il lui donna les cent pistoles. La comtesse sut la chose, et comme elle était vertueuse jusqu'au scrupule, elle craignit d'avoir trop d'obligation à un juge si généreux, et lui renvoya sur l'heure les cent pistoles. Le colonel aussi galant que la comtesse était scrupuleuse, lui rendit les cent pistoles, et ainsi chacun fit ce qu'il devait faire. Le juge craignit d'être injuste, la comtesse craignit d'être reconnaissante, le colonel paya et le marchand fut payé.

Voulez savoir mon véritable sentiment sur le procédé de ce juge; son premier mouvement a été pour la solliciteuse, c'est ce que je n'ose lui pardonner; son second mouvement a été pour la justice, c'est ce que j'admire.

MÉLANGES D'HISTOIRE ET DE LITTÉRATURE
RECUEILLIS PAR M. DE VIGNEUIL-MARVILLE.
2 vol. in-12, à Rotterdam, chez Élie Yvans, marchand-libraire, 1700.

La première édition de ce livre (1 vol. in-12) est de Rouen 1699 ; la troisième est de 1701, avec un troisième volume rédigé en grande partie par l'abbé Banier.

On sait que Vigneul-Marville est D. Bonaventure d'Argonne qui attaqua si vivement *les caractères de la Bruyère*. Le recueil que j'ai sous les yeux est des plus intéressants. Il y est question de tout : histoire, morale politique, médecine, etc.

Mais chacun va à ses préférences, et c'est pour cela que je recueille les deux notes suivantes sur deux célèbres bibliothèques.

Messieurs de Thou, qui ont été si longtemps chez nous la gloire et l'ornement des belles-lettres, n'avaient pas seulement la noble passion de remplir leur bibliothèque d'excellents livres qu'ils faisaient rechercher par toute l'Europe, ils étaient encore très-curieux que ces livres fussent parfaitement conditionnés. Quand il s'imprimait en France et même dans les pays étrangers quelque bon livre, ils en faisaient tirer deux ou trois exemplaires pour eux, sur de beau et grand papier qu'ils faisaient faire exprès, ou achetaient plusieurs exemplaires, dont ils choisissaient les plus belles feuilles, et en composaient le volume le plus parfait qu'il était possible. Mais après tant de soins et tant de dépenses, cette belle et riche bibliothèque a été sur le point d'être dissipée et ce n'a été qu'en passant en d'autres mains et changeant de nom qu'elle s'est sauvée du naufrage. M. Ménard l'a achetée, et ce n'est plus aujourd'hui *Bibliotheca Thuana*, si célèbre par toute l'Europe, c'est, par son destin, *Bibliotheca Menarsiana*, comme l'appelle Santeuil dans un poëme latin qui nous tire les larmes des yeux.

* * *

M. Grollier, trésorier de France était ambassadeur à la cour de Rome sous François Ier. Vir munditiæ et elegantiæ in omni vita assuetus, pari elegantia ac munditia ornatos ac dispositos domi tam curiose disservabat, ut ejus bibliotheca cum bibliotheca Asinii Pollionis (quæ prima Romæ instituta est) componi meruerit. C'est l'éloge que lui donne M. de Thou dans son histoire.

La bibliothèque de M. Grollier s'est conservée dans l'hôtel de Vic jusqu'à ces années dernières qu'elle a été vendue à l'encan. Elle méritait bien, étant une des premières et des plus accomplies qu'aucun particulier se soit avisé de faire à Paris, de trouver, comme celle de M. de Thou, un acheteur qui en conservât le lustre. La plupart des curieux de Paris ont profité de ses débris. J'en ai eu pour ma part quelques volumes à qui rien ne manque ni pour la bonté des éditions de ce temps-là, ni pour la beauté du papier et la propreté de la reliure. Il semble à les voir que les Muses qui ont contribué à la composition du dedans se soient aussi appliquées à les approprier au dehors, tant il paraît d'art et d'esprit dans leurs ornements : ils sont tous dorés avec une délicatesse inconnue aux doreurs d'aujourd'hui : les compartiments sont peints de diverses couleurs, parfaitement bien dessinés, et tous de différentes figures ; dans les cartouches se voit d'un côté, en lettres d'or, le titre du livre, et au-dessous ces mots qui marquent le caractère si honnête de M. Grollier, *Jo Grollierii et amicorum*; et de l'autre côté, cette devise témoignage sincère de sa piété : *Portio mea Domine, sit in terra viventium*.

Le titre des livres, ajoute notre auteur, se trouve aussi sur le dos entre deux nerfs, comme cela se fait aujourd'hui : d'où l'on peut conjecturer que l'on commençait dès lors à ne plus coucher les livres sur le plat dans les bibliothèques, selon l'ancienne coutume qui se garde encore aujourd'hui en Allemagne et en Espagne, d'où vient que les titres des livres reliés en vélin ou en parchemin qui nous viennent de ces pays-là, sont écrits en gros caractère tout le long du dos des volumes.

CARACTÈRES TIRES DE L'ECRITURE SAINTE
ET APPLIQUÉS AUX MŒURS DE CE SIÈCLE.

Paris, Louis Guerin, rue St Jacques, vis à vis la rue des Mathurins, a St Thomas d'Aquin. M.DCC. In-12.

La Bruyère avait emprunté ses caractères au temps où il vivait. L'auteur du petit volume que nous avons sous les yeux, les emprunte à l'Écriture sainte pour les présenter comme un miroir aux contemporains du même moraliste, car le privilége des caractères tirés de l'Écriture sainte est de 1697.

Les chapitres ont pour objet : de l'esprit de Dieu; l'authorité des maris rétablie; le prélat accompli; la femme forte; Ève en France ; la femme la plus nécessaire au monde; le sexe dévot; le mariage mal assorti par l'âge; le bon financier; le valet devenu maître ; Judith à sa toilette, etc. Le plus intéressant nous a paru celui qui a pour titre *Ève en France*, nous le donnons ici.

S'il y a un Paradis terrestre pour les femmes, c'est en France, Eudoxe : la douce liberté d'y vivre comme il leur plait, et la respectueuse complaisance qu'on y a pour elles, y conservent plus qu'ailleurs le caractère de la première femme.

A peine fut-elle créée, qu'elle fut curieuse et inquiète, et voulut vivre à sa fantaisie. Elle aurait dû se faire un plaisir de tenir compagnie à son cher mari, qui était autant le plus parfait homme du monde que le premier ; mais déjà lassée de lui en peu de temps, elle le laissa philosopher tout seul, s'en alla çà et là dans le Paradis terrestre, et malheureusement y rencontra le serpent, c'est ce que trouve toujours une femme qui s'éloigne de son mari.

Ève n'en fut point effrayée, car il était d'une beauté exquise et apparemment un de ceux dont les naturalistes nous disent des choses surprenantes. Et comme il lui parla d'une manière spirituelle et polie, elle crut que c'était quelque génie qui n'était ni homme ni bête.

C'en fut assés pour engager la conservation, ainsi ravie de pouvoir parler, sans sçavoir à qui elle parlait, touchée de louanges flatteuses qu'il lui donna, rassurée contre les menaces de Dieu par ses raisonnements artificieux, elle trouva le fruit détendu fort beau à la vüe, elle y goûta, elle en mangea, et elle en dit son sentiment au serpent qui lui conseilla d'en porter à son mari; et voilà par où finit le premier tête à tête de l'univers.

Considérés donc Ève qui revient de sa promenade et qui de loin montre à Adam une branche de l'arbre de la science du bien et du mal toute chargée de fruit. A peine l'eut-il reconnu qu'il tourna la tête en détestant sa témérité : « Mais quoi, dit-elle, vous ne voulés donc plus me voir. Eh! du moins regardés-moi : quel mal y a-t-il à voir ce fruit entre mes mains plutôt qu'à l'arbre, si ce n'est parce que c'est moi qui vous le présente. — Hé bien! dit Adam, voyons-le pour vous contenter. Je l'avoüe, il est charmant à la veüe. — Oh ! vraiment dit-elle, vous en prendrés de la main; tatés-le un peu, et le sentés. L'odeur ne vous en fera pas plus de mal que la veuë, mais il faut vous dire tout ; j'en ai mangé et je ne connais rien de si délicieux au goût dans tout cet heureux séjour ; rien de si doux au cœur ; et j'en ressens une certaine force, vivacité, lumière d'esprit que je ne puis vous expliquer.

C'est pourquoi je ne puis bien accorder ce que vous m'avés dit de la défense que vous prétendés nous avoir été faite d'en manger, avec tout ce que m'a dit un génie divin qui m'a bien désabusée de tous ces préjugés, et je vous avoüe qu'à moins d'entendre parler Dieu, on ne peut recevoir plus de plaisir que de sa conversation. Je croirais volontiers que c'est Dieu qui m'a parlé autrement qu'à vous ; n'ayant voulu de notre obéissance que jusqu'à ce moment. Car enfin j'ay mangé de ce fruit et je ne suis pas morte comme vous voyés, goutés y tant soit peu, et n'en mangés pas, si vous ne voulés. Pourriés-vous croire que Dieu eût créé cet arbre pour demeurer toujours inutile ? Si la science du bien et du mal y est attachée, pourquoi voudrait-il que nous ignorassions le bien que nous pouvons sçavoir, et comment éviterions-nous le mal que nous ne connaîtrions pas? Goutés y tant soit peu et n'en mangés point, si vous ne voulés. Il est admirable, adjouta-t-elle, et l'on peut penser assés vrai semblablement qu'elle en mangea en sa présence.

Adam qui n'avoit pris que plaisir à l'entendre raisonner, témoigna l'horreur qu'il avait de son action et de sa proposition. Mais Ève le prit d'un ton plus haut : Quoi, dit-elle, vous me refuseriez cette marque d'amitié que je vous demande pour la première fois. Oh! vous y goûterés pour l'amour de moi. Comment pus-je croire que vous m'aimiés? Vous en mangerés je vous en prie, je vous en conjure, il n'y a pas plus à craindre pour vous que pour moi.

C'est ainsi, Eudoxe, que les interprètes de l'Écriture présument bien raisonnablement qu'Ève pressa son mari. Et la pensée me vient, selon le système que je m'en fais comme eux, qu'elle lui donna deux attaques, l'une dès le jour qu'elle eut entretenu le serpent, et qu'Adam soutint assés bien, l'autre, et la plus vive le lendemain, jusqu'à lui dire d'une manière railleuse : Êtes-vous revenu de votre frayeur? Craindrés-vous encore la mort; vous n'espériés pas me revoir en vie aujourd'hui, et je croy que l'espérance de recevoir de la main du Seigneur une autre femme plus digne de vous que je ne suis pas, vous en aurait aisément consolé. Mais enfin voilà le jour fatal passé, et je ne suis pas encore morte : mon expérience doit donc vous convaincre que vous avés mal pris la menace que Dieu nous a faite de mourir le jour même que nous mangerions de ce fruit. N'en parlons plus, et puisque nous avons à vivre ensemble, ayons les mêmes sentiments et les mêmes inclinations, et mangeons de ce fruit délicieux.

Adam écoutait, riait, refusait, doutait, repassait en lui-même ces prétendues raisons, comptait pour peu de chose un commandement en apparence assés léger, et pour beaucoup la nécessité de contenter une femme. De sorte qu'enfin, la complaisance du cœur pour elle l'emporta sur la raison. Il goûta du fruit défendu, il en mangea avec elle, et aussitôt leurs yeux s'étant ouverts, ils commencèrent à rougir de se voir nuds, en présence l'un de l'autre, et de sentir leur conscience et leur confusion.

Voilà le vrai caractère de bien des femmes, le modèle de la liberté qu'elles affectent, et la fatale origine de la complaisance qu'on a pour elles ; où trouver dans Paris une femme qui jouât mieux son rôle auprès de son mari que notre bonne mère Ève? Si ce n'est peut-être vous, Chimène, car elle ne pensait pas tromper le sien, et vous voulés tromper et perdre le vôtre ; où trouver encore dans Paris un meilleur mari en complaisance qu'Adam ; si ce n'est vous, Damis, qui en lisant ceci gémissés du pouvoir arbitraire que vous avez laissé usurper à Chimène pour se conduire elle-même et vous aussi à sa fantaisie.

Mais vous, sage et généreux Eudoxe, qui n'avés point encore pris de parti, mettez-vous bien dans l'esprit les maximes suivantes, pour le rendre le plus sage et le plus heureux que vous pourrés.

Une femme ne doit pas moins de précautions à sa réputation que quand elle était fille ; si elle les néglige, elle se rend suspecte : or, une femme suspecte mérite d'être regardée comme une coquette, et la coquette comme une infidelle. Car enfin parmi ce sexe que tant de fortes raisons obligent à l'honnêteté, jamais on n'en perd rien que la perte n'aille encore au delà de ce qui en paraît.

Laisser aller une femme seule en son carrosse par tout Paris, le jour et bien avant dans la nuit, maîtresse de sa conduite et affranchie de toute inspection ; c'est la livrer au serpent qu'elle trouvera comme Ève là où elle ne le pensera pas.

Ne sacrifiés pas l'authorité du mari à la complaisance de l'époux, pour faire de votre femme votre maîtresse, vous voyés ce qu'il en coûta à Adam, et le pouvoir arbitraire dans une femme ne valut jamais rien ni pour un État, ni pour une famille.

Une femme qui entreprend de faire valoir à son mari le mérite d'un autre homme, ressemble à Ève qui loüa le serpent à Adam. Elle veut lui en donner de l'estime, parce qu'elle en a déjà trop pris : elle tâche de les faire entrer en commerce, parce qu'elle prétend couvrir son intrigue. Demeure, table, jeu, voyages, promenades, tout en un mot devient commun en cette maison; le bon mari est bien aise d'avoir un peu de joie pour lui et pour son épouse, mais il y en a plus d'un côté que de l'autre, jusqu'à ce qu'enfin le temps d'un éclat imprévu, étant venu, on ouvre les yeux, et on rougit de sa honte. Eudoxe, Dieu vous préserve d'une semblable épouse et d'un tel ami.

RECUEIL DE VERS CHOISIS.
A Paris, Josse, 1701.

Ce recueil ne contient que des pièces connues ; j'ai cependant remarqué celle-ci que je citerai, non à cause de son mérite, mais à raison de la circonstance qui l'a inspirée.

SONNET
SUR UN HUGUENOT MAL CONVERTI,
QUI SE CONVERTIT VÉRITABLEMENT EN VOYANT LE ROY DESCENDRE
DE CARROSSE ET SE PROSTERNER POUR ADORER LE SAINT SACREMENT QU'ON
PORTAIT A UN MALADE.

Mes sens et ma raison, il est temps de vous taire ;
Enfin sur mes erreurs le ciel m'ouvre les yeux :

Je vois à la faveur d'une vive lumière
Un Dieu sous les dehors d'un pain mystérieux.

Ce soudain changement paroistroit moins sincère
S'il venoit des raisons d'un docteur curieux,
Louis, à deux genoux rampant dans la poussière
A trouvé le secret de me convaincre mieux.

C'en est fait; je me rends : sa foy m'apprend à croire ;
De ma conversion, il aura seul la gloire :
C'est par lui que jadis j'abjuray mon erreur

Mais la crainte ne fit qu'ébaucher cet ouvrage ;
D'un catholique alors j'empruntai le langage
Son exemple aujourd'huy m'en fait prendre le cœur.

PENSÉES CHRÉTIENNES

SUR DIVERS SUJETS DE PIÉTÉ, PAR MONSIEUR L'ABBÉ DE CHOISY.
SECONDE ÉDITION, 1 VOL. IN-18.

A Paris, chez Grégoire Du Puis, rue St.-Jacques,
à la Fontaine d'or. MDCC.II.

L'abbé de Choisy (François Timoléon), est ce galant abbé qui nous a raconté ses aventures dans l'*Histoire de Madame la comtesse des Barres*. Né en 1644, il avait été destiné à la carrière ecclésiastique. Sa figure était si charmante, son caractère était si doux, que sa mère prenait, dit-on, plaisir à lui faire porter des habits de femme. Converti à la suite d'une grave maladie, il publia d'abord quatre *dialogues sur l'immortalité de l'âme, la Pro-*

vidence, l'existence de Dieu et la religion; Paris, 1684. Attaché à l'ambassade de Siam, il se fit prêtre à Siam même, et dit sa première messe sur le vaisseau qui le ramenait en France. On lui doit une vie de David, une de Salomon, puis des histoires de Saint-Louis, de Philippe de Valois; une histoire de l'Église en 11 vol. in-4. On raconte qu'il dit après avoir terminé ce travail : « *Grâce à Dieu j'ai achevé l'histoire de l'Église ; je vais présentement me mettre à l'étudier*. Aux études historiques que nous avons citées, succéda un livre que je ne possède pas, mais dont les bibliophiles font trop grand cas pour que je n'en parle pas ici. Il s'agit de l'Imitation de Jésus-Christ, qu'il publia en 1692. Paris Dezallier, 1 vol. in-12. « Cette première édition, dit M. Barbier, est dédiée au roi. Chaque livre de l'Imitation est précédé d'une estampe analogue à la matière qui y est traitée.

Le premier livre contient des instructions pour la vie spirituelle. On voit en tête un homme qui s'enfuit dans le désert, à la voix d'un ange qui lui crie : « Fuyez, cachez-vous et gardez le silence. »

Des instructions pour la vie intérieure sont renfermées dans le second livre. La figure qui est en tête représente une dame habillée en noir, à genoux devant un crucifix ; à côté d'elle sont une multitude de jeunes demoiselles assises sur des gradins. L'inscription de cette estampe est celle-ci : *Audi filia*.

On voit bien, au premier coup d'œil, que l'abbé de Choisy a voulu représenter madame de Maintenon dans cette femme entourée de jeunes demoiselles, mais les plaisants ont été plus loin que lui ; ils ont complété la légende de *audi filia* en y ajoutant ce qui suit dans le texte d'où elle est tirée : *Inclina aurem tuam... Concupitiet rex decorem tuum*.

Quelques écrivains, Voltaire et d'autres, ont prétendu que le texte entier que je viens de citer se trouvait réellement dans la première édition. C'est une erreur, M. Barbier s'en est assuré. Il ajoute que l'abbé de Choisy impressionné par cette plaisanterie, remplaça dans quelques exemplaires de la première édition et dans la totalité des suivantes, la figure de Madame de Maintenon par un crucifix gravé très-grossièrement. Il faut dire encore qu'en tête de l'épître dédicatoire de la rarissime édition, on voit une vignette charmante : elle représente la chapelle de Versailles, Louis XIV y est représenté entendant la messe à genoux.

Charles Nodier possédait l'exemplaire de Madame de Maintenon. Il en a été vendu un 50 francs à la vente de M. Ch. G., en 1855.

Pour en revenir au petit volume de pensées chrétiennes qui a provoqué cette digression, je dirai, d'après l'aveu que fait l'abbé de Choisy lui-même, qu'il était en partie tiré des manuscrits du père Surin qui était un grand serviteur de Dieu. Cet ouvrage a été imprimé pour la première fois en 1687. Il est divisé en courts chapitres qui ont pour titres : de l'état des gens du monde, des causes du relâchement dans la vie spirituelle, moyen sûr de faciliter la vie spirituelle, du désir de la perfection, qualités qu'il faut acquérir pour parvenir à la perfection, de la vertu entière, des fausses vertus, de ceux qui sont noyés dans les choses extérieures, du danger de l'amour propre, du bien des maladies, de la solidité de la vertu, du total abandon entre les mains de Dieu, de l'unique repos en Dieu, de la conformité à la volonté de Dieu, de l'oraison, comment saint Ignace se servait du raisonnement dans l'oraison, de la différence qu'il y a entre la vie naturelle et celle de la grâce, de l'opiniâtreté, pourquoi on dit souvent que les gens de bien sont opiniâtres, de l'amour de Dieu, de la mortification, de la mort des pécheurs, de la mort des justes, de la vanité, de la volonté de Dieu.

Tous ces chapitres sont agréablement écrits. Voici celui dans lequel l'auteur explique sa pensée relativement à ce que l'on taxe les gens de bien d'opiniâtreté.

Premièrement on les accuse quelquefois à tort et parce qu'ils sont fort exacts à suivre la lumière divine dont ils sont remplis, et qu'on les trouve inflexibles dans les matières de la perfection — leur fermeté dans le bien qu'ils connaissent et que les autres ne voient pas passe pour opiniâtre. Les gens moins parfaits sont faciles et prêts à tout, semblables à ceux dont il est dit dans l'évangile : Il est toujours temps pour eux à tout ce qu'ils veulent, et à cause de cela on les appelle bonnes gens. Les gens de bien ne sont pas de même parce qu'ils se gouvernent par les mouvements de la grâce qui a ses temps et ses heures, et c'est ce qui les fait passer pour opiniâtres. Ainsi l'impératrice Justine disait que saint Ambroise était opiniâtre: Eudoxe disait de même de saint Jean Chrysostome et le roy d'Angleterre Henri II se plaignait que saint Thomas de Cantorbéry ne pliait jamais.

Mais il arrive aussi quelquefois que les plus spirituels donnent lieu à ce reproche et tombent dans l'opiniâtreté sans s'en appercevoir : Dieu permet, pour les humilier, qu'ils se se trompent quelquefois ; c'est pourquoi quelque élevé qu'un homme soit dans les voies de la perfection, il doit toujours se défier de soi et croire qu'il se peut tromper. Il y a des états où les spirituels croient presque être au comble de la vertu et Dieu leur fait voir par après qu'il reste encore de grands pays dans lesquels ils ne connaissent rien et se trouvent tous nouveaux ; ils tranchaient auparavant avec liberté et se servaient trop hardiment du privilége que leur a donné saint Paul quand il dit que l'homme spirituel peut juger de tout et ils voient cependant que toute leur spiritualité et toute leur lumière n'est encore qu'un faible rayon de celle que Dieu possède en lui-même, et qu'il communique plus abondamment aux âmes plus humbles ; alors ils aspirent à cette humilité et avouent qu'il est bon de descendre de temps en temps de cette région lumineuse où l'on s'élève pour parler à Dieu et de faire comme les aigles qui viennent chercher leur vie dans les campagnes.

L'abbé de Choisy est encore auteur des *Mémoires pour servir à l'histoire de Louis XIV*. Voltaire reprochait à ce livre d'être écrit dans un style trop familier.

M. Auger, dans un article de la biographie universelle, dit que la conversion de l'abbé de Choisy fut sincère mais peu solide. Il regrettait, dit-il, ses anciens plaisirs plutôt qu'il ne se les reprochait. Il passait un jour avec un de ses amis près d'une terre qu'il avait été obligé de vendre ; et à cette vue il poussait de profonds soupirs. Son ami, croyant voir dans sa douleur l'expression d'un repentir édifiant, l'en félicitait. *Ah! s'écria-t-il, que je la mangerais bien encore!*

La vie de Monsieur l'abbé de Choisy de l'Académie française a été publiée en 1742 à Lausanne chez Marc Michel Bousquet. Rien de plus scandaleux si les faits qu'on rapporte sont vrais. Il faut le féliciter de n'avoir pas vécu dans un temps où les galères n'eussent pas manqué d'en être le juste châtiment. On attribue cette biographie à l'abbé d'Olivet.

LE GÉNIE, LA POLITESSE, L'ESPRIT ET LA DÉLICATESSE DE LA LANGUE FRANÇOISE

NOUVELLES REMARQUES CONTENANT LES BELLES MANIÈRES
DE PARLER DE LA COUR, LES MOTS LES PLUS POLIS, LES EXPRESSIONS
LES PLUS A LA MODE; LA CENSURE DES MOTS HORS D'USAGE,
LES TERMES LES PLUS PROPRES DONT SE SERVENT LES PERSONNES DE
QUALITÉ D'AUJOURD'HUI.
LE TOUT ACCOMPAGNÉ DE PENSÉES INGÉNIEUSES, D'EXEMPLES
ET DE BONS MOTS.

A Paris, chez Jean et Pierre Cot, fondeurs de caractères d'imprimerie
et libraires, rue St.-Jacques, à l'entrée de la rue du Foin,
à la Minerve. in-12, M.DCC.V.

L'approbation signée de Fontenelle est ainsi conçue :

J'ai lu par ordre de monseigneur le chancelier le livre intitulé, *le Génie, la Politesse, l'Esprit et la Délicatesse de la Langue françoise*, et sans souscrire à toutes les décisions de l'auteur sur la langue, j'ai cru que l'impression de cet ouvrage pouvait être permise. Fait à Paris ce 1ᵉʳ février 1705.
                                                        FONTENELLE.

L'auteur est Leven de Templery.

Voici ce dit que l'auteur du mot *chose* qu'on écrivait CHOUSE :

Autrefois on écrivait et l'on prononçait les chouses — aujourd'hui l'on écrit et l'on prononce les choses, car (comme dit un rieur) les chouses ne sont plus que les femelles des choux.

J'ajouteray ici, Madonte, par occasion que la précipitation des paroles ou l'ignorance des termes, fait qu'on se sert mal à propos du mot chose en toutes sortes de sujets. On dira plus facilement sans chercher de terme propre, ces choses qui avancent sur les portes des maisons, que de dire des corniches; et si un homme a receu de durs traitements de sa maîtresse, on lui dira plutôt : *Il ne faut plus penser à ces choses*, que de lui dire : *Il ne faut plus penser à vos malheurs*.

Ce qui facilite cette négligence, c'est que le mot de *chose* convient à tout, et qu'il n'y a rien au monde à quoy l'on ne puisse l'appliquer. — Ainsi on peut l'appeler mot universel comme Arlequin [1] appelait meuble universel le manteau de Grifonet. — Le matin, dit-il, c'était robbe de chambre, le jour il devenait manteau; la nuit c'était couverture, et dans le mauvais temps parapluye.

Du mot glouton pour gourmand.

Ce mot n'a plus d'usage que dans la plaisanterie comme M. Gombaud s'en est servi.

> Il mange tout, ce gros glouton.
> Il boit tout ce qu'il a de rente,
> Son pourpoint n'a plus qu'un bouton
> Mais son nez en a plus de trente.

Je regrette que l'auteur n'ait pas parlé du mot *bizarre* que Dufresny écrit BIGEARRE.

L'auteur, après avoir critiqué les faiseurs d'anagrammes, cite le vers de Saint-Gelais à un de ses amis sur le même sujet.

[1] Théâtre italien.

Un jour en tournant votre nom,
Je fis servir plus d'une lettre
A mon sujet, et d'autre non ;
Toutes n'y voulurent pas être ;
Mais néanmoins pour les y mettre
Je le tournai comme un fagot
Hélas ! que le travail est sot
Quand le bon sens n'est pas le maître.

Cela pourrait bien se dire d'autres sujets que d'un anagramme.

LETTRES CHOISIES DE MESSIEURS DE L'ACADÉMIE FRANÇAISE
SUR TOUTES SORTES DE SUJETS
AVEC LA TRADUCTION DES FABLES DE FAERNE,
PAR M. PERRAULT, DE L'ACADÉMIE FRANÇOISE. SECONDE ÉDITION
AUGMENTÉE DE CE QU'IL Y A DE PLUS AGRÉABLE DANS
LA BELLE LITTÉRATURE.

A Paris, J.-B. Coignard, imprimeur ordinaire du Roy et de l'Académie françoise. 1710.

M. Coignard avait devancé ces éditeurs modernes qui, lorsque un manuscrit n'est pas assez gros pour faire un volume, ajoutent n'importe quoi. Ainsi il a joint aux lettres des illustres académiciens une traduction en vers français des fables de Faërne que ce poëte avait lui-même traduites d'Esope, sur l'invitation du pape Paul IV. Ce pontife, persuadé avec raison que les fables de Phrygien étaient d'une grande utilité pour former les mœurs des enfants, ordonna à Faërne qu'il savait être un excellent poëte, de mettre ces fables en vers latins. L'insertion de ces apologues n'avait pas suffi, à ce qu'il paraît, à M. Coignard, car le livre se termine par une lettre *sur la bagatelle* (de Perrault sans doute), qui m'a paru assez spirituelle. Aussi Coignard est-il arrivé à former un volume in-12 de 469 pages.

On n'en demande pas tant aujourd'hui.

Ce recueil des lettres de MM. de l'Académie est divisé par sujets. C'est un véritable secrétaire qui a de plus l'avantage d'offrir d'intéressantes anecdotes; voyez celle-ci :

Je ne puis vous envoyer les vers que vous me demandez, je ne les trouve ni dans ma mémoire, ni dans mon portefeuille; contentez-vous, s'il vous plaît, de la petite aventure dont ils furent suivis, et que vous me priez de vous raconter. Monsieur de *** fit un galant placet, comme pour être présenté au roi par les amans contre les filoux. Les premiers se plaignaient de ce que les autres les empêchaient de sortir la nuit et de profiter d'un temps si commode pour leur rendez-vous. Mademoiselle de S*** répondit à ce placet, et les filoux se défendirent agréablement par son discours. Ils se moquèrent des amants timides, et dirent que puisqu'ils avaient peur, ils n'étaient pas dignes de ces rendez-vous dont ils parlaient si haut. Ils ajoutèrent même que leur crainte était mal-fondée, et que leurs bourses n'étaient pas assez pleines pour attirer les voleurs, que les présents de leurs maîtresses qu'on leur pourrait prendre, ne consistaient qu'en quelques petits bracelets de cheveux ; qu'ils étaient bien différents des amants qui vivaient sous le règne de Henry le Grand, d'amoureuse mémoire : que l'on trouvait sur eux les portraits de leurs belles dans des boëtes d'or enrichies de diamans. Si on venait à les leur voler, ils les rachetaient le lendemain plus qu'elles ne valaient, et ne manquaient jamais de leur payer le secret qu'il leur importait que l'on gardât pour les portraits. Ces placets plurent extrêmement, on trouva que les vers en étaient jolis, et tout le monde en voulut avoir des copies, mais peu de gens savent la suite, dont j'ai promis de vous faire part. Je vous dirai donc que quatre ou cinq mois après, que l'on ne songeait plus à parler du démêlé des amans et des filoux, on vint le jour de l'an sur les dix heures du matin heurter assez rudement à la porte de mademoiselle de Scu.... Le petit du Buisson que vous connaissez, courut ouvrir et pensa mourir de peur. Il vit un homme terrible par sa mine, par sa moustache, et surtout par la ceinture de sa culotte garnie de pistolets, de poignards et bayonnettes, qu'il laissa voir en entrant, et qu'il avait cachées de son manteau dans les rües. Le petit laquais s'enfuit aussi vite qu'une grande fraïeur le peut permettre, et ayant rencontré la demoiselle qui est à notre illustre amie: Ah! mademoiselle Crois.... s'écria-t-il en tremblant, nous sommes perdus ; il y a dans la court un grand diable d'homme qui nous va tous tuer. Crois.... entre dans la chambre de sa maîtresse, et rapporte ce qu'on vient de lui dire. Mademoiselle de Scu.... tâche de la rassurer. Ne voyés-vous pas, lui dit-elle, que c'est un cavalier qui ne sait où donner de la tête, et qui vient dans une rüe détournée, et chez une fille, croïant recevoir une aumône plus considérable qu'ailleurs? Portez-lui ces deux pistoles, et dites-lui que je serais plus libérale si ma fortune était en meilleur état. La demoiselle, enhardie par ce présent qu'elle avait à faire, aborda l'homme terrible; mais ce ne fut qu'avec une grande révérence. Monsieur, lui dit-elle, voilà ce que Mademoiselle vous envoie. Elle vous prie de l'excuser si elle n'a pas l'honneur de vous voir. Dites à mademoiselle votre maîtresse, lui répondit-il en s'humanisant, et en refusant l'argent, que je viens pour donner et non pas pour recevoir. Présentez-lui cela de ma part, ajouta-t-il, en lui mettant une petite corbeille entre les mains. Il n'eut pas plutôt achevé ces mots qu'il sortit, et la demoiselle prit cette avanture pour un enchantement. Elle la raconta à sa maîtresse qui n'en fut pas moins surprise, surtout lorsqu'elle ouvrit la corbeille. Elle y trouva une bourse de point d'Espagne d'or, d'un travail admirable. Il y avait dans cette bourse un bracelet de pierreries avec un petit madrigal, où l'homme terrible parlait à peu près de cette sorte : Illustre Sapho, je viens de la part de mes camarades les filoux pour vous donner vos étrennes et vous offrir la plus jolie bourse que nous ayons volée depuis que vous eûtes la générosité de défendre notre cause. Mademoiselle de Scu.... connut par le tour des vers, et par cette libéralité faite d'une manière si ingénieuse, que le présent lui venait d'une personne de grande qualité et d'un esprit fort galant, qui a pour elle toute l'amitié et toute l'estime qu'elle mérite. Je voudrais bien que vous en eussiez autant pour moi. Je sai que je ne le mérite pas, mais sachez que l'on ne peut être à vous plus absolument que je suis.

M. Coignard a pris soin dans une préface de faire valoir l'importance des lettres, l'avantage qu'elles ont pour l'expression du sentiment sur la conversation dans laquelle tant de bons esprits perdent souvent leurs avantages. Les observations sont justes et puisqu'il a tant ajouté à son gros volume, on me permettra de l'imiter ici en appuyant son dire d'une lettre qui n'est pas dans son livre (je la crois d'ailleurs très-sérieusement inédite), et que nous devons à une charmante femme dont le nom même rappelle la grâce puisque c'est Madame de Montespan.

On est bien heureux, monsieur, quand vous prenez une cause sous votre protection. Ce que vous m'avez dit sur l'écriture m'y a fait trouver des mérites dont je ne m'étais jamais apperçue. J'avais toujours cru que la vivacité de la conversation et le plaisir de voir naître les pensées, le devait emporter sur le froid d'une lettre, qui peut être faite avec un grand loisir et dont les déguisements ne peuvent être découverts par les mines ni les secours par aucuns témoins. Mais ce que vous m'avez dit me fait bien changer d'avis, vous m'avez fait trouver la conversation grossière, trompeuse et dangereuse ; l'on s'y emporte souvent à dire des choses contre sa pensée ; l'avis des autres nous entraîne, ou nous révolte ; nous parlons selon ce qu'on nous dit et point selon les véritables sentiments de notre cœur ; on se fait par là des ennemis de gens à qui l'on ne veut aucun mal ; on laisse entendre des choses si précieuses qu'elles perdent leur mérite en les livrant aux témoins que l'on a souvent sans les connaître ; un ton plus haut vous coupe la gorge dans les affaires de conséquence ; et la timidité nous ôte quelquefois tout le mérite d'une jolie pensée, par ce qu'elle n'est pas prononcée agréablement. L'écriture met à couvert de tous ces inconvénients : elle fait en même temps la sureté de ceux qui écrivent et le plaisir de ceux à qui l'on écrit ; on s'explique avec confiance parce qu'on n'est entendu que de celui de qui on veut l'être et ce qu'on dit lui devient mille fois plus agréable, par l'assurance qu'il a de ne le partager avec personne : mais ce qui donne à mon sens l'avantage tout entier aux lettres sur la conversation, c'est qu'elles ne nous donnent pas seulement des paroles que le vent emporte et que l'air dissipe. Elles rendent les pensées visibles et aussi durables que le papier même à qui on les confie. On a la joie d'y reconnaitre la main de la personne qui nous écrit, de la suivre dans toutes les lignes où elle a passé. On recherche jusque dans la manière dont les caractères sont tracés ce que les termes les plus vifs ne sauraient jamais bien faire sentir. Vous voyez, Monsieur, que j'ai assez profité de vos instructions, et j'espère que vous vous en appercèvrez encore mieux dans la suite, par la régularité que j'aurai à entretenir le commerce de lettres que je commence aujourd'hui avec vous.

RÈGLEMENT DES FAMILLES

OU CONDUITE CHRÉTIENNE QUE DOIT TENIR CHAQUE PERSONNE DANS UNE FAMILLE POUR LA SANCTIFIER ET LA RENDRE HEUREUSE.

PAR LE PÈRE SANDERET, DE LA COMPAGNIE DE JÉSUS.

A Sées, chez Jean Briard, imprimeur de Monseigneur l'Évêque de Sées. 1710.

Ce petit livret, comme l'appelle l'auteur lui-même, contient des choses excellentes. Le père Sanderet l'avait composé pour l'usage des missions auxquelles la Providence l'avait destiné. Il a parsemé ses conseils de nombreux exemples par cette raison que, selon l'expérience qu'il avait acquise, le peuple se laisse bien moins touché par de longs raisonnements que par des faits historiques.

Comme nous ne faisons pas ici un cours de morale chrétienne, je me bornerai à recommander aux bibliophiles qui ont charge d'âmes le petit livret du père Sanderet, mais je donnerai une note manuscrite qui est sur la première page. Après ces mots :

Ce livre appartient au citoyen Lambotin, an IIIe de la république française une et indivisible.

Il y a ceci :

Pensée de Bernardin de Saint-Pierre qui devrait, selon nous, être gravée en lettres d'or sur toutes les places publiques :

Si dans un temps de troubles, dit l'auteur, chaque citoyen rétablissait l'ordre, seulement dans sa maison, l'ordre général résulterait bientôt de chaque ordre domestique.

Il nous semble, fait observer M. Lambotin, après la citation de cette réflexion, qu'il y a plus de raison et de bon sens dans cette pensée que dans les dix millions de brochures que la Révolution a fait éclore.

Nous sommes de l'avis du citoyen de l'an III.

L'HONNÊTE HOMME ET LE SCÉLÉRAT

SCAVOIR, SI POUR PARVENIR DANS LE MONDE, IL FAUT ÊTRE HONNÊTE HOMME OU SCÉLÉRAT, PAR MONSIEUR J. D. D. C.,
SUIVANT LA COPIE DE PARIS.

A Bruxelles, chez Louis de Wainne, imprimeur, au coin de la rue de Bavière, à l'Enseigne de S^t.-Jérôme. M.DCC.X.

Je n'ai pu découvrir de qui est ce petit ouvrage : en tête se trouve une gravure représentant un péristyle au fond duquel on aperçoit une entrée qui donne sur le quai. Un carrosse est arrêté à la porte. C'était une des entrées des Tuileries ainsi que semble l'indiquer ce que nous rapportons plus loin.

Dans un avis au lecteur, l'éditeur dit : c'est une grande question et qui sert de matière à ce livre, de savoir si pour parvenir dans le monde il faut être honnête homme ou scélérat : les plus sages disent que l'honnête homme ne peut pas s'y tirer d'affaires et que le scélérat y fait bien mieux son compte. *Vidi impium*, dit le prophète, *elevatum sicut cædros Libani;* et dans un autre endroit: *multæ tribulationes justorum*. Agathandre soutient le parti de la vertu, quoique les actions les plus honnêtes et les plus vertueuses qu'il a faites dans sa vie aient été mal reçues et mal récompensées. Cacopiste prend le parti contraire, et prétend que pour son intérêt et ses plaisirs il faut sacrifier la probité et l'honneur.

Voici maintenant l'entrée en matière :

Un des plus beaux jours de l'été, Agathandre pour divertir les ennuis et les chagrins que sa mauvaise fortune luy faisait souffrir depuis longtemps, alla se promener aux Tuilleries; il y avait beaucoup de gens qui se pressaient pour y entrer; le portier, accablé de cette multitude, refusait, pour empêcher le désordre, les gens qui n'étaient pas bien mis; Agathandre se trouva de ce nombre, et dans le même temps qu'ils disputaient ensemble, il se présenta un homme à la porte, richement vêtu, suivi de trois grands laquais. Cet homme et Agathandre après s'être observés, s'embrassèrent; dans ce moment la porte s'ouvrit: ils entrèrent et passèrent dans l'endroit le plus solitaire du jardin. Comme ils furent seuls et en liberté, Cacopiste (c'est le nom de cet homme du grand air), s'arrestant tout court, et examinant Agathandre depuis les pieds jusqu'à la tête, luy tient ce discours : « Quoy! vous voir à Paris et aux Tuilleries, dans un si pitoyable état; quelle surprise pour moy! vous, que j'ay vu autrefois un des plus jolis hommes de la province, porter icy au milieu de l'été un juste-au-corps d'un gros Pinchina; des bas drapez, des souliers plats et carrez, une perruque rousse et défrisée, un chapeau sans couleur et sans figure. Pour moy, acheva Cacopiste, je mourrois mille fois plutôt que de me voir de cette manière. L'on se sert de ce qu'on a, repartit tristement Agathandre. D'où vient donc ce changement, reprit Cacopiste? Votre naissance, votre fortune, et l'estime universelle où vous étiez, m'auroient jamais laissé penser une pareille chose. Ce n'est point avec moy, continua-t-il, que vous pouvez déguiser, nous sommes trop proches parents et trop bons amis pour avoir quelque réserve l'un pour l'autre; et sincèrement vous n'ouvrirez jamais votre cœur à personne qui prenne plus de part que de moy dans ce qui vous regarde, ny qui y compatisse davantage.

« Si j'ay du malheur, repartit Agathandre, ma consolation est que je ne l'ay point mérité et que si j'avois eu moins d'honneur et de probité, je serois présentement dans les richesses, dans l'abondance et dans les plaisirs. »

Voilà toute la morale du livre. Cacopiste ne peut comprendre son parent. — Il expose qu'il a mené une vie toute contraire, et pour se justifier il soutient une thèse de vrai don Juan. — Son indignation augmente quand, en écoutant le récit qu'il contraint Agathandre de lui faire, il voit que celui-ci a résisté à toutes les passions qui, pour le tenter, ont pris la forme des sept péchés capitaux. Le récit est quelquefois interrompu, et Cacopiste n'a pas encore commencé à raconter ses propres aventures que déjà le bon et honnête Agathardre a dû, pour le tirer d'affaire en certaine occasion, changer d'habits avec Cacopiste, de manière que le scélérat se trouve sauvé par les haillons mêmes qu'il reprochait à son cousin, si bien que ce dernier, en consentant à la métamorphose, se mit à rire en disant à Cacopiste, qui lui demandait raison de sa gaieté : « Je ris de ce qu'après le mépris que vous avez fait de mon habit, vous soyez encore trop heureux de vous en servir vous qui me disiez, il y a quelques jours, que vous aimeriez mieux mourir que de le porter. »

Cette histoire n'est-elle pas de tous les siècles? Je dois ajouter, pour ne pas mentir, que je n'ai pas trouvé ce petit volume chez un bouquiniste. J'en dois la communication à M. Beauvais, libraire, quai Voltaire, dont j'ai déjà eu occasion de signaler la parfaite obligeance.

LE PORTRAIT D'UN HONNESTE HOMME
PAR M. L'ABBÉ GOUSSAULT.
NOUVELLE ÉDITION AUGMENTÉE DU PORTRAIT D'UNE HONNESTE DEMOISELLE.
Paris, chez Brunet et Mouchet. 1712.

Le mérite que l'auteur attribue à son héros, c'est qu'il aime les compagnies et qu'il les recherche avec plaisir. S'il s'agit d'ouvrages de l'esprit, il n'en parle ni par prévention ni par critique. Il ne parle jamais mal des femmes; il aime la musique. Il sait se taire ou parler peu, il sait régler sa dépense; un honnête homme est content de ce qu'il est.

Le portrait de l'honneste demoiselle est une suite d'instructions adressées à une jeune personne. Ces instructions traitent de la religion, des devoirs envers les grands, de la conversation, de la noblesse, de la politesse, de l'amour, du mariage, de la beauté, de la vanité, de l'amitié, de la société, des visites, de la modestie, des moyens de plaire, du choix d'un état.

Au chapitre de l'amour, l'auteur prévient la jeune personne qu'étant jeune et belle, on ne l'entretiendra pas d'affaires sérieuses.

Ne vous alarmez pas, dit-il, d'une galanterie ou d'un bon mot que vous dira un homme d'esprit; vous en serez quitte, au pis aller, pour un petit souris en rougissant, pour marquer que vous n'êtes ni farouche ni de méchante humeur. — Il l'exhorte à ne pas se laisser aller à l'amitié qui engage. — Le mérite d'un homme bien fait a de grands charmes sur l'esprit des femmes, et cette estime à laquelle elles voulaient s'en tenir au commencement est presque toujours le chemin qui conduit à leur cœur.

> Et quand sur notre esprit un homme qu'on estime
> A pris quelque crédit,
> On commence à douter si l'amour est un crime
> Aussi grand qu'on le dit.

NOUVEAU TRAITÉ DE LA CIVILITÉ
QUI SE PRATIQUE EN FRANCE ENTRE LES HONNÊTES GENS.
NOUVELLE ÉDITION REVUE,
CORRIGÉE ET DE BEAUCOUP AUGMENTÉE PAR LE MÊME AUTEUR.
DE LA BOUTIQUE DE FEU M. JOSSET.

A Paris, Louis Josse, à la Couronne d'Épines; et chez Charles Robustel, au Palmier, rue St.-Jacques. M.DCC.XII.

Il y a sur le titre l'enseigne de M. Josse. Cette enseigne veut dire sans doute que tout n'est pas *roses* dans le métier de libraire, et je le crois.

L'auteur (de Courtin), dans une épître adressée à Mgr le duc de Chevreuse, dit que plus il travaillait à son livre, plus il sentait qu'il y avait de vide. « Je me suis enfin avisé d'un heureux expédient, ajoute-t-il, pour suppléer à tout ce qui pouvait manquer sur cette matière, sans que je fusse obligé de m'étendre davantage. Et tout ce secret, Monseigneur, est de vous proposer vous-même pour modèle. »

Dans son avertissement l'auteur paraît supposer qu'on ne peut connaître les lois de la civilité qu'à Paris. On donne ici les règles de l'honnête, afin que les personnes de bon naturel qui n'ont pas la commodité ni le moyen de venir à Paris et à la cour puissent les apprendre sans peine et en même temps.

Entre mille recommandations faites par Courtin aux personnes qu'il veut former, il y en a d'assez singulières et dont l'une doit nous faire bénir la découverte du maillechor et le chimiste ingénieux qui a su argenter ou dorer ce métal à si peu de frais. Il paraît qu'au temps où ce livre a été fait on ne changeait pas de couvert à table. Mes lecteurs en jugeront sans doute comme moi en lisant ce passage :

Il est nécessaire aussi d'observer qu'il faut toujours essuyer votre cuiller quand, après vous en être servi, vous voulez prendre quelque chose dans un autre plat, y ayant des gens si délicats, qu'ils ne voudraient pas manger de potage où vous l'auriez mise, après l'avoir portée à la bouche.

Plus loin :

Il faut tenir pour règle générale que tout ce qui a été une fois sur l'assiette ne doit plus être remis au plat.

Antoine de Courtin, notre auteur, fut secrétaire des commandement de la reine Christine de Suède. On lui doit plusieurs traités, entre autres celui du *Point d'honneur, de la Paresse,* etc.

ENTRETIENS SUR LES DEVOIRS DE LA VIE CIVILE
ET SUR PLUSIEURS POINTS DE LA MORALE CHRÉTIENNE
PAR M. L'ABBÉ MARSOLLIER,
CHANOINE ET ANCIEN PRÉVOT DE L'ÉGLISE CATHÉDRALE D'UZÈS.
NOUVELLE ÉDITION AUGMENTÉE DE PLUSIEURS ENTRETIENS.

A Paris, François Babuty, rue St.-Jacques, au-dessus de la rue des Mathurins, à St.-Chrysostôme.
(Il y a une petite vignette qui représente ce saint). 1714.

Marsollier, né en 1647, mort en 1724, était, dit la biographie Michaud, un historien médiocre. Il fut cependant lauréat de l'Académie française pour un discours sur ces mots : *Dans la haute fortune on ne sait si l'on est aimé.* Il a fait une histoire de l'inquisition, une histoire du cardinal Ximenès, une histoire de Henri VII, roi d'Angleterre, une vie de l'abbé de Rancé, etc., etc.

Marsollier avait eu, à ce qu'il paraît, ses *Entretien de la vie civile* fort longtemps en portefeuille, et bien qu'ils soient très-imités d'Érasme, il affirme qu'ils sont le fruit de ses conversations avec des personnes du temps. Ils ont surtout pour but d'éclairer les personnes du sexe. Le quatrième et le cinquième sont consacrés *aux moyens de conserver la paix dans le ménage*. Comme ce renseignement peut être utile dans tous les temps, j'en dirai quelque mots. Ulalie (sic) rencontre Xantipe. Elle se félicite de cette rencontre. Xantipe lui fait compliment sur sa beauté, sur sa toilette.

« Qui vous a, dit Xantipe, donné ces beaux atours? — Une honnête femme, répond Ulalie, reçoit-elle des habits d'un autre que de son mari? — Que vous êtes heureuse, dit Xantipe, d'avoir rencontré un tel mari; pour moi, si c'était à recommencer, je me garderais bien de prendre celui que j'ai. » — A ce mot les deux dames s'agitent, Xantipe se plaint de la ladrerie de son époux, qui lui refusait probablement toute crinoline. — Ulalie la console en lui faisant observer que peut-être elle peut plaire à son mari avec le maigre accoutrement qu'il lui laisse, et que cela suffit. — Mais Xantipe affirme que son époux est un mauvais sujet, qu'il sait très-bien dépenser pour lui, qu'il ne revient chez lui que fort tard, et qu'il est si souvent ivre qu'il ne sait ni ce qu'il dit, ni ce qu'il fait...

« Parlons bas, dit Ulalie, nous nous déshonorons nous-mêmes en déshonorant nos maris; mais dites-moi, ne le querellez-vous pas quelquefois? — Comme il le mérite, réplique celle-ci; vous savez que je ne suis pas muette. » Elle le prouve en effet par mille imprécations. Ulalie essaye alors de calmer son amie en lui rappelant que saint Paul veut que les femmes respectent leurs maris; elle ajoute que saint Pierre propose aux femmes l'exemple de Sara, qui appelait Abraham son seigneur, quoiqu'il fût son mari. « Je le sais, réplique celle-ci, mais si saint Paul veut que les femmes aiment leurs maris comme Jésus-Christ a aimé son épouse, que mon mari se souvienne de ce que je lui suis, et je me souviendrai de ce que je lui dois. — Cependant, fait observer Ulalie, quand les différends en sont venus à un tel point qu'il faut que l'un cède à l'autre, n'est-il pas juste que la femme cède au mari? » — Xantipe, irritée, résiste. — Ulalie, craignant de la fâcher, invoque l'amitié qui les lie et elle continue ainsi: « Faites donc, je vous prie, réflexion que, quel que puisse être votre mari, il ne vous est pas permis d'en avoir un autre. Autrefois il y avait le divorce, mais il n'est plus permis. — Quel est donc le malheureux qui nous a ôté la liberté du divorce? » s'écrie Xantipe. Ulalie répond que c'est Jésus lui-même. — « J'ai peine à le croire, » dit la femme irritée.

Ulalie lui avoue qu'elle a eu aussi des moments difficiles, mais qu'elle en a triomphé. — Voici comment :

« Comme j'avais d'abord compris que je ne pouvais être heureuse sans gagner l'affection de mon mari, je n'épargnai rien pour lui plaire. Nous avons presque toutes un grand défaut. Quand nous sommes mariées, nous croyons que tout est fait, que nous pouvons nous négliger quand il ne s'agit que de plaire à un mari ; qu'il nous est permis de vivre sans égards, sans ménagement, sans complaisance; c'est tout le contraire ; sans cela il est impossible d'éviter l'ennui et le dégoût qui naissent naturellement de la vue continuelle du même objet et d'une compagnie trop assidue. J'étais donc attentive à ne rien faire qui pût me rendre moins agréable à mon mari. J'étudiais ses humeurs, ses goûts, ses penchants, ce qui pouvait ou le fâcher ou le réjouir. Ce sont des petits soins, mais qui ne coûtent rien quand on a de la raison ou qu'on aime un mari. Après tout, que faisons-nous en cela que nous ne voyions faire tous les jours à ceux qui apprivoisent des éléphants, des lions ou des animaux semblables, qui ne peuvent être assujettis par la force. — Voilà justement comme est l'animal que j'ai chez moi, et qui porte le nom de mon mari! » s'écrie Xantipe.

On voit que le calme ne venait pas.
Aussi Ulalie ajoute :

« Ceux qui nourrissent les éléphants ne portent point d'habits blancs, et ceux qui élèvent des taureaux n'en portent jamais de rouges, parce que ces couleurs blessent leurs yeux. Je me suis bien appliquée à faire tout ce que mon mari pouvait désirer. » Ulalie explique ensuite en quoi consiste ses attentions, qui étaient pleines de délicatesses. Xantipe commence à comprendre ; elle veut que son amie complète ses renseignements ; celle-ci cite des exemples pris chez d'autres dames qui comme elle ont fait de leur mari une sorte de miroir qui les guide pour la composition de leur visage, la retenue du langage, car il ne faut pas à tort et à travers s'ériger en donneuses d'avis. — « Il en faut bien passer, fait-elle observer, n'y pas regarder de si près. Il ne faut avertir un époux qu'avec grâce. — Il faudrait bien de la sagesse, remarque Xantipe, pour en user de la sorte. — Pas tant, dit Ulalie ; ce qui est certain, c'est qu'en faisant ainsi nous engageons nos maris à faire de même. »

De là le bonheur dont sont assurés les époux qui profiteront de la lecture de cet extrait.

DE LA SCIENCE DU MONDE ET DES CONNAISSANCES UTILES A LA CONNAISSANCE DE LA VIE

PAR M. DE CALLIÈRES, SECRÉTAIRE DU CABINET DE SA MAJESTÉ
ET L'UN DES QUARANTE DE L'ACADÉMIE FRANÇAISE.

A Paris, Étienne Ganeau, rue St.-Jacques, vis-à-vis la fontaine St. Severin, aux armes de Dombes. 1718.

M. de Callières n'a fait que des choses assez médiocres. Reçu à l'Académie française en 1689, en remplacement de Quinault, il eut cependant le bon goût d'exprimer à l'illustre compagnie le peu de titres qu'il avait à son choix ; mais il sut dire en fort bons termes combien il sentait le prix de la distinction qu'il obtenait. Il exposa d'abord les services que l'Académie avait déjà rendus, selon lui, à la langue.

L'Académie, dit-il, a été instituée pour perfectionner l'éloquence et la poésie françoise en travaillant à la pureté et à l'élégance de notre langue. Avant son établissement, ajoutait-il (on sait si cela est vrai), le style de nos pères tenait encore de la rudesse et du mauvais goût des siècles précédents; les uns, cherchant à s'exprimer dans le genre sublime, affectaient des discours guindés et enflés par des figures outrées et par des termes tirés des langues mortes qui les jettoient dans l'obscurité. Les autres, pensant égayer leur manière de parler et d'escrire, remplissoient leurs discours et leurs ouvrages de jeux de mots, d'équivoques, de proverbes, et d'autres puérilités fort éloignées de l'éloquence majestueuse des anciens orateurs grecs et latins.

L'Académie, continua-t-il, a purgé l'éloquence française d ces défauts différents.

Il fut moins heureux dans le portrait ampoulé qu'il fit de Louis XIV.

Au talent près, Callières était un homme parfaitement comme il faut, épris de tout ce qui était grand. Dans la dédicace du livre dont j'ai donné le titre, il fait au duc de Chartres[1] la peinture de ce qui doit être, selon lui, le véritable homme de société.

La plus importante et la plus nécessaire de toutes les applications des hommes après celle de leur salut, est de s'instruire des devoirs de leur état, et de ceux qui regardent la société dans laquelle ils sont nez ou qu'ils se proposent de choisir ; il faut qu'ils travaillent à acquérir l'estime et l'amitié de ceux qui la composent et qu'ils y apportent pour cela un esprit insinuant, accord, bienfaisant, bien disant, officieux et honnête, qu'ils remplissent l'obligation qu'ils ont de la maintenir pour y pouvoir vivre en paix et avec agrément sous l'authorité des loix qui y sont établies, et surtout qu'ils évitent d'y donner des marques d'un esprit malin, médisant et mocqueur, qui rend odieux tous ceux qui l'affectent. Les princes destinés à les conduire et à leur commander ont un grand intérêt de leur donner de bons exemples, et de les porter à leur rendre l'obéissance qui leur est due par un procédé toujours équitable, par de bons traitemens, et en répandant avec choix leurs bienfaits et leurs grâces sur ceux qui s'en rendent dignes;

---

[1] Fils unique du duc d'Orléans. Ce jeune prince était plein de bravoure : il fut blessé deux fois à Steinkerque.

ils doivent encore les exciter à polir leurs mœurs et leur façon de vivre, et à se corriger de la grossièreté et de la rudesse qu'ils peuvent avoir contractées par une trop grande communication avec des hommes mal civilisés ou par une mauvaise éducation et par la dureté de leur humeur.

Les *conversations* de M. de Callières sont assez puériles pour les leçons que l'auteur a entendu y donner. Il n'y a que par-ci par-là des vues justes et bien exprimées. Callières montre un grand fonds de morale et de religion. Je n'y ai rien trouvé que tout ce qu'un homme de bien ne puisse sentir de lui-même. Le volume est terminé par quelques poésies qui forment l'éloge des poëtes français *des derniers temps*.

Dans la première pléiade, l'auteur comprend M. Corneille l'aîné (*sic*), de Racine, de Mollière (*sic*), de La Fontaine. (La piété de M. de Caillères va jusqu'à louer les contes du Bonhomme), de Voiture (c'est le plus loué), de Sarrasin et de Chapelle, qu'il qualifie, avec bienveillance toutefois, de *Libertin*.

La seconde pléiade est consacrée à Despréaux,

. . . . . . dont la noble audace
A vengé le public de tant de froids esprits
Qui l'avaient fatigué par leurs fades écrits.

à Pélisson, à Pavillon, à Benserade, à Quinault, Segrais et au duc de Nevers.

La troisième pléiade célèbre d'abord

Sapho l'ornement de nos jours[1] !

Madame de La Fayette, de la Suze, de la Sablière, Deshoulières, de Villedieu, Dacier.

Il est dit dans l'approbation donnée au livre de M. de Callières dit :

J'ai trouvé que cet ouvrage tient beaucoup plus que son titre et qu'il est très-propre à former un parfait honnête homme, non-seulement selon le monde, mais même selon Dieu.

Si l'on veut bien tenir compte de la complaisance que les censeurs avaient parfois pour les auteurs, on reconnaîtra, en lisant *la Science du monde*, qu'en n'exagérant pas le mérite du livre, j'ai rendu bonne justice à M. de Callières.

HUETIANA
OU PENSÉES DIVERSES DE M. HUET, EVESQUE D'AVRANCHES.
Paris, Jacques Étienne, 1722.

Huet est lui-même auteur de ce recueil, dont la publication est due à l'abbé d'Olivet. Toute la vie de l'évêque d'Avranches l'a rendu digne de la vénération des amis des lettres. « A peine, dit-il, avais-

[1] Mademoiselle de Scudéri.

je quitté la mamelle que je portois envie à ceux que je voyois lire. » Il forma, d'après une idée du duc de Montansier, le plan de ces belles éditions des classiques latins destinées au Dauphin, dont il était sous-précepteur. Devenu membre de l'Académie française, il resta encore quelque temps à la cour et se retira pour travailler. On lui doit des ouvrages latins et français. Parmi ces derniers sont : 1° *De l'Origine des romans*, Paris, 1670-1671 ; 2° *Discours prononcé à l'Académie françoise*, 1674 ; 3° *De la situation du paradis terrestre* ; 4° Nouveaux mémoires pour servir à l'histoire du cartésianisme, 1692-1711 ; 5° *Statuts synodaux pour le diocèse d'Avranches* ; 6° *Origines de Caen*, 1702-1706, 7° *Dissertations sur diverses matières de religion et de philosophie*, Paris, 1712 ; 8° *Histoire du commerce et de la navigation des anciens*, Paris, 1716.

L'*Huetiana* se distingue des recueils de ce genre en ce que tout ce qu'on y trouve est plein d'urbanité et de véritable érudition ; on sent qu'il n'y a pas là ce que nous appelons de nos jours du remplissage. J'y ai remarqué d'excellentes observations sur La Rochefoucault.

Lorsque M. de La Rochefoucauld, dit-il, composa ses *Maximes*, madame de La Fayette, qui y avoit bonne part, me les communiqua et voulut savoir ce que j'en pensois. Quoiqu'elle me parût prévenue d'une grande admiration pour le mérite d'un ouvrage qui entroit si intimement dans le fond et dans les replis du cœur humain, et en découvroit les plus secrets mouvements déguisez par notre amour-propre, et exprimoit ses découvertes par des tours nouveaux et polis, je ne lui déguisai point mon sentiment, et je lui dis nettement que la plupart de ces maximes me paroissoient entièrement fausses, jusqu'au titre même de maximes qu'on leur avoit donné ; que l'on n'appelloit maximes que des vérités connues par la lumière naturelle, et reçues universellement de tout le monde ; au lieu que les propositions contenues dans cet ouvrage étoient nouvelles, peu connues et découvertes par la méditation et les réflexions d'un esprit pénétrant et clairvoyant ; qu'au lieu de les qualifier maximes, il eût été bien plus convenable de les appeler réflexions morales. La suite me fit voir que mon avis avait été gouté, car les nouvelles copies ne parurent plus que sous ce titre. J'ajoutai que la plupart des propositions en détail ne me paroissoient pas plus véritables que le titre, que quand on attribuoit à l'homme en général tous ces sentimens secrets, cet extérieur fardé, ces inclinations dépravées et cette perversité, cela ne se pouvoit entendre que de la nature humaine considérée en elle-même ; ce qui en ce sens est très-éloigné de la vérité ; que l'homme de sa nature étoit droit, juste et vertueux ; que sa raison même et sa lumière naturelle le portoit au bien et l'éloignoit du mal ; que quand il se laissoit corrompre par le vice, il sortoit de son naturel, il tomboit dans l'aveuglement, quittoit son chemin et s'égaroit : de sorte que tout ce déréglement que M. de La Rochefoucauld croit avoir découvert en l'homme, sont les vices de l'homme corrompu et perverti, et pour ainsi dire déshumanisé, mais non pas de l'homme dans sa pure nature, se maintenant dans son véritable état et véritablement homme.

De plus, cette recherche même des défauts de l'homme

corrompu, que l'auteur a faite avec tant de sagacité, n'est pas faite avec assez d'équité : il ne fait pas toujours justice à cet homme qu'il condamne, et il le veut faire passer pour plus corrompu qu'il n'est, interprétant avec beaucoup de prévention et un peu de malignité, et tournant en mauvaise part des inclinations et des actions innocentes. Il ne songe pas plus qu'il y a divers degrez de corruption dans l'homme corrompu, que *nemo repente fuit turpissimus;* et suivant ce faux paradoxe des stoïciens qu'un homme coupable d'un seul péché et entaché d'un vice est coupable de tous, il ne fait nulle distinction entre les crimes les plus atroces, entre les hommes pécheurs par fragilité et par foiblesse, et les scélérats même les plus endurcis.

Enfin il paroit que l'auteur impute souvent un vice à l'homme, non pas tant parce qu'il l'apperçoit véritablement en lui, que pour ne pas perdre une expression élégante, ingénieuse et nouvelle qu'il a trouvée pour former son accusation, et s'énoncer. Et si l'on observe cet ouvrage de près, on trouvera dans plusieurs articles que l'expression n'a pas été inventée par l'accusation, mais que l'accusation a été inventée pour y faire entrer l'expression.

Si quelque lecteur avait goût, par suite de la lecture de ce passage, de relire La Rochefoucauld, je les l'inviterai à prendre la première édition, et cela parce qu'un très-fin appréciateur de ce temps, M. Sainte-Beuve, disait, il n'y a pas longtemps, après une excursion dans le livre des *Maximes* :

Je ferai ici une simple remarque. C'est qu'ayant relu depuis peu la première édition des *Maximes*, en la comparant à la dernière qu'a donnée l'auteur et qui est celle qu'on suit généralement, j'y ai trouvé assez de différence pour pouvoir affirmer que c'est la première seule qui contient toute la pensée de l'homme, pensée franche, absolue à l'origine, toute verte et toute crue sans adoucissement, et qui, par la portée, va rejoindre d'autres systèmes moraux de date plus récente.

DISCOURS POUR L'OUVERTURE DE L'ÉCOLE DE CHIRURGIE
PRONONCÉ LE 18 JANVIER 1720.
PAR M. RENEAULME, DOCTEUR RÉGENT DE LA FACULTÉ DE MÉDECINE DE PARIS ET PROFESSEUR DE CHIRURGIE EN LANGUE VULGAIRE.

A Paris, de l'imprimerie de la veuve d'Antoine Urbain Coustelier, quay des Augustins. 1725.

L'auteur prononça ce discours à une époque où de sérieuses tentatives étaient faites pour régler et discipliner la profession de médecin. Reneaulme, en rappelant ce qu'étaient les leçons de ses prédécesseurs, exprime le regret de voir le haut enseignement médical et chirurgical délaissé par les élèves mêmes, qu'il nous représente courant Paris ou les provinces pour saisir la clientèle avant d'avoir aucun titre à pratiquer. Ce qu'il dit montre quel était à cette époque le triste état de la grande Faculté qui honore aujourd'hui la France. Les leçons s'y faisaient en latin, et personne n'y comprenait rien. Reneaulme avait introduit un enseignement de la chirurgie *en langue vulgaire*. Il y conviait la jeunesse en lui représentant le mal qu'elle pouvait faire en pratiquant les opérations les plus importantes sans connaître les éléments même de l'anatomie.

Cependant on en était encore aux barbiers, chirurgiens. Le professeur était loin de s'en plaindre, puisqu'il disait, en recommandant la probité et la pratique de toutes les vertus aux étudiants :

Cette même probité sera cause que, dans le dessein de se disposer aux opérations, il (l'élève) n'aura pas de honte de commencer par manier le rasoir. Car, quoi qu'en pensent ceux qui, par une vanité malentendue, regardent cet emploi comme au-dessous du chirurgien, il est constant que l'habitude de raser donne une légèreté à la main qui la rend plus propre à l'opération. C'est ainsi qu'en jugea la Faculté lorsqu'elle voulut établir de nouveaux chirurgiens ; elle crut ne pouvoir mieux choisir que les maîtres barbiers, qu'elle préféra à tous les autres. Elle crut, et ne se trompa pas, qu'ils panseroient les playes avec plus de légereté et qu'ils opéreroient plus dextrement.

Je ne prétends pas cependant que le jeune chirurgien emploie son temps à raser continuellement; je sais qu'il peut s'occuper plus utilement dans ses heures de loisir: mais je souhaite que par ce moyen il entretienne la légereté de la main acquise jusqu'à ce que la chirurgie lui fournisse suffisamment de quoi s'exercer, d'autant plus qu'il y a beaucoup d'opérations qui doivent commencer par l'usage du rasoir. C'est encore pour lui conserver cette légèreté de la main que je lui voudrois défendre les ouvrages grossiers qui peuvent la lui faire perdre. C'est ce que l'on peut remarquer en ceux qui travaillent à la frisure ; ils rasent moins bien. Ne seroit-ce point là le motif de la punition imposée aux garçons chirurgiens qui passeront dans la boutique des perruquiers ?

La main de notre chirurgien ainsi disposée, il faut qu'il s'adonne à la dissection, qui la lui soutiendra et lui donnera cette sûreté qui ne peut venir que de la connoissance de la partie.

Suit une imprécation contre les valets de chambre qui sondent, les bailleurs, renoueurs et autres gens qui coupent et tranchent tout ce qu'il y a de plus délicat.

Reneaulme invite les étudiants à venir aux examens, leur promettant qu'ils seront reçus en répondant non pas nécessairement par les termes techniques, mais par le simple bon sens.

Grâce à Dieu, on est plus exigeant aujourd'hui.

DISSERTATION SUR LA PAUVRETÉ RELIGIEUSE
OÙ L'ON FAIT VOIR QUE LES PETITES RENTES OU PENSIONS, ET L'ARGENT MIS EN DÉPOT, NE PEUVENT S'ACCORDER AVEC LE VŒU SOLENNEL QUE L'ON FAIT EN S'ENGAGEANT DANS LA RELIGION
PAR LE PÈRE THORRENTIER, PRÊTRE DE L'ORATOIRE.

A Paris, chez Babuty, rue St.-Jacques (*Sic*) à St. Chrysostome, 1726.

L'approbation est de M. l'abé (*sic*) de Pilliers, censeur royal des livres.

Cette dissertation, dit-il, m'a paru solide et capable de détromper les illusions qu'on peut se faire sur une matière très-délicate et qui semble aujourd'hui très-ignorée.

L'ouvrage avait été envoyé dans les divers couvents. Mon exemplaire porte une note indiquant qu'il est assigné pour le couvent des capucins d'Orléans et permis à l'usage de F. Michel François d'Orléans cap. ind. (capucin indigne).

Une note également manuscrite qui vient immédiatement après, porte : *Laissé aux capucins d'Orléans.* Est-elle du frère François ?

LA VIE DE MONSIEUR LE DUC DE MONTAUSIER

PAIR DE FRANCE, GOUVERNEUR DE MONSEIGNEUR LOUIS DAUPHIN.
BIS-AYEUL DU ROY A PRÉSENT RÉGNANT.
ÉCRITE SUR LES MÉMOIRES DE MADAME LA DUCHESSE D'UZÈS SA FILLE.
PAR N... (LE PÈRE PETIT).
DEUX TOMES EN UN VOLUME IN-12

Paris, Rollin. 1729.

Cet exemplaire était en assez mauvais état, mais je l'ai conservé car il porte la signature du duc de Valentinois et ses armes.

Que dire de Montausier après la belle oraison funèbre de Fléchier ? Il serait superflu de louer de nouveau ce grand et vertueux homme, le mari de Julie de Rambouillet dont il dut solliciter la main pendant douze ans. Ce qui fait dire au père Petit que :

L'obéissance avoit fait dans la nouvelle épouse tout ce que la plus vive passion auroit fait dans une autre, et devenue femme par raison, elle commença à aimer avec une tendresse sans égale un homme qu'elle ne semblait qu'estimer étant fille.

Plus loin l'auteur, arrivant au moment où Louis XIV nomme Montausier gouverneur de son fils, décrit ainsi deux belles scènes auxquelles cette nomination donna lieu :

Le roy, après avoir mûrement réfléchi sur le choix important qu'il avoit à faire d'un gouverneur pour monseigneur le Dauphin ; après avoir balancé le mérite et les talents des différentes personnes qui se présentoient à son esprit ou qui lui étoient recommandées, se fixa enfin sur le duc de Montausier. Il n'ignoroit pas ce qu'en pensoient la plupart des courtisans ; mais leurs discours malins ne purent offusquer ses lumières ni diminuer en rien l'estime qu'il avoit conçue d'un homme que l'expérience lui avoit fait connoître pour un des plus fidelles, des plus zélés et des plus vertueux seigneurs de sa cour. Il l'envoya donc chercher, et, l'ayant fait entrer secrètement dans son cabinet, il lui dit : « qu'il le faisoit gouverneur « de son fils, parce qu'il croyoit ne le pouvoir mettre en de « meilleures mains. » Le duc se jeta dans le moment aux pieds du roy, le remercia avec un profond respect et dit en lui embrassant les genoux : « qu'il ne s'arrêteroit pas à représenter à « Sa Majesté son peu de capacité pour remplir dignement « l'emploi dont elle l'honoroit, puisqu'en le choisissant elle « avoit eu sans doute des raisons qu'il ne lui appartenoit pas « de combattre, mais qu'il l'assuroit au moins qu'il étoit dis-« posé à se rendre moins indigne de ses bontez, par un zèle et « une fidélité inébranlable ; qu'au reste, il supplioit Sa Majesté « de songer que la bonne éducation de monseigneur le Dau-

« phin ne dépendoit pas uniquement des soins d'un gouver-
« neur, que les attentions de Sa Majesté seroient infiniment
« plus efficaces, et qu'il la conjuroit de ne les lui pas refuser. »
« Soyez tranquille, reprit le prince, je vous seconderai de façon
« que vous n'aurez sur cela rien à désirer. » Ensuite il fit relever le duc, et, après s'être entretenu quelque temps avec lui des différents moyens dont il faudroit faire usage pour former la jeunesse du Dauphin, il le renvoya en lui défendant de découvrir à d'autres qu'à madame de Montausier et à la comtesse de Crussol ce qui venoit de se passer.— Le roy, pour quelques raisons, vouloit différer de quelques jours à déclarer son choix; mais le secret qu'il en fit ayant renouvelé les sollicitations et les intrigues des prétendants, il s'en trouva tellement importuné que, pour s'en délivrer, il déclara plus tôt qu'il n'avoit résolu que vainement on briguoit une place qui n'étoit plus à donner et que celui en faveur de qui il en avoit disposé étoit le duc de Montausier.

Il ne restoit plus qu'à installer le nouveau gouverneur ; le roy le fit de la manière la plus obligeante. Le duc étant venu par son ordre, Sa Majesté le présenta à la reine et à monseigneur, à qui il adressa ces paroles bien dignes de cet incomparable monarque, et bien glorieuses pour le duc de Montausier:
« Voilà, mon fils, un homme que j'ai choisi pour avoir soin de
« votre éducation. Je n'ai pas cru pouvoir rien faire de meil-
« leur pour vous et pour mon royaume. Si vous suivez ses
« instructions et ses exemples, vous serez tel que je vous dé-
« sire ; si vous n'en profitez pas, vous serez moins excusable
« que la plupart des princes dont on néglige ordinairement les
« premières années ; et moi, je serai quitte envers tout le
« monde, le choix que j'ai fait me mettant à couvert de tout
« reproche. » M. de Montausier, également touché des bontés de son roy et de la présence du jeune prince qu'il lui confioit d'une manière si honorable, mit un genou en terre et dit au

Dauphin, en lui baisant la main : « Recevez, monseigneur, cette
« marque de soumission et de respect d'un homme qui, pen-
« dant quelques années, ne vous en donnera pas de pareilles,
« mais qui, en devenant en quelque sorte votre maître, n'ou-
« bliera jamais que vous devez être un jour le sien, et qui sera
« toujours prêt à sacrifier son repos, ses intérêts et sa vie pour
« votre utilité. »

Le roi ne s'était pas trompé, la France entière accueillit avec satisfaction le choix qu'il avait fait.

Brottier, dans ses *paroles mémorables*, rapporte que le duc de Montausier éleva le dauphin avec sévérité en 1675, et que ce prince ayant une légère maladie, quelques courtisans l'attribuèrent à la sévérité du duc. Brottier ajoute que :

Louis XIV, pour faire cesser ces propos, dit : « Je n'ai qu'un
« fils, mais j'aimerois mieux qu'il mourût, que s'il n'étoit pas
« honnête homme et qu'il devint par là nuisible à ses peu-
« ples. »

LA GUIRLANDE DE JULIE POUR Melle DE RAMBOUILLET
JULIE LUCINE D'ANGENNES, DEPUIS DUCHESSE DE MONTAUSIER, PREMIÈRE DAME D'HONNEUR DE LA REINE MARIE-THÉRÈSE D'AUTRICHE, ET GOUVERNANTE DES ENFANTS DE FRANCE.

(Placé dans le même volume que le précédent.)

Jamais, dit Huet, évêque d'Avranches, l'amour n'a inventé de galanterie plus ingénieuse, plus polie et plus nouvelle que la *Guirlande de Julie*, dont le duc de Montausier régala Julie d'Angennes un premier jour de l'an, lorsqu'il la recherchait en mariage. Il fit peindre séparément en miniature toutes les plus belles fleurs par un excellent peintre, sur des morceaux de velin de même grandeur. Il fit ménager au bas de chaque figure assez d'espace pour y faire écrire un madrigal sur le sujet de la fleur qui y était peinte, et à la louange de Julie. Il pria les beaux esprits de ce temps là, qui presque tous étaient ses amis, de se charger de la composition de ses pièces, après s'en être réservé la meilleure partie. Il fit écrire au bas de chaque fleur son madrigal par un homme qui avait beaucoup de réputation alors pour la beauté de son écriture. Il fit ensuite relier tout cela magnifiquement : il en fit faire deux exemplaires tout pareils et fit enfermer chacun dans un sac de peau d'Espagne. Voila le présent que Julie trouva à son réveil sur sa toilette le premier jour de l'année 1633 ou 1634 ; car ce fut peu de temps après la mort de Gustave, roi de Suède. Je remarque cette époque, parce qu'elle s'y trouve marquée dans la couronne impériale, qui est une des fleurs de cette guirlande. Comme je la connaissais fort de réputation, j'avais demandé souvent à la voir, et souvent elle m'avait été promise. Mais enfin madame la duchesse d'Uzès voulut bien me donner ce plaisir. Elle m'enferma sous la clef de son cabinet une après-dînée, au sortir de la table, avec la guirlande ; elle alla ensuite chez la reine, et ne vint me mettre en liberté qu'aux approches de la nuit. Je n'ai guère passé en ma vie de plus agréable après-dînée.

La duchesse de Montausier, cette femme dont Fléchier a dit qu'elle sut se faire admirer de ceux qui étaient eux-mêmes l'ornement et l'admiration de leur siècle, garda précisément jusqu'à sa mort ce gage d'amour.

J'ai rapporté, à propos d'un livre de Desmarets, le plus joli des madrigaux de cette guirlande : *la violette*.

J'ai lieu de croire que Huet n'a pas eu les deux manuscrits sous les yeux, puisqu'il dit qu'ils étaient en tout semblables, car je lis dans un des catalogues de vente de M. de Brue (1853), qui possédait le second in-8, que le premier, appartenant encore aujourd'hui à la famille d'Uzès, est in-folio.

Ce premier manuscrit est en lettres romaines. Les peintures sont de Robert. Vendu à la vente de La Vallière, il monta jusqu'à 14,510 livres. Le second, écrit par le même calligraphe (Jarry), est en lettres bâtardes; on le dit supérieur sous ce rapport, mais sans ornement.

Le relieur se nommait Gascon.

Il paraît que Huet se serait trompé aussi quant à la date, car il fixe le millésime de 1633, et partout j'ai trouvé 1641.

Le grand Corneille s'était chargé du lis, de l'hyacinthe et de la grenade.

Voici *le lis*.

> Un divin oracle, autrefois,
> A dit que ma pompe et ma gloire
> Sur celle du plus grand des rois
> Pourroit remporter la victoire ;
> Mais si j'obtiens, selon mes vœux
> De pouvoir parer vos cheveux,
> Je dois à Julie adorable
> Toute autre gloire abandonner ;
> Car nul honneur n'est comparable
> A celui de vous couronner.

M. Demogeot a bien raison de dire que rien n'était à cette époque plus salutaire, en somme, que l'influence souveraine et incontestée des femmes.

HISTOIRE D'UN VOYAGE LITTÉRAIRE

FAIT EN M.DCC.XXXIII EN FRANCE, EN ANGLETERRE ET EN HOLLANDE.
AVEC UN DISCOURS PRÉLIMINAIRE DE M. LA CROZE,
TOUCHANT LE SYSTÈME ÉTONNANT,
ET LES ATHEI DELECTI DU PÈRE HARDOUIN; ET D'UNE LETTRE
FORT CURIEUSE CONCERNANT LES PRÉTENDUS MIRACLES DE L'ABBÉ PARIS,
ET LES CONVULSIONS DU CHEVALIER FOLARD.
SECONDE ÉDITION.
A la Haye, chez Adrien Moetjens. M.DCC.XXXVI.

M. Dinaux, qui rédige depuis longtemps déjà une revue très-intéressante à Valenciennes, m'a fait connaître ce livre, qu'il a rappelé en rendant compte de la première édition de mes *Voyages littéraires sur les quais de Paris*.

L'auteur est un certain M. Jordan, ami du roi de Prusse. M. Jordan, né à Berlin en 1700, d'une famille originaire du Dauphiné, montra de bonne heure beaucoup de goût pour les lettres. Il mourut en 1745, vice-président de l'Académie des sciences de Berlin. Frédéric, dans un éloge académique consacré à l'auteur du *Voyage littéraire*, a dit : « Jordan était né avec un esprit vif, pénétrant et en même temps capable d'application ; sa mémoire était vaste et contenait, comme dans un dépôt, le choix de ce que les bons écrivains dans tous les siècles ont produit de plus exquis. Son jugement était sûr, et son imagination brillante, elle était toujours arrêtée par le frein de la raison ; sans écart dans ses saillies, sans sécheresse dans sa morale ; retenu dans ses opinions, ouvert dans ses discours, plein d'urbanité et de bienfaisance, chérissant la vérité et ne la déguisant jamais ; humain, généreux, serviable, bon citoyen, fidèle à ses amis, à son maître et à sa patrie. »

Il y a des biographes qui prétendent que les ouvrages de M. Jordan ne justifient pas cet éloge. Comme je ne goûte pas les livres de convention, je dois dire que le *voyage littéraire* m'a fort intéressé. L'auteur visite les savants, les bibliothèques et cite les ouvrages curieux que ces visites lui ont fait connaître. Il fait mieux : étant arrivé à Paris il *bouquine*.

Je passai au quai du Pont-Neuf, dit-il, et y achetai le Pomponace *de Immortalitate animæ*, à 4 sols ; ouvrage cependant très-rare, ajoute-t-il, puisque *Morhoff*, chapitre xi, livre I, tome II, confesse ne l'avoir jamais vu, et que M. de Uffenbach m'écrit, dans une de ses lettres du 6 avril 1726, que ce livre lui avait coûté beaucoup d'argent, à cause de sa rareté. Je l'ai vu très-souvent chez les bouquineurs le long de la Seine, à un prix très-médiocre. »

Aujourd'hui les bouquineurs sont ceux qui achètent et les bouquinistes sont ceux qui vendent.

Jordan a eu la bonne fortune de parcourir nos quais à une époque où le nombre encore très-restreint des amateurs permettait de faire journellement des trouvailles. Écoutons-le :

Je courus beaucoup le 27, mais je ne trouvai aucune des personnes que je cherchois, tout le monde étoit à la campagne. Je passai le temps à bouquiner au quai des Augustins. J'y trouvai quelques livres dont il faut que je parle. Je commencerai par un morceau d'heures, imprimées chez *Jehan de Brie*, auquel on a joint une partie d'un autre livre d'*Heures*;

je trouve à la fin ces paroles en lettres gothiques : « Ces présentes heures à l'usaige de Rome ont esté nouvellement imprimées à Paris par *Nicolas Higman* pour *Loys Royer*, libraire demeurant audit lieu en la rue St.-Jacques, près St.-Yves, à l'enseigne de la *Lymace*.

Cet ouvrage, continue Jordan, est rempli d'images gravées sur bois et peut être regardé comme un des meilleurs que nous ayons du progrès que faisoit l'imprimerie peu de temps après sa naissance. J'ai feuilleté soigneusement les Annales de Maittaire pour y trouver quelque chose sur le sujet de ce livre ou de l'imprimeur . ma peine a été inutile.

Parmi les savants que Jordan visita pendant son séjour à Paris il faut citer l'abbé de Saint-Pierre et Fontenelle.

M. Vimielle, chapelain de l'ambassadeur en Hollande, homme de mérite, eut la politesse de me mener chez M. l'abbé de Saint-Pierre et chez l'illustre Fontenelle. Ce savant abbé, connu par ses ingénieux et salutaires projets, loge au corridor du Palais-Royal ; il ne paroît pas y être fort commodément logé. C'est un grand homme, sur le visage duquel on voit la probité peinte. Il paroît plein de douceur et d'humanité. Notre conversation dura peu, parce qu'il étoit sur le point d'aller chez la marquise de Lambert. On parla des *thèses de M. Alphonse Turretin, de la vérité de la religion chrétienne.*

M. de Fontenelle est magnifiquement logé ; il paraît très à son aise et richement partagé des biens de dame Fortune. Quoique âgé, il a dans l'œil quelque chose de vif et de fin. On voit que ce grand homme a été moulé à plaisir par la nature, pour parler le style néologique. Notre conversation roula d'abord sur l'état de la Société royale des sciences que le défunt roi établit à Berlin et dont l'illustre *Leibnitz* étoit le directeur. Il paroît, par les discours de ce grand homme, qu'il est animé par un esprit de paix et de charité, opposé aux maximes de certains dévots persécuteurs qui nuisent à la religion et à l'Etat. Il paroît faire cas de l'esprit et des ouvrages de *M. Werenfelds*. Ce savant Badois ne mérite-t-il pas effectivement cette distinction? On parla de l'impertinente question proposée par Bouhours, *si un Allemand pouvoit avoir de l'esprit*, que M. de Fontenelle blâme et désapprouve, et on cita l'exemple de *M. Leibnitz* et de plusieurs autres illustres Allemands, pour faire voir combien ce jésuite s'est trompé. Je n'oublierai jamais le plaisir que j'ai eu de voir ce grand homme.

Ne sont-ce pas là de précieux renseignements et combien nous serions heureux si des détails semblables sur les grands hommes des trois derniers siècles avaient été plus multipliés.

M. Jordan vit aussi les pères Montfaucon et Niceron. Il visita Voltaire qu'il dépeint ainsi, après avoir fait le plus grand éloge de son esprit : *C'est un jeune homme maigre qui paraît atteint de consomption*.

Dans ses visites aux bibliothèques, notre voyageur parle d'un bibliothécaire qui lui offrit un excellent vin auquel il revenait toujours toutes les fois que le visiteur demandait à voir un livre ou un manuscrit.

Voici encore un détail que j'ai cru devoir reproduire ici :

Je passois une partie de l'après-dînée aux *Thuilleries*, occupé à réfléchir sur les différents objets qui se présentoient à mes yeux. Deux objets y frappent tout œil étranger : l'un, c'est l'énorme grandeur des paniers ; l'autre, le rouge appliqué avec trop de prodigalité sur les joues des dames. M. *Steele* avoit autrefois donné des règles sur l'exercice de l'éventail. Je suis assuré que s'il eût considéré avec attention l'activité avec laquelle les dames remuent ici les paniers, il auroit réduit ce jeu à de certaines règles fixes et invariables. En effet, il faut un tour de main pour éviter les obstacles que cause la rencontre d'autres paniers ; il en faut un pour marcher à côté d'un chapeau, et pour en recevoir du tabac. Il faut avoir de l'adresse pour enfiler une allée étroite d'arbres, sans que l'économie du panier en soit dérangée. Plusieurs s'en servent fort adroitement dans certains besoins pressants. Pour ce qui regarde le rouge du visage, je puis assurer qu'il y en a avec tant de profusion qu'on a de la peine à en distinguer les traits. Il n'en est aucune à laquelle on ne puisse appliquer ces vers :

> Par le soin que Lise prend,
> Et du plâtre et des pommades,
> Les visites qu'elle rend
> Sont autant de mascarades.
> Pour elle, soit bien, soit mal
> Il est toujours carnaval.
> Au logis et dans la rue
> Nous la voyons chaque jour,
> Et jamais ne l'avons vue.

Les femmes n'abusent plus du rouge, mais les crinolines ne justifient-elles pas ce dernier vers?

J'invite les bibliophiles mes confrères à ne pas marchander ce petit livre quand ils le trouveront non plus qu'un autre ouvrage du même auteur qui a pour titre : *Recueil de littérature, de philoso-*

phie et d'*histoire*, à Amsterdam, chez François l'Honoré, M. DCC. XXX. Il y a dans ce dernier livre une dissertation fort intéressante sur les caractères d'un bon livre.

IMITATION DE N. S. JÉSUS-CHRIST
TRADUITE ET REVUE SUR L'ANCIEN ORIGINAL FRANÇOIS,
D'OU L'ON A TIRÉ UN CHAPITRE QUI MANQUE DANS LES AUTRES ÉDITIONS.
NOUVELLE ÉDITION, PAR LENGLET DE FRENOY.
Paris, André Cailleau, 1737.

Curieux par la citation indiquée dans le titre et par une préface analytique du livre admirable qu'elle précède. Lenglet Dufresnoy maintient que Gerson est l'auteur de l'*Imitation*, Thomas à Kempis n'en aurait fait qu'une version.

Lenglet a eu, dit-il, six éditions françaises de ce livre, toutes uniformes, imprimées en caractères gothiques, avec le titre l'*Internelle consolation*, l'une imprimée à Paris en 1530, une autre en 1534, la troisième en 1537, la quatrième en 1554 ; la cinquième et la sixième sont in-4°. L'une sans date, mais plus ancienne, se trouvait dans l'abbaye de Saint-Germain-des-Prez à la fin d'un manuscrit (le *Roman de Jason*.

Bouquineurs, cherchez bien, les trésors sont dans ces assemblages.

LETTRES

NE REPUGNATE VESTRO BONO, ET HANC SPEM, DUM AD VERUM PERVENITIS,
ALITE IN ANIMIS :
LIBENTER QUE MELIORA EXCIPITE ET OPINIONE AC VOTO JUVATE.

1725.

Ce qui veut dire : Ne vous opposez point à votre bien, et jusqu'à ce que vous soyez parvenus à la vérité, nourrissez dans vos âmes un espoir si glorieux ; ouvrez vos cœurs à des leçons plus salutaires. Prenez des opinions saines et formez des vœux plus nobles.

Le contrôleur général des Finances, Machault, ayant formé en 1749 le dessein d'assujettir les biens du clergé à l'impôt du vingtième, demanda à un très-célèbre avocat au parlement de Paris, nommé Bargeton, de soutenir ce projet par un écrit capable de le justifier. Bargeton, homme extrêmement distingué, qui s'était élevé par son seul mérite, composa les lettres dont nous rapportons le titre, en prévenant toutefois le ministre qui les lui demandait, que cela ne servirait à rien parce que le roi (Louis XV), dont il connaissait la versatilité, l'abandonnerait.

L'écrivain ne se trompa pas. *Les Lettres Ne repugnate vestro* furent condamnées par un arrêt du conseil obtenu par le clergé et aussi à Rome, car on a joint à l'exemplaire que je possède, une condamnation au nom de Benoît XIV.

Ces lettres n'en furent pas moins considérées comme un ouvrage profond « où l'érudition, le bon sens, la philosophie et le talent d'écrire plaidaient à l'envi ».

Il y a en effet dans ce livre beaucoup d'idées sages que la révolution a fait prévaloir; mais il y en a aussi de fort singulières que Bargeton aurait sans doute abandonnées s'il eût pu prévoir ce qu'elles ont produit depuis qu'elles ont été si fort préconisées par les philosophes.

Bargeton était certainement de l'école des plus rigoureux. Il eut un autre point de ressemblance avec l'un d'eux: car ayant été méconnu de sa famille comme d'Alembert l'avait été de sa mère, il refusa dans la suite de la reconnaître en disant à un de ses parents qui, pour l'attirer, vantait l'ancienneté de sa race : « Puisque vous êtes gentilhomme, je n'ai point l'honneur de vous appartenir. »

CONSIDÉRATIONS SUR LES MŒURS DE CE SIÈCLE
Sans lieux mais avec date. DCC.XXI.

C'est la première édition du livre de Duclos. Elle est maintenant fort recherchée dans les ventes.

Le livre imprimé en gros caractères a 366 pages.

On m'avait assuré que le mot femme n'était pas une seule fois dans ce livre dont Louis XV a dit : c'est l'ouvrage d'un honnête homme. Je n'affirmerais pas que ce mot qui revient si facilement sous la plume se trouve deux fois dans les considérations, mais il y est certainement à la page 131 de cette édition.

Une femme, dit Duclos, est déshonorée parce qu'elle a consacré sa faute par l'éclat de sa douleur et de sa honte ; tandis qu'une autre se met à couvert de tout reproche par l'excès de son impudence : celle-ci n'est pas même l'objet d'un mépris secret. Les hommes haïssent ce qu'ils n'oseraient punir ; mais ils ne méprisent que ce qu'ils osent blâmer hautement. Leurs actions déterminent plus leurs jugements que leurs jugements ne règlent leurs actions.

BIBLIOTHÈQUE AMUSANTE ET INSTRUCTIVE

CONTENANT DES ANECDOTES INTÉRESSANTES ET DES HISTOIRES CURIEUSES TIRÉES DES MEILLEURS AUTEURS.

A Paris, chez Duchesne, libraire, rue Saint-Jacques, au-dessous de la fontaine St.-Benoît, au Temple du Goût. M.DCC.LIII.

Il y a trois éditions : celle-ci, 1 vol. in-12, 1753; une seconde, 1755, 3 volumes in-12; et une troisième de 1775, 2 volumes in-12.

Le premier volume est du père Niceron (dit-on), les autres que je ne connais pas sont de Dupont du Tertre qui, après avoir été jésuite, rentra dans le monde.

Le père Niceron ou Dupont du Tertre traite dans ces ouvrages : des Livres et de la Lecture, de la Beauté et de la Laideur, de la Continence et de la Chasteté des femmes, de la Vengeance et du Pardon des injures, de la Mémoire, de l'Adresse et de l'Industrie, du Mariage, de l'Infidélité dans le mariage, des Gasconnades, du Sommeil et des Songes, de la Mort, des Funérailles et de la Sépulture, des compliments et des harangues des Prédicateurs, des Naïvetés et Simplicités, des Repas et des Festins, de la Libéralité, du Vol et des Voleurs, de la Justice et des Jugements, de la Cruauté, des Médecins, des Prédictions et des Astrologues.

Tous ces chapitres sont traités avec force citations. Dans le chapitre des Prédicateurs, on rapporte qu'un prédicateur déclamant contre la multitude des plis qui étaient autrefois dans les habits de femmes, les comparait à des tuyaux d'orgues, ajoutant que c'était le diable qui les faisait jouer.

A quel instrument ce prédicateur, s'il eût vécu de nos jours, aurait-il comparé les crinolines?

ENTRETIENS SUR LES ROMANS

OUVRAGE MORAL ET CRITIQUE DANS LEQUEL ON TRAITE DE L'ORIGINE
DES ROMANS ET DE LEURS DIFFÉRENTES ESPÈCES,
TANT PAR RAPPORT A L'ESPRIT QUE PAR RAPPORT AU CŒUR.
PAR M. L'ABBÉ J***.

Paris, Duchesne. DCC.LV.

Ce J. veut dire *Jacquin*. C'était un chapelain de l'église d'Amiens, né en cette ville en 1721. Il mourut jeune quoiqu'il eût fait un *Traité de la santé*, 1762, in-12. On a de lui, outre le livre dont nous allons parler, des lettres sur les pétrifications trouvées à Albert en Picardie (aujourd'hui une des stations du chemin de fer du Nord). *Lettres philosophiques et théologiques sur l'inoculation de la petite vérole*. L'auteur prétend que la religion condamne l'inoculation (avis à ceux qui veulent se faire vacciner deux fois.) *Discours sur la connaissance et l'application des talents. Introduction à la science des médailles. Lettres parisiennes sur le désir d'être heureux*, 1758. (Il n'y a de bonheur qu'à Paris.) *Les préjugés*, 1760, in-12. *Sermons pour l'Avent et le Carême*, 1768, in-12. Enfin, *Histoire littéraire de la ville d'Amiens*.

Dans ses entretiens sur les romans dont il attribue l'invention aux Égyptiens, l'abbé Jacquin débute par cette invocation empruntée à la Henriade.

« Je t'implore aujourd'hui, sévère vérité,
Répands sur mes écrits ta force et ta clarté. »

L'ouvrage est divisé en quatre entretiens dont le titre fait assez ressortir l'intention de l'auteur. Le premier, de l'Origine des romans; le deuxième, de l'Inutilité des romans; le troisième, des Dangers des romans par rapport à l'esprit; le quatrième, des Dangers des romans par rapport au cœur.

Les entretiens ont lieu entre un abbé, une comtesse et un chevalier.

La comtesse aime les bons romans.

Le chevalier a envie de lire les plus piquants, et l'abbé les condamne tous.

L'abbé dit à la comtesse :

« Vous me chargez, madame, d'une commission bien critique

en me demandant mon avis sur ces ouvrages que l'on voit tous les jours se multiplier; ils trouvent, pour ainsi dire, autant d'approbateurs que d'hommes : c'est donc faire le procès au genre humain que de les attaquer. »

A la fin du quatrième entretien, la comtesse et le chevalier sont convaincus, et l'un et l'autre déclarent à l'auteur que c'est à regret qu'ils le laissent aller.

Il y a peut-être de l'exagération dans la pensée de l'abbé Jacquin : mais, je dois le dire, la plupart de ses observations sont excellentes, son livre est d'ailleurs très-instructif. Ceux qui aiment les romans y trouvent de précieuses indications, ceux qui ne les aiment que médiocrement, de bonnes analyses; et ceux qui les repoussent, d'excellentes raisons pour persister dans leur sentiment.

On trouve à la fin une table fort bien faite.

CONSEILS A UNE AMIE
PAR MAD. DE PUISIEUX. LES CARACTÈRES PAR LA MÊME.
Londres. DCC. LV. In-12.

Ces deux ouvrages d'une femme qui a écrit beaucoup de romans sont assez médiocres. Il y a cependant quelques observations piquantes. Madame de

Puisieux recommande aux personnes qu'on a ennuyées de faire une bonne lecture, rien ne repose comme cela. Je suis bien de son avis. L'auteur est née en 1720 ; on ignore l'époque de sa mort. Elle atteignit cependant la fin du dix-huitième siècle, car elle figure pour une somme de deux mille livres dans la répartition des secours accordés aux gens de lettres par le décret du 4 septembre 1795.

Son mari, Philippe Florent de Puisieux, écrivait aussi. On lui doit quelques traductions; des voyages, et une dissertation où l'on prouve que la femme n'est pas inférieure à l'homme ; 1750, in-12.

« J'ai demandé à une dame fort pieuse, dit madame de Puisieux, ce qui lui avait le plus coûté à quitter quand elle se fit dévote. Elle me répondit ingénument que c'étaient les conversations galantes et le rouge. Et en effet (ajoute notre auteur) cela doit coûter beaucoup. Comment se passer de s'entendre dire que l'on est charmante !... »

On demandait un jour dans une compagnie, raconte M. de Puisieux, quelle était la vertu qui nous était le plus nécessaire ; presque toutes les femmes furent d'avis que c'était la chasteté ; il n'y en eut qu'une qui dit : *Vous vous trompez, c'est la discrétion.*

DE LA VIE PRIVÉE DES ROMAINS

A Lausanne, chez Marc Michel Bousquet et C⁽ᵉ⁾, et se vend à Paris, chez la veuve David Jeune, quai des Augustins. M.DCC.LVII.

Une note manuscrite d'un lecteur qui m'a précédé dit que ce livre est rare, curieux et parfaitement écrit.

Je ne sais s'il est rare (tant de gens donnent cette qualité aux livres qu'ils veulent vendre), mais ce que je puis affirmer c'est qu'en effet il est curieux et parfaitement écrit.

La dédicace, adressée à Jean Jacques Linner, bailli de Lausanne, est signée de M. d'Arnay qui se qualifie de professeur en belles-lettres et en histoire. Dans *l'avertissement* l'auteur dit que le fonds de l'ouvrage est tiré de trois dissertations contenues dans le premier tome des *Mémoires de l'Académie des inscriptions et belles lettres* (cette insertion serait une forte recommandation.)

M. d'Arnay paraît avoir puisé tous ses renseignements aux sources mêmes qui pouvaient les lui donner, c'est-à-dire dans la lecture des poëtes, des orateurs et des historiens du peuple-roi.

En citant Caton, à propos du luxe que celui-ci reprochait aux Romains, il rappelle cette vérité dont nous devrions profiter, que le luxe et l'avarice sont deux fléaux qui ont renversé les plus grands empires.

Plus loin j'ai lu :

Que Rome avait des gens de lettres et des amateurs de livres qui ne nous le céderaient pas. Que ne vivent-ils de nos jours ! ils grossiraient sans doute la foule des abonnés au *Bulletin du bouquiniste*.

L'HISTOIRE DES GRECS
OU DE CEUX QUI CORRIGENT LA FORTUNE AU JEU.

A Londres, chez Nourse, 1758. In-12.

Le titre porte cette épigraphe :

> . . . . Quid non mortalia pectora cogis,
> Auri sacra fames ? (Enéide liv. III.)

Les bibliographes ne s'entendent pas très-bien sur l'auteur de ce livre. Les uns l'attribuent au chevalier Gondar, les autres à un sieur Rousseau ou à un sieur Mailhol. Peu importe, le livre est curieux.

Je commence cette histoire, dit le narrateur, non à l'origine des filoux, parce qu'il aurait fallu remonter pour cela à la création du monde ; mais à l'établissement des hôtels de Gèvres et de Soissons à Paris.

L'auteur assure que les premiers des plus illustres Grecs, ayant fait à la faveur de leurs richesses, des alliances considérables dans la noblesse d'épée et de robe, il y a lieu de supposer que c'est à ces mariages que nous devons tous les Grecs de condition qui se voient maintenant (1758). Il ajoute pour justifier son assertion qu'avant le règne de Louis XIV, on ne constate pas qu'aucun Grec fût gentilhomme ou qu'un gentilhomme fût Grec.

L'auteur prévient qu'il entend faire non l'histoire de la friponnerie, mais celle des fripons. Il avoue leur avoir été affilié, et comme il en recevait une pension, n'avoir aucun intérêt à divulguer leurs ruses : d'abord, parce que s'il le faisait, personne ne se laisserait plus tromper et que ce serait réduire à la misère des gens dont la fortune est fondée sur le jeu, et parmi eux des femmes de condition, de vieilles marquises et tant de demoiselles

« Qui, sans le lansquenet et son produit caché,
« De leur faible vertu feroient fort bon marché. »

La France, dit-il, est aujourd'hui un bois plein de filoux. On ne saurait jouer dans presque aucune maison du royaume, sans s'exposer à être volé. Ce livre est plein d'histoires plus scandaleuses les unes que les autres. On y voit de pauvres filles parfaitement élevées, devenant la proie des hommes immondes qui par la fortune parviennent à les obtenir de leur famille. Il y en a une, élevée à Saint-Cyr, que son mari rend *grecque* sans qu'elle s'en doute. Ce n'est qu'à la suite d'un désastre complet qu'elle apprend le rôle affreux qu'on lui a fait jouer. Un des plus fameux Grecs réunit un jour chez lui ses confrères et leur adressa le plus sérieusement du monde une harangue pour leur faire comprendre de donner à leur compagnie un règlement des statuts comme en ont, fait-il observer, toutes les sociétés qui ont en vue le bien... d'autrui.

Les catastrophes racontées par l'historien des Grecs sont nombreuses comme on peut bien le penser ; en voici deux :

Un Grec, jouant au piquet avec un vieux capitaine de cavalerie, dans une ville de province, le filoutait de cette manière. Toutes les fois qu'il voulait avoir beau jeu, il mouchait d'une main la chandelle, et de l'autre il escamotait le talon. L'ancien militaire qui n'était pas dupe, s'étant aperçu deux ou trois fois de cette manœuvre, lui dit en s'arrêtant et posant les cartes sur la table : « Mon « sieur, je remarque que toutes les fois que vous mouchez la chandelle, je n'ai point d'as. Je vous serais obligé, continua-t-il, si vous vouliez bien vous dispenser de prendre tant de peines : car j'aime encore mieux n'y voir pas si clair, et avoir des jeux moins louches. » Sur les premiers avis le Grec se retint quelques moments; mais une heure après, étant question de la fin d'une partie décisive, et ayant dans ce coup là un jeu si mauvais qu'il ne lui fallait pas moins que les huit cartes du talon pour le raccommoder, il prit de nouveau les mouchettes, et dit au capitaine : « Je vous demande bien pardon, monsieur, mais c'est une vieille habitude que j'ai prise au piquet de moucher. — Et moi, dit le militaire en l'arrêtant sur le fait, comme il escamotait le talon, c'et un vieux usage que j'ai de moucher ceux qui me volent au jeu. » Et en disant ces mots, il sortit de sa poche un pistolet et lui brûla la cervelle.

Deux Grecs ayant eu un jour dispute au sujet de quelque friponnerie, celui qui se crut le plus insulté dit à l'autre : « Je ne me vengerais pas aujourd'hui, mais tu peux être certain qu'un jour où tu y penseras le moins je te tomberai sur le corps et je t'écraserai. » Ainsi menacé le second Grec, homme de précaution, se rendit dans une maison où son camarade volait habituellement, déjoua ses tours habituels, de sorte que celui-ci fut pris en flagrant délit après plusieurs passes qu'on lui laissa faire. Il protesta — rien ne fut écouté, on lui prit d'abord l'argent qu'il avait sur lui, puis on le jeta par la fenêtre ; mais ô fatalité! Son dénonciateur, qui rodait autour de la maison, le reçut sur la tête et fut ainsi écrasé comme l'autre le lui avait prédit. Il expira quelques instants après, ayant pu entendre l'expression de la joie de son ancien complice qui en fut quitte pour quelques contusions.

LES SCIENCES SUR GOLGOTHA SOUS LA CROIX DU SAUVEUR
OU LES SCIENCES QUI VIENNENT ADORER SOUS LA CROIX.
SONGE EN FORME DE DISCOURS, TRADUIT DE L'ALLEMAND PAR J. C POHLE.
A Strasbourg. M.DCC.LXII.

« L'auteur de cet opuscule, dit le traducteur, m'est inconnu. Je ne le chercherai pas non plus bien que le songe qu'il raconte à ses lecteurs ne soit très-intéressants, si la narration est bizarre. L'idée est belle cependant. Toutes les sciences viennent sur le Calvaire et rendent successivement hommage au sauveur crucifié. La philosophie, l'histoire, la logique, la métaphysique, la physique, les mathématiques, l'astronomie, la géographie, l'architecture, la jurisprudence, la médecine, la chirurgie, la grammaire, la poésie, la peinture. Toutes s'inclinent, et expriment, en adorant, qu'elles tirent de la croix toute la force qu'elles peuvent avoir.

LA BIBLIOTHÈQUE DES DAMES
OU CHOIX DE PIÈCES NOUVELLES INSTRUCTIVES ET AMUSANTES,
EN PROSE ET EN VERS.

À Amsterdam, chez M. Magerus. M.DCC.LXIV.

La Bibliothèque des dames est un petit journal qui paraissait tous les lundis. L'amour, la peinture des sentiments, le soin de la toilette et la poésie galante, forment le fonds du premier semestre de ce journal que j'ai sous les yeux. Les peintures de toutes sortes abondent, les anecdotes ou les morceaux littéraires sont empruntés à tous les pays.

Il y a un chapitre fort détaillé sur la beauté parfaite, mais l'auteur dit à la fin que tout compte fait l'innocence en est le plus doux charme. Un petit article consacré *aux mouches* comme ornement du visage est vraiment curieux.

« Je me trouvai hier dans une assemblée où je vis de très-jolis visages, mais très-mal mouchetés. Dans tout le cercle qui comprenait plus de trente têtes de femmes, je ne vis que deux mouches placées selon les règles. Je me suis déjà déclaré contre cette manie de se placer de petits morceaux de tafetas noir sur le visage. Comme je ne me flatte pourtant pas d'avoir assez d'éloquence pour en faire revenir le beau sexe, je veux au moins apprendre la vraie position des mouches aux dames qui croyent que cet agrément postiche relève leur beauté. On distingue surtout neuf sortes de mouches qui se placent de la manière suivante :

« La passionnée, au coin de l'œil.

« La majestueuse presque au milieu du front.

« L'enjouée, sur le bord de la fossette que forme la joue quand on rit.

« La galante, au milieu de la joue.

« La baiseuse, au coin de la bouche.

« La gaillarde, sur le nez.

« La coquette, sur les lèvres.

« La discrète, au-dessous de la lèvre inférieure, vers le menton.

« La recéleuse, sur un bouton. »

L'auteur de la *Bibliothèque des dames* est tellement galant que dans un autre article il dit :

Tout ce que les femmes ont de bon leur appartient en propre, et presque tous leurs défauts sont notre ouvrage. Ou nous les leur avons donnés ou nous n'avons pas travaillé à les en corriger.

Un peu plus loin dans un numéro du deuxième trimestre il y a une dissertation fort savante sur le baiser, dans lequel il n'y a rien que de très-convenable.

RÉCRÉATIONS LITTÉRAIRES
OU ANECDOTES ET REMARQUES SUR DIFFÉRENTS SUJETS
RECUEILLIES PAR M. C. R. AVEC CETTE ÉPIGRAPHE :
Je vais de fleur en fleur et d'objet en objet.
(LA FONTAINE.)

A Lyon, Jacques Marie.
Bessiart, libraire, rue Mercière, près la Mort qui trompe. M.DCC.LXV.

Il ne faut pas avoir recours au dictionnaire des anonymes pour découvrir le nom de l'auteur de ce recueil qui est certainement un des plus amusants que j'ai lus. L'auteur se nomme lui-même *Cizeron Rival* en signant une épître dédicatoire à M. Le Clerc-de-Fresne, chevalier, seigneur de la Verpilière, etc. Sur le premier feuillet il juge ainsi ce qu'il va rapporter en empruntant à Fontenelle cette pensée :

Il y a dans la littérature des objets plus importants les uns que les autres ; mais il n'y en a point d'absolument méprisables. Tout ce qui est bon en son genre a son prix, parce qu'il ne se fait point sans une mesure et une sorte d'esprit, toujours plus rare qu'on ne pense.

L'ouvrage commence par plusieurs anecdotes sur Molière. Je ne doute pas qu'elles n'aient été plusieurs fois reproduites, aussi je ne m'y arrêterai pas. Du reste, tous les littérateurs illustres ou seulement distingués du dix-septième siècle et du commencement du dix-huitième ont leur part dans ce recueil. Les anciens y sont aussi représentés, témoins ces deux anecdotes :

Tout le monde sait qu'une des choses qui animèrent davantages les conjurés contre César, c'est qu'un jour le Sénat lui ayant venu rendre des honneurs en corps, il ne daigna pas se lever, et entendit dans cette posture tout ce que le Sénat avait à lui dire ; mais tout le monde ne sait pas ce qui empêcha César de se lever; c'est qu'il avait un cours de ventre si fort qu'il aurait laissé tout aller sous lui s'il s'était tenu debout. Voyez l'infirmité de notre nature et la cause d'un des plus grands événements de l'histoire !

Ce fait est, à ce qu'il paraît, rapporté par Dion Cassius, et M. Cizeron Rival s'étonne qu'il ait échappé à Bayle, à qui, dit-il, il n'échappait rien.

Ulysse dans Homère se trouve dans la caverne de Polyphème. Il voudrait bien en être dehors ; il lui fait mille présents, et entr'autres d'un vin qui ne finissait point ; c'était un beau présent ; et Polyphème dit : *C'est un honnête homme qu'Ulysse, je le mangerai le dernier.* Démétrius Phalérius remarque très-bien que cette raillerie d'Homère sert à rendre la barbarie de Polyphème encore plus horrible.

Voici maintenant du moins ancien.

C'est une citation de Racine. Le poëte dépeint un héros chrétien dans le ciel :

> « Il voit comme fourmis marcher nos légions
> Dans ce petit amas de poussière et de boue
> Dont notre vanité fait tant de régions.

Boileau admirait ces trois vers, et disait qu'il donnerait les trois meilleurs des siens pour ceux-là.

Le même recueil nous apprend à quelle circonstance est due la charmante (mais un peu longue) comédie de Destouches, *le Philosophe marié*, que la Comédie Française vient de reprendre tout récemment (mars. 1859).

Malgré les affaires importantes dont M. Destouches était chargé, il conçut une violente passion pour une demoiselle angloise, née catholique, nommée *Dorothée Johnston*, fille d'une naissance distinguée, et par des raisons que la politique lui imposoit, il l'épousa secrètement dans la chapelle qu'il avoit à Londres en qualité de ministre de France. Ce fut son premier chapelain qui leur donna la bénédiction nuptiale en présence de sa belle-sœur et de quatre témoins, leurs intimes amis et leur confidents. Au reste, ce mariage secret est le sujet véritable du *Philosophe marié*, pièce que M. Destouches composa en Angleterre, cinq ou six mois après son mariage, et qu'il fit représenter en France après son retour de Londres. Tous les personnages y sont peints d'après nature, à quelques circonstances près, qu'il fut obligé de changer et d'accommoder au théâtre.

ANECDOTES DE MÉDECINE
OU CHOIX DES FAITS SINGULIERS QUI ONT RAPPORT A L'ANATOMIE,
LA PHARMACIE, L'HISTOIRE NATURELLE, ETC.,
AUXQUELS ON A JOINT DES ANECDOTES CONCERNANT LES MÉDECINS LES PLUS CÉLÈBRES. UN VOL. IN-12.

Lille, J. B. Henry. DCC.LXVI.

Ce recueil contient les faits les plus bizarres : bon nombre seraient dignes de figurer dans les almanachs. Il en est un cependant que je veux citer parce qu'il se rapporte d'une manière extraordinaire à l'affaire Armand, jugé par la cour d'Aix, et aux suppositions que les débats ont fait naître dans l'esprit public.

Un jeune homme de Paris, qui a du goût pour les mécaniques, mais une tournure d'esprit singulière, s'étant enfermé un soir dans sa chambre, se serra la poitrine, le ventre, les bras, les poignets, les cuisses et les jambes avec des cordes à nœuds coulants, dont les bouts étaient fixés à des clous qu'il avait plantés dans les quatre murailles. Après être resté une partie de la nuit en cet état, voulant se dégager et ne pouvant en venir à bout, il cria au secours et fut entendu de quelques femmes qui se rendaient de grand matin à la halle et qui firent venir la garde. La porte de la chambre fut bientôt enfoncée, et on trouva notre jeune homme suspendu en l'air, ayant seulement une main débarrassée de ses liens. On le conduisit chez un commissaire, et de là chez M. B***, alors lieutenant général de police, qui voulut l'interroger lui-même. Ce jeune homme l'assura qu'il avait déjà fait plusieurs fois des épreuves à peu près semblables, et qu'il y trouvait un plaisir indicible ; qu'il souffrait pourtant d'abord, mais que lorsque la compression des ligatures était arrivée à un certain point, cette première souffrance était délicieusement payée par la sensation agréable qui succédait.

LA DÉCENCE EN ELLE MÊME DANS LES NATIONS, DANS LES PERSONNES ET DANS LES DIGNITÉS

PROUVÉE PAR LES FAITS, PAR M. CHARPENTIER.

AVEC CETTE ÉPIGRAPHE :

> Cui pudor, et Justitia soror,
> Incorrupta fides. . (HORACE.)

A Paris, chez Des Ventes de Ladoné, libraire, rue Saint-Jacques, vis à-vis le collége Louis-le-Grand. 1767. In-12.

Je ne sais ce qu'a été ce M. Charpentier. Je ne l'ai trouvé dans aucune biographie, mais il a fait un excellent livre. Pour donner une idée de cet ouvrage il faut dire que dans le mot décence l'auteur comprend celui de dignité ; à part quelques pages consacrées à la décence proprement dite, l'auteur expose ce que la dignité de soi-même produit d'excellent dans les hommes et par suite dans les nations. Toutes les classes sociales trouvent dans cet ouvrage des leçons précieuses.

Il y a un chapitre (c'est le dernier du livre) dont voici le sujet : la science s'avilit par l'adulation, par l'envie que les savants se portent, par leur haine mutuelle ; autres abus de l'esprit ; ils ont manqué à la décence ; moyen de les y ramener.

Ce moyen, M. Charpentier le trouve dans l'exemple que donne, dit-il, l'ordre des Mandarins lettrés de la Chine. Ce corps est dans toutes les villes du céleste empire un fanal qui éclaire tout le monde et que tout le monde prend pour guide. Notre auteur affirme qu'un lettré chinois ne s'est jamais flétri par des démarches indécentes ou par la profanation des talents. Il aurait voulu que nos savants formassent un corps. Les académiciens y auraient la première place. La première preuve qu'on exigerait des récipiendaires serait de mœurs. Ceux qui se seraient avilis par une conduite déréglée ou par des écarts d'imagination seraient exclus à jamais. L'émulation serait encouragée ; l'envie, la rivalité bannies. Les philosophes, dit-il en terminant, ne peuvent que montrer le bien. C'est à l'autorité à le faire pratiquer.

MONSIEUR DE VOLTAIRE PEINT PAR LUI-MÊME
OU LETTRES DE CET ÉCRIVAIN,
DANS LESQUELLES ON VERRA L'HISTOIRE DE SA VIE, DE SES OUVRAGES, DE SES QUERELLES, DE SES CORRESPONDANCES,
ET LES PRINCIPAUX TRAITS DE SON CARACTÈRE ; AVEC UN GRAND NOMBRE D'ANECDOTES, DE REMARQUES ET DE JUGEMENTS LITTÉRAIRES.
AVEC CETTE ÉPIGRAPHE :
J'ai des adorateurs et n'ai pas un ami.
(MARIANNE.)

A Lausannes, par la Compagnie des libraires. M.DCC.LXIX.

Il y a au milieu du titre une petite vignette représentant Voltaire qui est fort bien faite. L'encadrement semble déjà malicieux. Il indique que Voltaire aimait assez que ses lauriers vinssent entrelacer les trompettes. Le livre ou plutôt l'arrangement et la préface sont attribués à La Beaumelle, ennemi déclaré de Voltaire.

La Beaumelle affirme que les citations sont textuelles : « Nous avons dit le bien et le mal et nous sommes bien éloigné de croire que M. de Voltaire n'ait que des défauts. »

Quel que soit l'esprit qui préside à la classification de ces citations et aux remarques qui les accompagnent, on oublie bien vite que c'est comme critique de l'auteur même qu'elles sont là, tant le vaillant esprit d'Arouet vous entraine.

L'ART DE SE TAIRE PRINCIPALEMENT EN MATIÈRE
DE RELIGION

PAR L'ABBÉ DINOUART, CHANOINE DE L'ÉGLISE COLLÉGIALE DE ST-BENOIT,
ET DE L'ACADÉMIE DES ARCADES DE ROME. PETIT IN-12.

AVEC CETTE ÉPIGRAPHE :

Qui silere non novit, is neque
loqui admodum scit.
(ARISTOT. *Apud Stobœum.*)

Paris, G. Desprez, imprimeur du Roi et du clergé de France. 1771.

Voici les termes de l'approbation :

J'ai lu par ordre de monseigneur le chancelier, un manuscrit qui a pour titre : *l'Art de se taire principalement en matière de religion.* Cet ouvrage plus utile que jamais est écrit avec beaucoup de méthode et de précision, et répond à la réputation qu'ont acquis à l'auteur les différents ouvrages qu'il a donnés au public.

AUBRY, curé de Saint-Louis, en l'Isle.

Je conseille aux éditeurs héritiers de G. Desprez de faire une nouvelle édition de ce livre qui serait utile à bien des gens.

Je n'entends faire ici aucune personnalité. Le travail de l'abbé Didouart s'adresse à tous.. Il est divisé en deux parties lesquelles se subdivisent la première en seize, la seconde en cinq. Dans la première partie l'auteur dirige les jeunes gens, les gens du monde, les savants, et présente des remèdes aux ignorants. Dans la seconde il signale les erreurs dans lesquelles tombent ceux qui écrivent et s'en prend à ceux qui, pouvant rendre des services par leur plume, ne le font pas assez.

Il établit (ce dont tous les hommes de bon sens sont convaincus) que des matières aussi importantes que celles qui ont pour objet la religion ne peuvent être traitées qu'avec la réserve familière aux hommes d'un talent réel et d'un caractère élevé.

JOURNAL DES DAMES
DÉDIÉ A LA REINE PAR MADAME DE MONTANCLOS. IN-12.

Paris, Lacombe, rue Christine. Mars 1775.

Il y a peu de différence entre ce recueil de 1775 et les journaux du même genre publiés aujourd'hui. S'ils sont dissemblables c'est seulement dar le format, on y trouve des poésies, des nouvelles, des comptes rendus de livres, ou de pièces de théâtre, des annonces de pommade, des chroniques de mode. Mes lecteurs liront sans doute avec intérêt ce dernier sujet traité par madame de Montanclos mariée deux fois et deux fois veuve. Cette aimable femme consacra ses derniers jours à la poésie. Née en 1736 elle est morte 1812.

MODES.

Tout ce qui concerne la parure exerce constamment l'imagination des artistes et des commerçans de cette capitale. L'un dessine une coëffure, un habillement pittoresque; l'autre l'exécute avec succès; et les femmes, charmées avec raison de pouvoir ajouter aux dons de la nature, adoptent avec empressement ces productions de l'art. Dans le nombre de ces ajustemens favorables à la beauté, on ne peut qu'applaudir au nouveau *Deshabillé* que vient de faire connoître mademoiselle Alexandre, marchande de modes de Madame et de madame la comtesse d'Artois. On nomme ce galant négligé un *Deshabillé à la Henri IV*. C'est une espèce de robe ou *Simarre* turque, sans plis, et dont les manches sont larges et amples. On les fait de taffetas uni de telle couleur que l'on veut, et elles sont revêtues en entier d'une gaze brochée ou unie, avec une garniture en volant tout autour. On noue ces robes au col avec un ruban, ce qui rapproche une double fraise de gaze, dont l'effet est charmant. Ce deshabillé a l'avantage de réparer, ou du moins de cacher la toilette la plus négligée. On le met en sortant de son lit, par-dessus une robe du matin, caraco, et même un peignoir. On peut en faire usage en sortant du bain ou en quittant les robes de parures, parce qu'il joint à une vraie commodité une élégance simple et pourtant très-noble.

Les garnitures des grands habits de cour ne seront variées qu'au retour de la belle saison; cependant on trouve chez M. Beaulard, marchand de modes de la reine, des garnitures de robes toutes faites, et qui procurent la facilité d'être ajustées d'une maniere élégante et nouvelle dans l'espace d'une heure de tems. Ces garnitures sont de diverses couleurs, mêlées avec goût de guirlandes de fleurs, faites aussi avec de la gaze, ce qui leur donne un coloris plus frais que celui des fleurs d'Italie. Les couleurs les plus favorables aux jeunes personnes, sont le lila mêlé de roses blanches. Il y a des garnitures de ce genre, chez M. Beaulard, dont le coup d'œil est charmant. Dans le même magasin, on trouve aussi des garnitures de robes, dites à l'*Indienne :* ce sont des draperies blanches, entourées de gaze rayée en couleur, et rattachées avec des nœuds ou des glands de pareille gaze. On y mêle quelques branches de fruits des Indes, ce qui figure réellement les parures des femmes indiennes nobles.

On a imaginé des bouquets de côté fort agréables. Dans ces bouquets est un ressort artistement placé dans la maîtresse fleur, et qui contient à volonté une miniature quelconque. L'idée de ces bouquets a été fournie par la vue du tableau de M. de Montpetit, où le portrait de la reine est placé dans une superbe rose. M. Beaulard a imité ce joli tableau, et a présenté à Sa Majesté un bouquet de ces mêmes fleurs; au milieu de l'une d'elles, est la précieuse image de notre auguste souveraine. Ce bouquet ingénieux a fait le plus grand plaisir à la cour; et dès l'instant, on en a adopté l'usage à la ville. Chacun emploie suivant son goût le secret à ressort, qui fait le mérite du bouquet, puisqu'on peut le rendre dépositaire du portrait qui nous plaît le plus.

BONNETS.

Le bonnet à l'Iphigénie a eu, dès son origine, un succès si prodigieux, qu'à la reprise de cet opéra, on a cru devoir faire des coëffures qui portassent ce titre. De sorte que l'on trouve dans le magasin du sieur Beaulard des bonnets *à la reprise d'Iphigénie;* c'est une espèce de toque ornée de fleurs, et de croissant avec des draperies de gazes de couleurs. Le lila est celle qui est la plus à la mode. Les panaches de ce bonnet sont toujours assortis à la couleur de la gaze.

Le bonnet *à la Physionomie* est la coëffure la plus nouvelle. On sait que l'on a nommé *une physionomie* un toupet ou coque de cheveux, que l'on élève très-haut au-dessus du front, et que l'on avance un peu. Lesdits bonnets ont une cavité au milieu pour recevoir ce toupet de cheveux, et deux autres semblables sur les côtés, pour y placer également les cheveux, et même faire revenir, soit bouclés, soit tapés, ces mêmes cheveux sur le bonnet, surtout du côté gauche, ce qui forme alors trois *physionomies*. Combien de gens se trouveroient heureux d'en avoir une tant soit peu agréable? Quoi qu'il en soit, cette coëffure est ornée de panaches, comme toutes les autres, elle a de plus des boutons de gaze de couleur, des guirlandes de fleurs variées, et un voile qui s'attache à volonté sur le chignon.

Le bonnet à la Henri IV est aussi très-nouveau; il est en noir et blanc, disposé de façon qu'il se pose comme un chapeau; mais sur le devant de la tête. Les draperies de gazes noires y sont entremêlées de rangs de perles; on y joint un très-beau panache noir et blanc.

Les coëffures de bal qui ont été les plus en vogue dans le carnaval dernier, ce sont les chapeaux à la Henri IV, dont le fond est noir ou blanc à volonté. Les blancs sont ornés de gaze blanche ou de couleur, avec les panaches assortis. Les noirs ont des voiles qui garantissent du soleil; ces voiles se relèvent par le moyen de trois boutons de gai ou de diamant. Quelquefois ce sont des panaches qui rattachent ce voile; et ce moyen est d'autant plus aisé, que les plumes sont arrangées de façon à prendre telle forme que l'on veut.

On trouve encore chez le sieur Beaulard, des chapeaux à *la Circassienne*, qui sont de la forme la plus agréable. Ils sont ornés de fleurs et de *badines* en plumes de vingt pouces de haut. Les personnes d'une taille au-dessous de la médiocre, sont très-favorablement coëffées avec ces chapeaux.

On continue de mêler dans les cheveux des fruits de toutes les sortes, comme groseilles, cerises, pommes d'api, bigaraud, fraises et poires. Il est de ces fruits montés en guirlandes, d'autres attachés sur de longues épingles. Ces fruits sont supérieurement imités, et donnent le coup-d'œil intéressant des beautés de l'automne, sur une tête embellie par les grâces du printems.

Fichu.

On porte à présent des *polonoises* qui ressemblent si parfaitement au fichu nommé *chat*, dont nous avons parlé, qu'il ne valoit pas la peine, je crois, de changer son nom. Il est des fichus plus simples, faits de gaze ou de tulle, que l'on nomme des *sincérités*. Le nom seul les différentie des fichus connus sous le nom de palatine ou *collet-monté*. Pour mettre quelque variété à cette parure, on a ajouté au fichu nommé *princesse*, une *fraisette* de gaze, qui forme ce qu'on appelle une *chérus-*

que, ce qui produit l'effet des collets à la *médicis*. Un des côtés de ces *princesses* est beaucoup plus long que l'autre, et l'on y attache des glands.

On a imaginé un nouveau fichu, dit à *l'indienne*, l'idée en est charmante et l'effet très-agréable. Nous en parlerons dans le Journal suivant; c'est chez M. Beaulard qu'on le trouve.

L'OMBRE ERRANTE

RÊVE HISTORIQUE QUI EMBRASSE TOUT CE QUI S'EST PASSÉ D'INTÉRESSANT, DEPUIS PHARAMOND JUSQU'A LOUIS XVI, DANS L'ATMOSPHÈRE.

De l'imprimerie des Génies. 1777.

Œuvre bizarre que l'auteur a dédiée aux *ministres présents et futurs*. Je crois qu'ils auraient peu à retirer de ce livre. L'âme d'un fonctionnaire de l'administration des finances du temps erre autour de sa maison dès le moment de son passage en l'autre monde. Ses premières constatations c'est que sa femme n'est qu'une odieuse hypocrite et son fils un affreux garnement et dont il dit : J'avais un fils âgé de dix-huit ans qui, méprisant l'état de son père, voulait aspirer à tout et ne se rendait propre à rien, n'est-ce point-là, si ce n'est le crime, au moins le tort de beaucoup de jeunes gens? La pauvre âme exécute facilement toutes sortes d'évolutions les moins amusantes à l'aide desquelles elle visite la terre entière ; revenue un instant à Paris où elle voit en 1762 l'incendie de la foire Saint-Germain. Il ou plutôt *elle* (cette âme) nous fait connaître que le désastre fut promptement réparé grâce à un marchand nommé Bertrand qui rétablit avec un goût parfait ce qui avait été brûlé. L'âme auteur fait cette très- judicieuse réflexion, « qu'il ne faut qu'un seul homme zélé pour apprendre aux autres à bien penser et à bien faire. »

Étant aux terres australes, l'âme a fait les observations et calculs suivants que je transcris comme document à l'usage de nos statisticiens modernes. « J'observai que les hommes vivoient à peu près le même temps dans la plupart des pays, soit qu'il y eût des médecins, ou qu'il n'y en eût pas : Je rencontrai partout des infirmes et des vieillards. Leur supputation ordinaire me parut être d'environ trente-trois ans par génération. Dans cette supposition je calculai qu'il naissoit et mouroit mille millions d'humains en trente-trois ans ; ce qui revient à plus de trente millions par an, quatre-vingt-deux mille par jour, trois mille quatre cents par heure, soixante par minute et un par seconde. Le nombre des deux sexes est à peu près égal et quoique leurs couleurs soient variées, la plus grande quantité se réduit aux blancs, aux noirs et aux mulâtres. »

La seconde partie de l'ouvrage est une sorte d'histoire de France à vol d'oiseau, dans laquelle l'auteur tout en exprimant fréquemment les meilleurs sentiments ne réussit pas à captiver le lecteur.

HISTOIRE DE MARTINUS SCRIBLERUS
DE SES OUVRAGES ET DE SES DÉCOUVERTES. TRADUITE DE L'ANGLOIS PAR MONSIEUR POPE.

A Londres, chez Paul Knapton, dans le Ludgate-Street.

Le traducteur dit dans la préface que cette fantaisie de l'illustre Pope est aussi appréciée en Angleterre que le *Chef-d'œuvre d'un inconnu* en France. Il ajoute qu'Arbuthnot et le docteur Swift y ont eu aussi quelque part.

M. le docteur Renauldin dans les *Études historiques et critiques sur les médecins numismatistes* qu'il a publiées récemment[1], confirme la vérité de cette collaboration. Ce qu'il dit des mémoires de Scriblerus valant beaucoup mieux que le résumé que je pourrais faire de ma lecture, je deman-

---

[1] Paris. J. B. Baillière.

derai au savant docteur la permission de le prendre ici pour mon collaborateur.

Dès 1714, dit M. Renauldin, Arbuthnot avait conçu avec ses amis Pope et Swift le plan d'une satire sur les abus de l'érudition dans toutes les branches des connaissances humaines C'est ainsi que sont passés en revue l'antiquaire, le grammairien, le critique, l'anatomiste, le médecin, le métaphysicien, le jurisconsulte, etc. Cet écrit qui a pour titre : *Memoirs of Martinus Scriblerūs*, offre le récit fort amusant des aventures d'un personnage supposé, qui, après des études bizarrement dirigées par son père Cornelius, se livre à la théorie, puis à la pratique de la médecine. Cet ouvrage a été traduit en français et ne présente pour nom d'auteur que celui de Pope. Je prouverai dans un instant que si ce poëte y a participé, c'est pour quelques traits seulement et que cette ingénieuse production est la propriété d'Arbuthnot seul. Telle est du moins l'opinion du célèbre Samuel Johnson, que je partage entièrement, et que je vais fortifier par quelques citations confirmatives.

D'abord le père de Martinus Scriblerus fait entrer dans l'éducation de son fils l'étude de l'anatomie, et, en fanatique partisan des anciens, il préfère les connaissances anatomiques du temps d'Hippocrate à celles qui, chez les modernes « ont été perfectionnées par de grandes découvertes. Comme Scriblerus était doué d'une merveilleuse intelligence, il fit en peu de temps d'étonnants progrès dans l'art de la dissection : Il apprécia la prédominance des muscles fléchisseurs sur les extenseurs, principalement chez les personnes habituées à exercer l'adulation, à ramper, à se courber humblement. Il parle des constricteurs, des abducteurs, des dilatateurs, etc. Il cite en partie les noms de ces muscles, et a soin d'expliquer, toujours dans un sens ironique, la nature et la direction de leurs mouvements, suivant que les individus sont pourvus de tel ou tel caractère, ou livrés à telle passion. Lorsqu'il commence à exercer l'art de guérir, il s'applique surtout à l'étude des maladies de l'esprit, qu'il considère comme le sujet le plus digne des méditations d'un médecin philosophe ; il adopta pour le traitement de ces maladies, la méthode des contraires ; ainsi, par exemple quand il avait affaire à un individu qui était en proie à un amour désordonné, il s'efforçait de lui inspirer le sentiment de la haine.

Pour perfectionner ses études sur les affections mentales, Martinus Scriblerus se livra à de profondes et minutieuses recherches sur le siége de l'âme. Après bien des tâtonnements et des méditations sur cet important sujet, il s'arrêta à l'opinion suivante : savoir que l'âme réside dans la glande pinéale [1], et il observa sur un grand nombre de cadavres les diverses conformations de cette glande, pour y découvrir la cause des caractères qui présentent tant de différence parmi les hommes. Ainsi il remarqua que chez les personnes tranquilles, elle était polie, douce et avait une forme plate, qui servait en quelque sorte de coussin à l'âme. Il s'assura aussi que la glande pinéale offrait une configuration exactement identique chez les veaux et les philosophes, les tigres et les ministres, les renards et les filous, les paons et les petits maîtres, les courtisans et les épagneuls, les moineaux et les galants de profession, les singes et les comédiens, les taupes et les avares ; ce qui le porta à penser qu'on devait trouver beaucoup de ressemblance entre la glande pinéale des voleurs de grands chemins et celle des conquérants.

Scriblerus passe ensuite à l'examen des glandes et il s'étend principalement sur leur structure et en particulier sur celle du cerveau, pour expliquer les différents modes de la pensée.

« Le cerveau, dit-il, est un amas de glandes qui séparent les

[1] Hypothèse erronée de Descartes.

parties les plus déliées du sang pour en former les esprits animaux : une glande n'est autre chose qu'un canal d'une grande longueur, qui est entortillé et entrelacé avec beaucoup de variété [1]. Du choc et du mouvement des esprits animaux dans ces canaux, procèdent toutes les différentes sortes de pensées. Les idées simples sont produites par le mouvement des esprits animaux dans un seul canal; quand deux de ces canaux se déchargent dans un autre, ils font ce que nous appelons une proposition, et lorsque deux canaux à proposition se vident dans un troisième, ils forment un syllogisme ou raisonnement. La mémoire se fait dans un appartement séparé, composé de vaisseaux similaires, et placé dans les premières parties du cerveau, etc. Arrêtons-nous.

En faisant abstraction, continue M. Renauldin, des idées bizarres, des plaisanteries mordantes et satiriques qui abondent dans cet écrit, il me parait évident que les citations précédentes, dont je pourrais multiplier le nombre, suffisent pour prouver que l'ouvrage a été composé par un médecin, car presque tout y est médical; que ce médecin est sans contredit le docteur Arbuthnot; qu'en supposant la coopération de Pope, celui-ci, en sa qualité de poëte, n'a dû la donner que pour une légère part relative aux belles-lettres, part à laquelle l'érudition, les connaissances littéraires, l'esprit facétieux et original d'Arbuthnot ont encore le droit de prétendre avec juste raison. Les Mémoires de Martinus Scriblerus étant restés inachevés, Guill-Warburton pense que les voyages de Gulliver, le traité du profond, la critique littéraire sur Virgile et les Mémoires d'un clerc puriste ne sont que des fragments détachés de cette œuvre satirique.

[1] C'est le système de Malpighi, qui attribuait à tous les organes une structure glanduleuse.

LA CANTATRICE GRAMMAIRIENNE

OU L'ART D'APPRENDRE L'ORTHOGRAPHE FRANÇAISE SEUL,
SANS LE SECOURS D'UN MAÎTRE,
PAR LE MOYEN DES CHANSONS ÉROTIQUES, PASTORALES, VILLAGEOISES,
ANACRÉONTIQUES, ET AVEC UN PORTRAIT DES POËTES CHANSONNIERS
LES PLUS AGRÉABLES DE NOTRE NATION,
ET UN MODÈLE DE LETTRES MÊLÉES DE RÉFLEXIONS
SUR LE STYLE ÉPISTOLAIRE.
OUVRAGE DESTINÉ AUX DAMES PAR M. L'ABBÉ BARTHÉLEMY,
AUTEUR DE LA GRAMMAIRE DES DAMES.

AVEC CETTE ÉPIGRAPHE :

En instruisant, cherchons à plaire.

A Genève, et se trouve à Paris, chez Briaud,
libraire, hôtel de Villiers, rue Pavée-Saint-André-des-Arts. 1778.

L'ouvrage est dédié à madame la comtesse de Beauharnais. Je ne sais vraiment ce que l'abbé Barthélemy avait dans la tête, mais il n'est pas possible qu'il n'ait songé qu'à amuser ses lectrices. Il y a des citations de couplets... Enfin c'est à n'y rien comprendre.

On lit à la fin du volume des modèles de lettres bien choisies, mais qui se trouvent dans vingt manuels.

En voici une de madame de Maintenon qui m'a paru pleine de grâces.

A M. DE...

Vous ne serez pas remercié, puisque vous ne voulez pas l'être ; mais la reconnaissance ne perd rien au silence que vous m'imposez.

ESSAI HISTORIQUE ET MORAL SUR L'ÉDUCATION FRANÇAISE

PAR M. DE BURY. 1 VOL. IN-12.

AVEC CETTE ÉPIGRAPHE :

> Dic sapientiæ, soror mea es : et prudentiam voca amicam tuam. (*Prov.*, ch. vii, verset 4.)
> Dites à la sagesse, vous êtes ma sœur, et à la prudence, vous êtes ma bien-aimée.

Paris, G. Desprey, imprimeur ordinaire du roi et du clergé de France, rue Saint-Jacques. M.DCC.LXXVII.

M. de Bury, avocat au parlement vivait vers la fin dix-huitième siècle. On a de lui : *Histoire de Jules César*. Paris, 1758, in-12, suivie d'une dissertation sur la liberté. *Histoire de Philippe et d'Alexandre le Grand.* Paris, 1760, in-4. *Éloge du duc de Sully*. Paris, 1763, in-12. *Histoire de la vie d'Henri IV*. Paris, 1765, in-4.—1766 4 vol. in-12. *Histoire de la vie de Louis XIII*. Paris, 1767. 4 vol. in-12. *Histoire abrégée des philosophes et des femmes célèbres*. Paris, 1775, in-12 2 vol.

Ce livre est dédié au préfet de police du temps, M. Lenoir, lieutenant général de police de la ville, prévôté et vicomté de Paris. En faisant l'éloge de M. Lenoir, M. de Bury lui dit qu'il est le continuateur zélé de Boyleaux qui a rempli à peu près le même emploi sous saint Louis, de la Reynie sous Louis XIV, de Voyer-d'Argenson sous le même roi et de M. de Sartines dans le temps qui suivit.

L'ouvrage est divisé en trois parties, la première regarde l'éducation de la jeunesse, depuis la naissance jusqu'à l'âge de douze à treize ans qu'on peut la mettre dans des pensions particulières; la seconde depuis l'âge de douze à treize ans, qu'on la met dans les colléges pour faire ses humanités, jusqu'à la fin de la rhétorique, qui conduit jusqu'à seize ou dix-sept ans. Je ne désire pas, ajoute l'auteur, que l'on change rien à ces deux premières éducations; je les crois suffisantes parce qu'il y a dans l'Université de très-habiles et sages principaux et professeurs.

A l'égard de la troisième elle est l'objet principal du livre qui nous occupe.

En parlant des courtisanes que les jeunes gens doivent fuir, l'auteur dit qu'elles corrompent les jeunes gens pour la vie. Elles sont de toute ancienneté et se présentent au premier pas qu'un jeune homme fait en quittant les études. Fuyez-les et surtout ne vous battez point pour elles, et M. de Bury cite ce fait d'une fille qui voyant deux étudiants se battre pour elle sous sa fenêtre leur cria : « Messieurs, ce n'est point avec le fer, mais avec de l'or qu'on doit se battre pour moi. »

M. de Bury rappelle dans le même chapitre que ce fut sous saint Louis qu'on réglementa les courtisanes. Il les avait d'abord interdites, mais, convaincu ensuite de la maxime de saint Thomas, que ceux qui gouvernent sont quelquefois obligés de souffrir un moindre mal pour en éviter un plus grand, il prit le parti de les tolérer; pour les faire connaître et les couvrir d'ignominie, il détermina jusqu'aux étoffes et à la forme des habits qu'elles devaient porter, fixa l'heure de leur retraite, et désigna certains quartiers et certaines rues pour leur demeure.

Cette ordonnance fut rendue à l'occasion d'un affront que reçut la femme du saint roi.

Les courtisanes, ordinairement parées comme les plus grandes dames, étaient souvent confondues avec les plus respectables. C'était autrefois la coutume de s'embrasser à l'église, lorsque le prêtre célébrant la messe, prononçait ces paroles : *Pax Domini sit semper vobiscum.* Que la paix du Seigneur soit avec vous. La reine allant à ce baiser de paix, embrassa une courtisane superbement vêtue, croyant qu'elle était véritablement mariée. Quelqu'un qui était dans la chapelle et qui connaissait la profession de cette femme, s'aperçut de la méprise, et en avertit la reine, qui s'en plaignit au roi son époux. Ce prince fit chasser de Paris la courtisane, et rendit l'ordonnance dont je viens de parler.

L'éducation française n'offre rien d'original, mais on doit reconnaitre que l'auteur, homme religieux, exprime les plus honorables sentiments. Il donne à la jeunesse d'excellentes directions, appuyées sur des exemples généralement connus et qui prouvent que M. de Bury ne demande et n'impose rien qui ne soit praticable à un bon Français.

On trouve à la fin de l'ouvrage une notice historique sur la chevalerie et un abrégé de l'histoire des templiers.

VOYAGE DE FIGARO EN ESPAGNE
PAR LE MARQUIS DE LANGLE.
A Saint-Malo, 1784. In-8.

L'auteur est un libre penseur. Il déplore avec raison l'état malheureux du beau pays qu'il parcourt. Il le plaint de n'avoir pas d'industrie (sauf la chapellerie sans doute), car M. de Langle en passant par Saragosse acheta un chapeau de la fabrique de *Cobalecientes*.

Ces chapeaux ne sont pas chers, ils sont excellents; il y a six mois que j'en achetai un, je n'en ai pas soin, il est encore tout neuf.

Si cette fabrique d'industrie primitive existe en 1864, comme en 1784, je fais des vœux pour que nos modernes Gibus y fassent un pèlerinage.

M. de Langle dit plus loin au même chapitre :

Le catalogue des livres permis est si mince, les peines si graves, les messieurs de l'Inquisition si alertes qu'on ne trouve chez les libraires de Saragosse que des cantiques, des almanachs, des noëls, des rudiments, des heures, et la vie originale de quelques saints du canton.

A Madrid, dit-il, il y a beaucoup de compilateurs, peu de savants réels; on ne veut, on n'aime, on ne laisse croître, on ne laisse vivre que les hommes frappés de médiocrité, les hommes à hauteur d'appui.

Bien que notre auteur ait pris le nom de Figaro pour ses pérégrinations, il ne fait pas l'éloge des barbiers espagnols.

« Je viens d'être rasé par un original, il chantait, il parlait, il faisait en me rasant des grimaces affreuses. Encore s'il m'eût bien rasé, s'il m'eût rasé vite, mais il m'a tenu trois quarts d'heure. Quand Martial a dit : « Mon barbier me rase si lentement, qu'en me rasant d'un côté, ma barbe repousse de l'autre, » sûrement Martial était rasé par un barbier espagnol.

Tout ce volume est une satire souvent assez vive de l'*ancienne Espagne*.

CALENDRIER PHILANTHROPIQUE
Année 1787, in-12.

Ce calendrier est intéressant en ce qu'il contient les noms des membres de cette société charitable depuis 1780, époque de sa fondation. On y voit, hélas! que beaucoup d'entre eux durent se rencontrer quelques années plus tard dans les prisons et sur les échafauds!

UN PROVINCIAL A PARIS
PENDANT UNE PARTIE DE L'ANNÉE 1789.
AVEC CETTE ÉPIGRAPHE :
> Oh! Paris est un lieu de tumulte et d'éclat
> REGNARD.

A Strasbourg, de l'imprimerie de la Société typographique, avec les caractères de Jacob; et se trouve à Paris, chez La Villette, libraire, hôtel de Bouthilliers, rue des Poitevins.

L'impression de ce livre dont l'auteur ne se fait connaître qu'à la dernière page (A. H. Dampmartin) justifie bien qu'elle appartient à une société typographique digne de ce nom. C'est une série de lettres adressées à un ami. Elles ne révèlent pas chez l'auteur un talent bien merveilleux, mais elles sont curieuses en ce qu'elles peignent l'état de la capitale à la veille du grand cataclysme qui allait se produire. Le provincial nous offre la peinture de la société qui s'en va et qui à l'approche des flots qui vont l'engloutir prend le parti de dire avec la chanson que s'il reste un temps à vivre il faut le passer gaiement.

M. Dampmartin dit dans une de ses lettres :

« Paris possède la race précieuse de ces êtres fort imparfaits partout ailleurs. » C'est là une vérité, que toutes les générations ont trouvé à Paris des hommes qui y sont fort goûtés et qui ne pourraient se tenir certainement sur leurs pieds en province. Ces gens-là sont les héros des salons, l'épouvantail des banquiers, les instruments avec lesquels on peut tout faire, même le bien.

A en croire l'auteur, l'esprit de la Révolution soufflait déjà si fort que la pudeur bourgeoise en était affectée. Il n'était plus nécessaire de faire les grandes visites avec la mise de rigueur ; en un mot, on commençait à se déshabiller.

Il n'est pas cependant que de vénérables personnes, alors fort taxées d'exagération, ne sentissent merveilleusement tout ce qui allait arriver. Un colonel tient à ce sujet un excellent discours. Au Marais, il y avait encore de bonnes maisons ; M. Dampmartin le constate par la bonne tenue de la domesticité de cet oasis de l'aristocratie et de la haute bourgeoisie, dont beaucoup de nos contemporains ont pu voir les derniers vestiges. Dans les grandes maisons du jour les valets regardaient le provincial des pieds à la tête.

Au Marais, le bon portier, dès votre seconde visite, présente ses civilités; le laquais rebondi demande de vos nouvelles : le vieux valet de chambre se garde bien d'annoncer sans avoir auparavant montré de l'intérêt, en glissant.... « Il y a bien longtemps que madame ne vous a vu ; venez-vous aujourd'hui souper chez nous? »

Je trouve dans ce livre une preuve que les abbés (j'entends ceux qui n'avaient d'ecclésiastique que le nom) ont vécu jusqu'aux dernières heures de l'ancien régime.

Supposé que le bonheur habite sur la terre, les abbés s'en sont emparés. Point d'état comparable au leur. Ils sont accueillis, recherchés, ne traînent aucune suite embarrassante, ont le bon esprit de ne solliciter ni pour parents, ni pour amis; vivent uniquement occupés d'eux-mêmes ; de plus, amants discrets ou confidents adroits. Plusieurs, vrais protées, s'emparent de tous les esprits d'une maison, y savent tout à la fois servir les goûts de la femme, conduire les affaires du mari, gouverner le grand-père, favoriser les étourderies du jeune homme livré à l'impétuosité de ses passions, etc., etc.

Le petit collet produit donc quantité d'heureux effets, parmi lesquels peuvent en général se compter un revenu considérable, un teint fleuri, un appétit triomphant, une fortune soutenue à tous les jeux. Ces biens réunis n'approchent pas de ceux qui leur sont souhaités, comme le prouvent les expressions sans cesse répétées : *ce cher abbé, ce pauvre homme!*

Le provincial se rend à Versailles pour voir la cour :

Mon dixième voyage a eu lieu ce matin. Je suis peut-être le seul aussi constant; car, à chaque course, mes trois associés se trouvaient pour la première fois de leur vie, dans de semblables carabas : leurs voitures cassées les y forçaient; leurs gens, trop fiers, avaient préféré marcher à la dure nécessité de grimper comme des singes. L'un des voyageurs, gentilhomme gascon, dit plusieurs fois : Sandisse! si mes vassausses savaient que jé vais souper chez lé roi en pont dé chambre, ils séraient diablément surprisses; jé né pensais pas dévoir jamais si bien mé déguiser.

ALMANACH DES HONNÊTES GENS DE 97
CONTENANT UN TABLEAU DE L'ANARCHIE,
SUIVI DE PLUSIEURS HISTOIRES QUI NE SONT PAS DES CONTES,
ET DE PLUSIEURS CONTES QUI SONT DES HISTOIRES ;
DE DIVERSES PROPHÉTIES ANCIENNES ET MODERNES, DU THERMOMÈTRE
DU JOUR, DE NOUVELLES DE L'AUTRE MONDE, ETC.
PAR P. SALLES.

Se trouve à Paris, à l'imprimerie de la Société typographique des Trois-Amis, rue Saint-Jacques, 51, au-dessus de la place Cambrai, et chez tous les libraires qui vendent des nouveautés. 1797.

Ce petit almanach tient tout ce qu'il promet, et voici comment il est terminé :

SITUATION DE PARIS
Tu veux savoir comme l'on vit ici ;
En quatre mots, cher lecteur, le voici :
On accapare, on crie, on se mutine ;
Les citoyens ont ordre de marcher ;
On joue, on vole, on danse, on assassine.
Le jour finit, et l'on va se coucher.

MON VOYAGE

OU LETTRES SUR LA CI-DEVANT PROVINCE DE NORMANDIE,
SUIVIES DE QUELQUES PIÈCES FUGITIVES.
PAR C. L. CADET DE GASSICOURT, 1 VOL. IN-12 EN DEUX PARTIES.

Paris, Desenne. An vii. Figures.

L'ouvrage est dédié à la citoyenne D. L. B***. Dans cette dédicace, M. de Gassicourt déclare à madame D. L. B. qu'avant de lui présenter son travail, il l'a soumis au jugement de quelques hommes dont la dame estime les principes et les talents. L'auteur avoue cependant qu'il est loin de Chapelle, de Sterne, de Piron, de Parny, de Bertin, et de Dupaty, voyageurs célèbres dans les petits voyages. Mais ainsi qu'il ajoute, son indulgente amie devra lui savoir gré d'avoir recueilli beaucoup de notes sur les objets intéressants dont la Révolution n'a laissé que des débris (le voyage a eu lieu en 1788).

M. de Gassicourt nous apprend que son livre n'aurait point paru, si un voleur ne l'avait dépouillé de son manuscrit sur la route de Provins. Cette circonstance lui donna envie de faire revivre, de mémoire, son œuvre, et, par suite de la publier.

L'auteur écrit à Eugénie, son amante :

Que la campagne va me paraître belle, dit-il, en partant :

> En respirant la fleur, amante des zéphirs,
> Je croirai sentir ton haleine,
> Et du ruisseau qui coule dans la plaine
> Le murmure enchanteur me rendra tes soupirs.

Le génie assez libre qui règne dans ce livre m'a porté à croire que la chère amante a dû être quelquefois oubliée.

Le livre est semé d'anecdotes. J'en ai remarqué une qui paraît ne pas manquer de vérité et qui justifie ce que M. Cadet de Gassicourt dit dans sa préface : que son livre écrit en 1788, et publié en l'an VII, rappelle des choses qu'on n'était plus destiné à voir.

Avant d'entrer dans la cathédrale de Rouen, Robert et moi nous nous approchâmes d'un malheureux qui demandait l'aumône sur le parvis. Il n'avait ni bras ni jambes. En jetant dans le chapeau de ce malheureux deux ou trois petites monnaies, je lui demandai quel accident l'avait ainsi privé de ses membres? Au lieu de me répondre, le malheureux me regarde d'un air atroce et marmotte des injures entre ses dents. — Étonné, je demande à ceux qui m'entourent quel est cet homme irascible? — C'est, me dit-on, un malfaiteur qui a été rompu[1] pour ses hauts faits, il y a dix ans, et qu'un chirurgien a sauvé en lui coupant les membres. — Je frémis!... — Le ciel est juste, dit Robert; voilà bien le scélérat pour qui la pitié même, quand elle réveille les remords, devient un supplice.

[1] Ce supplice a été aboli par Louis XVI.

VOYAGE DANS MES POCHES

A Genève, chez J. J. Paschoud. — A Paris, chez Maradan. An vii de la République.

L'auteur avoue que la lecture du voyage de M. le chevalier de Maistre lui a fait concevoir l'idée d'entreprendre un voyage dans ses poches.

Comme il vivait dans un temps singulièrement agité, il s'étonne qu'on n'ait pas décrit les révolutions des poches « Je n'entends parler que de révolutions, dit-il ; elles se renouvellent à chaque instant : La nature a les siennes, la politique et les passions fomentent sans cesse : et depuis le déluge (qui certes en était une assez belle) jusqu'à feu la république cis-rhénane ; les hommes n'ont vu, n'ont fait, et n'ont écrit que des révolutions.

Les chapitres du voyage dans mes poches sont au nombre de vingt-six et bien loin de valoir la célèbre pérégrination philosophique qui l'a inspiré. Je n'y ai trouvé à citer ici qu'une chanson adressée à deux époux qui renouvelaient au bout de vingt-cinq ans la cérémonie de leur mariage, la voici :

> Du nouveau mariage,
> Amis chantons les douceurs ;
> L'amour est de tout âge,
> Il ne vieillit pas les cœurs :
> Lorsque l'hymen nous engage,
> Et qu'on s'aime toujours bien,

Ma foi, dans un bon ménage,
Vingt-cinq ans sont comme rien.

Du premier mariage,
Rappelez-vous le beau jour ;
Couple heureux, tendre et sage,
Tout s'adressait à l'amour :
Aujourd'hui même langage,
Même soins... Ah! je vois bien,
Que lorsqu'on fait bon ménage,
Vingt-cinq ans sont comme rien.

D'un autre mariage,
Puissiez-vous, dans vingt-cinq ans,
En suivant cet usage,
Chanter les plaisirs charmants !
Vous direz encore, je gage,
En resserrant le lien...
Ma foi, dans un bon ménage,
Vingt-cinq ans sont comme rien.

LE PHILOSOPHE DE CHARENTON
PAR L'AUTEUR DE LA GASTRONOMIE.
AVEC CETTE ÉPIGRAPHE :

Le crime est peut-être plus beau que la vertu.
DIDEROT.

A Paris, chez Giguet et Michaud,
imprimeurs-libraires, rue des Bons-Enfants, 6. An xi-1803,

Le gracieux et spirituel auteur du poëme : *De la gastronomie*, Berchoux, mort en 1838, n'aimait pas les philosophes. L'œuvre que nous avons sous les yeux en est déjà la critique par le lieu de résidence que l'auteur assigne à son héros.

J'ai connu cependant des gens bien sages qui habitaient Charenton.

Le livre commence ainsi :

Mon cousin, Jérome Hyacinthe Fremer, était le seul rejeton qui restât de la branche aînée de notre famille, de même qu'il ne reste plus que moi dans le monde de la branche cadette.

Les deux cousins étaient à ce qu'il paraît issus d'une famille d'hypocondres, de maniaques, qui se pendaient de la manière la plus imprévue. Le descendant de la branche aînée ayant particulièrement hérité de la misanthropie de ses pères, voyait tout en noir sous prétexte de philosophie. Il trouvait la vie longue, les hommes trop nombreux. Tout son système concluait à une mort générale. Les crimes, les abominations de toutes sortes avaient seuls le privilége de le faire sourire. Il s'affilia à une société de gens auxquels, selon l'auteur, la philosophie avait tourné la tête. En visitant la bibliothèque de sa nouvelle compagnie notre infortuné y trouve les ouvrages dont les titres suivent. Je crois qu'il serait fort difficile de les rencontrer dans le commerce :

1. *Abrégé complet des œuvres et des opinions de tous les philosophes qui ont existé sur la terre depuis Zoroastre jusqu'à Jacob Dupont;*

2. *Histoire générale des enterrements depuis Deucalion et Pyrrha jusqu'à Marlbrough.*

3. *L'art des Incendies par un artificier de l'antiquité.*

4. *Histoire détaillée des tremblements de terre, suivie de quelques pièces fugitives, contenant des compliments de félicitation à la nature.*

5. *Histoire des Inondations, avec une notice de tous les grands hommes qui se sont noyés.*

6. *Précis historique de l'engloutissement d'Herculanum, suivi de la liste de tous ceux qui ont mordu la poussière en cette occasion.*

7. *Histoire du médecin de Padoue, appelé Santorius, qui resta trente ans dans une balance pour faire des expériences sur les sécrétions.*

8. *Une brochure intitulée : De l'Intérieur de la famille d'Agamemnon, suivi d'un catalogue de tous les héros qui ont tué leurs pères et leurs mères, par ordre alphabétique.*

9. *L'art de décomposer la nature, etc....*

J'en passe et des meilleurs.

A cette bibliothèque choisie était joint un musée de dessins représentant les scènes les plus affligeantes de l'humanité.

Notre philosophe, heureux de son association avec des gens dont le programme répond si bien à ses vues fait ses adieux à ses collègues et leur promet le récit des voyages qu'il entreprend pour le bien commun.

Le touriste éprouve une première déconvenue.

Il avait compté, en s'embarquant, sur une tempête et sa navigation est des plus douces. Arrivé à Lisbonne, il demande à être prévenu dès que l'inquisition brûlera quelqu'un en cérémonie et il apprend que l'inquisition ne faisait plus brûler personne. Ses pérégrinations ne sont qu'une suite de déceptions, quand il ne rencontre pas le mal, ou de joies quand il parvient à le constater. Enfin il meurt à Charenton.

Voilà l'histoire !

Si c'est une critique politique, franchement elle est plus digne de l'ogre qui voulait manger le Petit-Poucet que d'un aimable gastronome.

RECUEIL DES COUPLETS D'ANNONCE
CHANTÉS SUR LE THÉATRE DU VAUDEVILLE, DEPUIS LE 21 AVRIL 1792
(JOUR DE LA PREMIÈRE REPRÉSENTATION D'ARLEQUIN L'AFFICHEUR
JUSQU'AU 1ᵉʳ VENDÉMIAIRE AN XII ;
PRÉCÉDÉ D'UNE NOTICE HISTORIQUE SUR CE THÉATRE,
ET SUIVI DU RÉPERTOIRE DES PIÈCES QUI Y ONT ÉTÉ JOUÉES DEPUIS SON
OUVERTURE JUSQU'A CE JOUR, PAR BOSSION, SECRÉTAIRE.

Le Français, né malin, créa le Vaudeville.
BOILEAU, *Art. poét.*

A Paris, chez Capelle,
libraire-commissionnaire, rue Jean-Jacques-Rousseau, 346 An XII 1804.

L'éditeur de la notice sur le théâtre dans lequel ont été chantés les couplets qu'il publie, rappelle que le décret de l'Assemblée nationale relatif à la liberté des théâtres inspire à MM. Barré et Rosière l'idée d'en établir un consacré entièrement au genre du Vaudeville.

On sait si ce genre est populaire chez nous. On loua la salle du Vauxhall d'hiver, connue alors sous le nom du *Panthéon*, située entre les rues Saint-Thomas du Louvre et de Chartres, c'est-à-dire la salle même qui fut brûlée de nos jours et que le théâtre actuel quitta pour venir s'établir place de la Bourse.

Les artistes dramatiques ont toujours donné des marques de générosité et de sentiments élevés. M. Capelle, dans sa notice, s'est plu à faire ressortir le mérite des acteurs de ce temps. « Les artistes, dit-il, ont été généralement bien élevés ; beaucoup ont des connaissances que la bonne éducation seule peut donner, et tous ont les vertus qu'on exige dans un honnête homme. »

Il est curieux de voir défiler tous ces couplets d'annonce. Je remarque que dans le mois de janvier de la terrible année 1793, il n'y eut pas de pièce nouvelle au Vaudeville. Il y a aussi une lacune complète entre la représentation du 25 février 1793 (*Colombine Mannequin* et celle du 6 mars 1793). Honneur au Vaudeville !

Il est donc bien français puisqu'il ne riait pas alors!

Ces couplets d'annonce sont quelquefois amusants. Ils ont cependant beaucoup perdu, n'étant plus encadrés dans les circonstances. Je ne rapporterai que celui qui leur sert de préface, c'est-à-dire : *le couplet d'annonce des couplets d'annonce.*

> Au théâtre, un auteur troublé,
> Annonce en tremblant son ouvrage ;
> Alors, du public rassemblé,
> Il faut obtenir le suffrage.
> En imprimant ce manuscrit,
> Ces craintes ne sont pas les nôtres ;
> Nous annonçons bien de l'esprit...
> Mais c'est l'esprit des autres.

HISTOIRE MORALE ET PROFITABLE DU PRINCE TOTOUTARD

Paris, André. An x (1802).

Conte de fée licencieux. Les principaux personnages sont le roi Lamila, la reine Toutourien, le devin Taupin, les fées Saira, Chailla. La scène se passe au pays d'Allezy.

Nous n'irons pas.

LE DERNIER CHAPITRE DE MON ROMAN

Paris, chez madame Cavanagh,
ci-devant Barba, sous le passage du Panorama, 5. 1803. In-12.

Il y a pour épigraphe à ce livre :

Enumeravi noctes laboriosas.

Job.

L'auteur, M. Charles Nodier, a reproduit ce roman dans la collection de ses œuvres[1]. Mais il a fait deux suppressions d'épigraphe. Puis la préface dans laquelle il raille les goûts littéraires du temps qu'il fait connaître par une conversation supposée entre lui et son libraire.

LE LIBRAIRE.

Que m'apportez-vous là ?

L'AUTEUR.

Le fruit d'une année de méditations; un ballot de chefs-d'œuvre.

LE LIBRAIRE.

Le public en jugera peut-être autrement. Voyons.

L'AUTEUR.

Nouvelles vues de politique.

LE LIBRAIRE.

Passons. On est las de chercher la pierre philosophale, et l'alchimie n'est plus à la mode.

---

[1] Paris, Qenduel, 1832.

L'AUTEUR.

Esprit des ouvrages nouveaux.

LE LIBRAIRE.

Le volume est trop mince.

L'AUTEUR.

Traduction des six premiers livres de l'Énéide,

LE LIBRAIRE.

Personne n'a lu celle qu'on promet; mais il est irrévocablement décidé qu'elle sera la meilleure.

L'AUTEUR.

Manuel des honnêtes gens.

LE LIBRAIRE.

Je crains que ceux qui goûteront votre livre ne soient pas en état de l'acheter.

L'AUTEUR.

Un roman imité de l'anglais.

LE LIBRAIRE.

On en a fait dix drames.

L'AUTEUR.

Un drame traduit de l'allemand.

LE LIBRAIRE.

On en fait dix romans.

L'AUTEUR.

Un choix de pièces qui n'ont jamais paru.

LE LIBRAIRE.

Elles sont exposées à ne paraître jamais

L'AUTEUR.

C'est pourtant le fond de mon portefeuille.

LE LIBRAIRE.

Tant pis.

L'AUTEUR.

Que vous faut-il donc?

LE LIBRAIRE.

Ce qui me plaît. La librairie est sujette aux vicissitudes de la mode. N'auriez-vous point quelque sujet de dévotion?

L'AUTEUR.

Non.

LE LIBRAIRE.

Quelque poëme orthodoxe.

L'AUTEUR.

Non.

LE LIBRAIRE.

Quelque historiette mystique, ascétique, *liturgique* ou canonique?

L'AUTEUR.

Non.

LE LIBRAIRE.

Dans ce cas, je puis me retrancher sur le genre grivois.

L'AUTEUR.

Mais je ne puis me résoudre à souiller ma plume.

LE LIBRAIRE.

Qui vous en parle? Soyez voluptueux sans licence, et gai sans grossièreté.

L'AUTEUR.

Je vous entends. Vous voulez un de ces livres que votre femme trouve trop *leste* et que votre maîtresse trouve *gazé*.

LE LIBRAIRE.

Précisément.

L'AUTEUR.

J'ai chez moi ce qu'il vous faut.

LE LIBRAIRE.

Sachons le titre.

L'AUTEUR.

Le dernier chapitre de mon roman.

LE LIBRAIRE.

Il est singulier.

L'AUTEUR.

Je me suis toujours bien trouvé de prendre les romans par la queue.

LE LIBRAIRE.

Je me charge de celui-ci.

L'AUTEUR.

Il n'y manque qu'une préface.

LE LIBRAIRE.

Je ferai imprimer notre conversation.

L'AUTEUR.

A d'autres. Quel intérêt le public peut-il prendre à ce qui se passe entre nous.

LE LIBRAIRE.

Aucun, sans doute; mais c'est la mode.

L'AUTEUR.

Comme il vous plaira. N'oubliez pas de faire insérer une annonce dans les journaux.

LE LIBRAIRE.

Soyez tranquille; j'ai là une formule d'éloges, qui n'a servi que deux fois.

VOYAGE SANS BOUGER DE PLACE
PAR A. L. O. F.
Paris, 1809. In-8.

Ces initiales veulent dire : Auguste Le Blanc, officier français.

Ce renseignement donné par M. Barbier, me paraît d'autant plus exact que l'auteur, dans une note de sa préface en vers, explique qu'il a été cloué en place par deux coups de feu qu'il venait de recevoir; l'un de ces coups de feu l'empêchait de marcher, l'autre de se servir de la main droite.

Les blessures, à ce qu'il paraît, lui avaient laissé comme à Rantzau le cœur entier, car dans les lettres qu'il a adressées à son ami, on voit un homme fort brûlant. M. Le Blanc était encore fort jeune sans doute et faisait partie de cette glorieuse milice dont parle Alfred de Musset dans *la Confession d'un enfant du siècle,* lorsqu'il dit (chapitre II) :

> Pendant les guerres de l'Empire, tandis que les maris et les frères étaient en Allemagne, les mères inquiètes avaient mis au monde une génération ardente, pâle, nerveuse;—conçus entre deux batailles, élevés dans les colléges au roulement des tambours, des milliers d'enfants se regardaient entre eux d'un œil sombre, en essayant leurs muscles chétifs;—de temps en temps leurs pères ensanglantés apparaissaient, les soulevaient

sur leurs poitrines chamarrées d'or, puis les posaient à terre et remontaient à cheval.

Le voyage de M. Le Blanc, mêlé de prose et de vers, n'est que médiocre. Les lettres sont adressées à son amie qu'il nomme Kesie, nom assez singulier dont je n'ai pas encore découvert l'étymologie.

CONSEILS A DES SURNUMÉRAIRES
Paris (sans date).

J'avais remarqué que cette brochure atteignait dans les ventes un prix relativement assez élevé (8 à 10 fr.) et j'avais un vif désir d'en connaître le contenu. Aussi ma joie fut grande lorsque j'en trouvai assez récemment un exemplaire sur les quais (toujours).

Comme je l'ai dit, cette brochure est sans date et sans nom d'auteur. Un avis placé sous le titre même contient ceci :

> Ce travail n'est imprimé que par épreuve et n'est pas destiné au public. Les jeunes gens pour qui il a été fait, sont priés de s'en réserver exclusivement l'usage, et surtout de ne pas le communiquer à des personnes qui soient étrangères ou indifférentes au service.
> Chaque épreuve portera un numéro, qui sera inscrit sur un registre avec le nom de la personne à qui cette épreuve sera confiée.

Les conseils à des surnuméraires rédigés, dit-on, par un administrateur qui a laissé un nom vénéré (M. D'Hauterive), ne peuvent intéresser que des personnes appartenant à l'administration, pour laquelle ils ont été imprimés et la brochure qui les contient n'est rare que parce qu'en effet elle n'a pas été donnée à tout le monde.

DE L'INFLUENCE DU CHRISTIANISME SUR LA CONDITION DES FEMMES

PAR M. GRÉGOIRE, ANCIEN ÉVÊQUE DE BLOIS.

Paris, Baudouin frères, rue de Vaugirard, 36.

M. Grégoire est un conventionnel dont la vie fut assez agitée sous la Restauration, à cause de ses antécédents. Élu député en 1819, il fut exclu de la chambre comme *indigne*. Il est auteur d'un grand nombre d'écrits. Prêtre catholique, il poussa la tolérance jusqu'à prendre le parti des juifs; tous ses écrits respirent un grand amour de la liberté. Il a laissé en outre des Mémoires qui furent publiés, en 1837, par M. Carnot. Il est mort en 1831.

Les écrits de l'abbé Grégoire ne sont pas de ceux qui rentrent dans notre plan. La brochure dont nous avons donné le titre plus haut est recherchée, Elle est toute historique et ce qu'il rapporte de

l'antiquité est un grand témoignage des bienfaits
que le christianisme a en effet apportés à la condition des femmes. Son travail accuse des recherches fort curieuses. Grégoire fait un grand éloge
des femmes et il rappelle cette parole de l'Écriture
où il n'y a pas de femme, le pauvre gémit ; grande
vérité qu'attestent tous les jours nos sœurs de
charité et cette foule de femmes qui, dans toutes
les classes de la société, signalent la bonté de leur
âme par leur charité et leur dévouement. L'auteur
ajoute que le récit des actes de charité vaut les
meilleures histoires et il rappelle que dans son
livre les *Ruines du Port-Royal*, il exprime cette
même pensée en signalant les pages du nécrologe de ce célèbre établissement qui sont consacrées à *Innocent Faï*, simple domestique des illustres solitaires. Sans connaître encore la remarque de M. Grégoire, j'avais été frappé de ce récit et
comme je l'avais copié, on me saura gré sans doute
de le donner ici.

EXTRAIT DU NÉCROLOGE DE L'ABBAYE DE NOTRE-DAME DE PORT-ROYAL DES CHAMPS.

Le seizième jour 1660 mourut à l'âge de trente-neuf ans Innocent Faï, natif de Montigni, qui a demeuré pendant huit ans ou environ aux Granges, où il avait soin des chevaux. Durant tout ce temps on l'a toujours vu fort retiré à l'égard de tout le monde, et même de ses propres compagnons ; et quand il s'entretenait avec eux, c'était pour l'ordinaire de ce qu'il avait lu dans l'Écriture sainte ou de la vie des saints : car il n'était jamais oisif ; ou il priait, ou il lisait, ou copiait quelques endroits qu'il avait lus, afin de les mieux retenir. En labourant la terre ou dans ses autres travaux, il récitait beaucoup de prières qu'il avait apprises par cœur. Souvent il se cachait dans son écurie pour prier à genoux la tête nue entre ses chevaux : de sorte que l'on y entrait et que l'on y était souvent longtemps sans le voir. Mais lorsqu'il s'apercevait qu'il était vu, il feignait, en se jetant par terre, de chercher quelque chose sous son lit ou sous l'auge de ses chevaux. Pour lui épargner la peine que cela lui faisait, on lui donna la clef d'une petite boutique, dans laquelle il se retirait tous les dimanches et les fêtes pour y prier : ce qu'il pratiquait avec tant de zèle et d'assiduité, qu'on ne l'en voyait point sortir que pour aller à l'église, où il était fort exact à se rendre, et où il faisait voir un respect pour la présence de Dieu qui édifiait tous les assistants. Il sortait encore ces jours-là pour aller voir quelques pauvres malades qu'il savait être dans la nécessité ; car il s'en informait avec grand soin. Ses visites n'étaient pas infructueuses ; il leur donnait aux uns de la toile pour faire des chemises, aux autres des hardes ; et cela avec tant d'adresse, que ceux même qui demeuraient avec lui ne s'en apercevaient pas.

Il était doux en ses paroles, humble en ses actions, et il supportait les autres avec tant de charité qu'il les excusait toujours. Jamais on ne lui a entendu proférer une parole trop libre ; ce qui marque une grande vigilance sur soi-même. Il était si fort au-dessus des biens temporels, qu'il n'en faisait aucune estime, et qu'il donnait tout ce qu'il pouvait avoir. Mais comme ses gages ne pouvaient fournir à ses libéralités, il vendait son fonds pour y suppléer. Il s'épargnait à soi-même toutes choses et on l'a vu passer des hivers entiers si peu vêtu, que l'on en était surpris. En même temps il faisait acheter de quoi habiller des pauvres et souvent leur donnait ses propres habits, ses souliers, ses chemises; de sorte qu'on le voyait quelquefois les pieds nus, pour s'être déchaussé en faveur des pauvres. Lorsqu'il était à son travail des champs, ils l'y allaient trouver; et il les assistait sur l'heure de ce qu'il avait. Il recueillait du blé, il le battait et le distribuait lui-même aux pauvres selon leurs nécessités. Mais outre ses aumônes extraordinaires, il en faisait de réglées, comme de donner tous les mois une certaine quantité de blé à des veuves chargées de famille, et de faire nourrir de pauvres orphelins; et il s'était accommodé avec sa sœur, en sorte qu'elle lui cuisait du pain pour donner chez elle un ou deux jours de la semaine à tous ceux qui s'y présentaient.

C'est par le ministère de cette sœur qu'il apprenait les personnes qui se trouvaient en nécessité; puis il les assistait sans lui en rien dire : mais elle n'était pas longtemps à le savoir par ceux qui en avaient reçu du soulagement. En une occasion il donna cent francs à une personne en qui il se confiait, afin d'en racheter un prisonnier. Cette somme servit à en racheter deux, sans que celui qui l'avait donnée s'informât, ni que cette personne lui dit rien de ce qu'elle avait fait de son argent; parce qu'elle croyait favoriser le dessein que Faï avait de cacher en Dieu tout le bien qu'il faisait. Il était si bien établi dans ce principe, que lorsqu'on lui parlait de ses charités, il ne répondait jamais rien.

Mais le bruit s'en répandant de plus en plus, fit que plusieurs pauvres gens venaient le trouver pour l'engager de tenir leurs enfants au baptême; sachant bien que ce lui serait un nouvel engagement de les assister. Deux ou trois jours avant la maladie dont il mourut, un homme qu'il ne connaissait point, l'alla chercher dans les champs pour le prier d'être le parrain d'un de ses enfants. Faï en demeura tout surpris et fut longtemps sans le lui vouloir accorder, sachant quelle est l'obligation d'un parrain. Néanmoins se rendant aux prières du bonhomme, il le suivit chez lui, où il trouva une si grande misère qu'il en fut extrêmement touché : ces pauvres gens n'ayant pas même de linge pour envelopper l'enfant. Il leur donna un écu d'or, et leur en envoya deux autres. Et sur l'heure même de cinq chemises qu'il avait, il en mit trois en pièces pour les leur envoyer, ne pouvant les leur porter lui-même, parce qu'il tomba malade; mais deux jours avant sa mort il eut soin qu'on les leur portât.

Il a toujours été fort austère et grand amateur de la pénitence; mangeant fort peu et jeûnant très-exactement non-seulement le carême et les autres jours ordonnés par l'Église, auxquels il ne faisait qu'un seul repas par jour, mais encore tous les vendredis et autres jours que l'on ne savait pas; parce qu'il couvrait fort adroitement toutes ses bonnes actions. Pour ce sujet il prenait comme ses autres compagnons ce qu'on lui donnait pour sa nourriture; mais au lieu de la manger il la donnait aux pauvres, qui l'allaient trouver dans les champs. Il mortifiait son corps par les veilles et les disciplines ferrées dont il se servait très-souvent, comme on l'a appris de ceux qui couchaient dans les mêmes écuries. En hiver même il couchait sur un coffre et souvent sur la terre, malgré les plus grands froids. Il s'était fait lui-même une espèce de haire du crin de ses chevaux avec de gros nœuds qui lui meurtrissaient le corps; ce que l'on reconnut après sa mort en l'ensevelissant; et il parut sur sa poitrine comme un trou enfoncé dans sa chair toute meurtrie.

Ses aumônes l'ayant fait connaître, plusieurs en parlaient selon leurs différents sentiments; les uns le croyaient fort charitable et fort détaché, et ils en jugeaient selon la vérité; les autres le prenaient pour un fou et un homme sans esprit et ils se trompaient. Ce fut ce qui donna lieu à un homme de condition de lui dire en le rencontrant peu de jours avant sa mort, qu'il avait appris qu'il vendait son bien; qu'il fallait qu'il fût fou de ne pas penser à l'avenir; s'il venait à tomber dans une longue maladie, ou quand il serait vieux et qu'il ne pourrait plus travailler; de qui attendrait-il alors quelque secours, après s'être ainsi réduit à n'avoir plus rien. La réponse que donna ce bon domestique et qu'une autre personne qui était présente admira, fit bien voir que ce que le monde appelle folie, est l'effet de cette divine sagesse que Dieu a cachée aux sages et aux prudents du siècle et qu'il n'a révélée qu'aux petits.

« Monsieur, lui dit-il, quoique vous soyez plus riche que moi, je n'appréhende pas plus que vous de manquer de bien. Dieu pourvoira à l'avenir : je ne m'en inquiète point. Peut-être mourrai-je bientôt, et que je ne dépenserai pas beaucoup dans ma dernière maladie. Cela ne me met point en peine. L'événement vérifia que Dieu lui faisait prévoir ce qui devait arriver. Il tomba malade deux jours après; et le gentilhomme, qui avait tenté sa foi sans pouvoir l'ébranler, fut surpris de se rencontrer au bout de huit jours comme on lui allait porter le saint Viatique. On voit par là une preuve manifeste de la vanité des prévoyances humaines, et de la sûreté qu'il y a à commencer de bonne heure à s'amasser un trésor dans le ciel par les aumônes et les bonnes œuvres, comme avait fait ce serviteur de Jésus-Christ. L'estime que l'on faisait de sa vertu extraordinaire porta à le faire enterrer dans notre église hors de la clôture régulière, et son cœur au dedans. M. Hamon[1] orna depuis son tombeau d'une épitaphe latine dont voici la traduction :

« Ici repose Fai, laboureur autant recommandable pour sa piété, que pour son ardeur au travail. Ayant eu le secret d'user de sa condition servile pour exercer l'humilité, de l'assiduité au travail pour pratiquer la pénitence, de la retraite et de la tranquillité de la vie champêtre pour apprendre à prier; il trouva dans le champ le trésor de l'Évangile, et l'enleva. Dans l'excès

[1] M. Hamon, connu par des ouvrages de piété, était médecin de Port-Royal. Il est mort en 1687.

de la joie que lui inspirait la foi, il donna aux pauvres, sans rien réserver pour lui-même, afin de s'amasser de plus grandes richesses, tout le prix de son patrimoine, qu'il vendit, tout ce qu'il put recevoir de ses gages, chaque année, et tout ce qu'il put soustraire à sa nourriture de chaque jour, en mangeant très-peu. »

Quel exemple !

MÉMOIRES HISTORIQUES ET ANECDOTES DE LA COUR DE FRANCE

PENDANT LA FAVEUR DE LA MARQUISE DE POMPADOUR. 1 VOL. IN-8°.

Paris, Arthur Bertrand. 1802.

Ces Mémoires sont dus à Soulavie, l'aîné, auteur des Mémoires historiques du règne de Louis XVI. Il paraît que cet ouvrage dont je n'ai, bien entendu, trouvé qu'un exemplaire très-incomplet dans la boîte à quatre sols, est ordinairement orné de gravures en médaillons gravés par madame de Pompadour.

Ce livre est tout simplement l'histoire des débauches du roi qui ne se contentait pas de sa maîtresse en titre. J'ai trouvé un passage relatif aux enfants que Louis XV avait des femmes retenues au Parc aux Cerfs.

Le voici :

Tous les enfants de Louis XV ressemblaient si bien à leur père, qu'il était à ce qu'il paraît très-difficile de cacher leur origine; c'était au point que les enfants du roi, quelque soin qu'on eût de les dépayser; étaient reconnus par leurs camarades au collège et s'en tenaient souvent glorieux et vains!

Leur éducation étant finie, dit Soulavie, on place les garçons dans des régiments ou dans l'Église. Les filles sont élevées dans les couvents, y font profession, ou bien on les marie, en leur faisant une dot suffisante.

Quant à la fille que Louis XV avait eue de mademoiselle *** (personne de condition mariée depuis), elle fût élevée comme les autres, sans aucune communication avec sa mère.

Mais comme c'est une femme vertueuse, très-sensible, et une mère dont les qualités sont excellentes, elle fit si bien qu'elle réussit à savoir ce qu'était devenue cette enfant. Elle découvrit qu'elle était en pension à Paris, au couvent de la Présentation, rue des Postes. Alors, comment pénétrer dans une maison inaccessible et dont la supérieure avait le secret du roi? La mère ingénieuse obtint de cette religieuse qu'elle se chargerait, dans son couvent, de l'éducation d'une fille de trois ans, cette enfant étant issue de son mariage, elle se ménageait les moyens de pénétrer dans le couvent, et d'embrasser la fille qu'elle avait eue de Louis XV, en fréquentant celle qu'elle y plaçait actuellement. Ainsi plus la cour était inflexible et ferme dans sa résolution d'éloigner les mères des enfants du roi, plus madame *** redoublait de zèle et d'intelligence pour connaître et former des liaisons avec l'enfant que Louis XV avait éloigné des soins de sa mère.

La nature elle-même favorisait la mère dans ses sollicitudes. Sa fille, âgée de trois ans était à peine entrée à la Présentation que sa sœur, fille du roi, qui en avait quinze, se prit d'une belle amitié pour elle; nouvelle source de sensations agréables, et pour les enfants et pour la mère, si elles devaient un jour se reconnaître; mais la cour avait donné des ordres précis et sévères à la supérieure, qui empêchaient de pénétrer dans le couvent. Aussi madame de *** n'eut d'autre moyen que d'observer en passant les pensionnaires. Voyant dans une des élèves la couleur brune du roi, ses beaux yeux, son sourire, le nez des Bourbons, l'ensemble et la tenue majestueuse du roi, son air et sa figure, elle distingua la fille de Louis XV sur toutes les pensionnaires et répandit des larmes de bonne mère.

Les sollicitudes d'une femme de ce caractère sont si ingénieuses. Madame de *** parvint à pénétrer dans le couvent et à dîner avec ses deux filles en particulier, dans la cellule d'une religieuse présente à cette attendrissante scène. L'aînée idolâtrait déjà sa jeune sœur, sans la connaître pour sa sœur, et la mère, dans la cellule, accordant à celle-ci ses tendresses maternelles, mademoiselle de Saint-André (c'était le nom de la fille du roi), émue d'une sorte d'inspiration naturelle, dit à sa mère : « Madame, depuis que je me connais, je cherche ma mère sans avoir jamais pu réussir à en avoir quelques nouvelles ; qu'elles sont heureuses, mes amies et mes compagnes, d'avoir une mère et d'en être aimées. »

Madame de *** avait reconnu sa fille, mais, retenue par les ordres sévères du roi et craignant un éclat, craignant surtout des ordres ultérieurs d'une séparation éternelle, elle écoutait encore avec courage la voix de la prudence et réprimait les sentiments expressifs d'une mère... « Oh ! non, Madame, je me trompe, ajoute mademoiselle de Saint-André, il n'est pas vrai que je manque de mère, j'en ai une, mon amitié pour vous, votre estime pour moi, les émotions inexplicables en vous voyant, me disent que c'est vous qui êtes ma mère, oui, vous êtes ma mère, dit-elle en sanglotant, et je n'en veux pas d'autre. Et soudain la mère, la jeune fille et la fille de Louis XV s'embrassent et mêlent leurs larmes.

Le tuteur de mademoiselle de Saint-André, nommé Jount, et M. Bertin ne tardèrent pas d'être instruits de cette touchante scène ; elle fut connue du roi, et des ordres menaçants furent donnés pour une affreuse séparation qui dépaysa respectivement la mère et la fille. Celle-ci est cette même demoiselle qui a depuis épousé M. de***, et dont la belle figure et sa parfaite ressemblance à celle du roi, touchèrent le monarque, au moment de sa présentation à la cour, à l'époque de son mariage, au point que ce prince laissa couler quelques larmes, en se voyant si exactement copié par la nature.

Cette présentation a eu lieu, pendant la faveur de madame Dubarri, qui a ordonné à mademoiselle de Saint-André de ne jamais parler de son père, si elle voulait plaire au roi et en obtenir des grâces.

Mais madame de *** voyant que le roi son père était ému, et que ses joues étaient mouillées, lui sauta au cou, et prononça les noms de fille et de père. Déjà elle avait répondu à madame Dubarri, qu'elle se comporterait comme il plairait à son père, et à celui qui allait devenir son beau-père.

FRAGMENTS DE DIVERS MÉMOIRES
POUR SERVIR A L'HISTOIRE DE LA SOCIÉTÉ POLIE EN FRANCE;
PAR M. LE COMTE RŒDERER,
DE L'ACADÉMIE DES SCIENCES MORALES ET POLITIQUES.
LUS DANS LA SÉANCE PUBLIQUE DES CINQ ACADÉMIES DE L'INSTITUT,
TENUE LE 2 MAI 1835.

Paris, typographie de Firmin Didot, frères, imprimeurs de l'Institut, rue Jacob, 24. 1854.

M. le comte Rœderer a publié sur ce sujet un ouvrage excellent qui n'a pas été mis dans le commerce. Distribué seulement à des amis, sa rareté est telle, qu'il est impossible d'en avoir un exemplaire à moins de trente-cinq à quarante francs.

L'analyse que je donne ici n'est donc pas tirée de l'ouvrage même, mais de la brochure qui l'a précédé. L'exemplaire que je possède est enrichi d'un autographe de l'auteur : *A Monsieur le baron Walckenaer, de la part de l'auteur.*

Je me contente parfaitement de cette trouvaille, tout en regrettant vivement que M. Rœderer ait privé le public d'un bon et agréable livre.

L'auteur établit dans ces fragments que l'hôtel de Rambouillet a été le berceau de la société polie, c'est-à-dire de la société morale et spirituelle, élégante et gracieuse.

Dans cette société est née la conversation, l'une des grandes distinctions de la société française.

Avant Louis XII et Anne de Bretagne, les femmes étaient tenues à distance. Les reines n'avaient pas de maison.

M. Rœderer explique avec netteté comment la société se forma dès qu'il en fut autrement. Il cite ce que dit le père Petit dans la Vie de Montausier, du charme que les gens de lettres et les étrangers trouvaient à l'hôtel de Rambouillet. Il montre que les critiques de Molière pouvaient s'adresser à quelques réunions imitatrices, mais non point au salon de Julie d'Angennes et il signale dans ces trop courtes pages, selon le témoignage de la Bruyère lui-même, l'influence de la société naissante sur les mots de la langue française que, dès le même temps, nos plus grands écrivains adoptaient pour ne nous laisser que des modèles.

UN MUSÉE BIBLIOGRAPHIQUE AU LOUVRE
PAR J. TECHENER.

Paris, au bureau du Bulletin du Bibliophile, place de la colonnade du Louvre, 20. 1852.

M. Techener a raison quand il dit : « Le Louvre, c'est le dépôt sacré des produits de l'art ancien et de l'art moderne : c'est le musée national de la France. S'il est grand et utile de compléter le palais, il n'est ni moins grand ni moins utile de compléter les collections qu'il doit renfermer.

Dans cette vue, M. Techener proposait la création au Louvre d'un musée bibliographique.

Certes, l'idée est excellente et il est regrettable qu'on ne l'ait pas encore suivie. On verrait là d'âge en âge les progrès de l'imprimerie, de la reliure et cela en quelque sorte d'un seul coup d'œil, ce que ne peut donner une bibliothèque où chaque livre est à sa place.

Les bibliophiles se réjouiraient certainement d'une pareille création.

LE BRIC A BRAC AVEC SON CATALOGUE RAISONNÉ
PAR FR. GRILLE.

Paris, Ledoyen, libraire, au Palais-Royal, galerie d'Orléans, 1855

M. Grille, ancien chef de division au ministère de l'intérieur, a publié (avec bien d'autres travaux) une série de volumes sous le titre de *Miettes, le Bric à brac, Autographes de savants et d'artistes*, etc., des notices on ne peut plus curieuses sur les personnages du temps avec lesquels ses fonctions l'avaient mis en rapport. M. Grille est un bibliophile distingué et à ce titre j'aurais toujours cherché à rappeler son nom dans un livre qui s'adresse spécialement à ceux qui partagent nos goûts.

En feuilletant par hasard un volume dépareillé du *Bric à brac*, que je trouve sur le quai, je lis la notice qu'il a consacrée à M. Quérard, notre grand bibliographe, et comme je partage les sentiments de l'ancien chef de division de l'intérieur à l'égard d'un homme dont les travaux ont été utiles à tous les écrivains de nos jours, je me plais à citer ici ce qu'il dit de ce bénédictin de la bibliographie.

Voyez-vous ce petit homme, alerte encore, mais la tête grisonnante? Le voyez-vous en pantalon de nankin, durant l'été, partir le dimanche matin par le wagon? Il se rend à Sèvres, il y déjeune, il va ensuite à Versailles, prend la voiture de Saint-Germain, passe à l'Étang, vient me voir, me serre la main, se refusant à dîner avec moi malgré mes instances.

C'est Quérard; il me quitte, rentre à Paris et retourne à son perroquet, à ses serins, à ses moineaux qu'il aime comme Lesbie aimait le sien et qui le délassent dans ses rudes et solitaires travaux de bibliographe.

Quérard est un des hommes qui ont rendu le plus de services aux lettres. Tout ce qui lit veut avoir ses livres, mais quel parti tire-t-il de ses travaux? Le bonheur de les faire; ses imprimeurs mangent tout. Lui, de quoi vit-il? Je ne sais; c'est un problème. Une petite pension, un secours précaire et qui vient du Nord, des neiges, d'un Russe, d'une aventure; c'est là toute sa sûreté?

Que fait donc le ministre? où vont les encouragements? qui dévore le budget?

Quérard est-il décoré? non.

Quérard se plaint-il? peu.

Demande-t-il? point.

Tout cela est vrai, mais il faut dire qu'il est impossible que très-prochainement justice ne soit pas rendue, sous un ministre équitable, en subside et en honneur à un homme qui, selon l'expression de M. Grille, travaille comme un lion.

MARQUES TYPOGRAPHIQUES
OU RECUEIL DES MONOGRAMMES, CHIFFRES, ENSEIGNES, EMBLÈMES, DEVISES, RÉBUS ET FLEURONS DES LIBRAIRES ET IMPRIMEURS QUI ONT EXERCÉ EN FRANCE DEPUIS L'INTRODUCTION DE L'IMPRIMERIE EN 1470, JUSQU'A LA FIN DU SEIZIÈME SIÈCLE.

Je trouve sur le quai une livraison de ce travail et j'éprouve le besoin de reproduire ici l'article que j'ai publié il y a quelques années dans le *Journal de l'imprimerie et de la librairie* sur ce véritable armorial de la librairie.

Le savant et honorable éditeur, auquel les bibliophiles devaient déjà la reproduction en *fac-simile* d'opuscules devenus *rarissimes*, a réuni dans ce recueil toutes les *marques* des libraires et imprimeurs qui, pendant la période indiquée, ont publié hors de France des livres en langue française. Rien n'est plus curieux que la réunion de ces devises et emblèmes, dont le nombre, dans la publication de M. Silvestre, s'élève déjà à 757.

En les considérant, on respire comme un parfum des naïves et loyales expressions des *grands hommes* qui les ont produites, — J'ai dit *grands hommes* et je ne m'en dédis pas. Tous ceux qui ainsi que moi ont le goût des vieux livres, ont éprouvé, je n'en doute pas, la même impression. Les emblèmes, les marques de toutes sortes, composées par les premiers imprimeurs-libraires accusent un grand dévouement à leur art, soutenu par les plus hautes qualités du cœur et de l'esprit.
— Les avis qu'ils adressaient aux lecteurs sont remplis d'une douce confiance, en même temps que de grande modestie. —

Placés près du berceau de la *grande découverte*, ils en présageaient la gloire future, et ils aimaient à placer en tête du livre nouveau, en les répétant à la fin de l'œuvre même, d'ingénieuses compositions qui peignent les plus doux et quelquefois aussi les plus fiers sentiments de l'âme, avec des légendes qu'on lit sous les fleurs dont elles sont ornées.

« Si les ignorants regardent l'imprimerie sans l'admirer, a dit un vieil auteur, c'est qu'ils la voyent sans la connoistre. » Je suis bien de son avis. — La vue des *marques* données par M. Silvestre a comme ravivé mon admiration. Je fais bien des vœux pour que le respectable éditeur les accompagne un jour d'un texte qui nous apprendra à les apprécier encore mieux. Il y a évidemment les choses les plus curieuses à révéler par l'histoire des *marques*. La matière en vaut la peine. Il ne fau' pas que l'*Armorial* de l'imprimerie et de la librairie reste sans commentaires, et il appartient à M. Silvestre de nous les donner. Le goût d'ailleurs n'en a jamais passé. — La plupart des libraires de nos jours qui ont pour spécialité la reproduction d'anciens ouvrages ont recherché aussi des emblèmes. — Les Renouard, les Crapelet, avaient adopté des *marques*. La maison Delalain a conservé celle de ses pères, qui venait, je crois, des Barbou, et qu'on retrouve en partie plus anciennement sur les ouvrages publiés par Mabre Cramoisy, qui avait aussi les deux cigognes. Un des plus jolies de ce temps-ci, parmi les *marques* adoptées par les éditeurs qui cultivent le même genre, est celle de M. Aubry. Elle représente un *semeur* jetant ses grains, avec cette devise : *à l'aventure*. Je la retrouvai l'autre jour en fort bonne compagnie, sur le prospectus d'un livre nouveau publié à Genève : *Jean Gutenberg*, premier maître imprimeur, ses faits et discours, etc. Le *semeur* accompagne la marque fort gracieuse aussi de M. Fick, imprimeur de la traduction de M. Gustave Revilliod, bien connu par le noble emploi de sa fortune, qu'il aime souvent à consacrer à de beaux travaux typographiques. Je crois la vignette du semeur imitée d'une ancienne marque. Mais, de peur de me tromper dans mes suppositions, je n'en énumérerai pas davantage. Je n'ai qu'un but, c'est de signaler aux bibliophiles l'œuvre de M. Silvestre.

CONTES EXCENTRIQUES
PAR CHARLES NEWIL.

Paris, *Bibliothèque des chemins de fer*, Hachette, 1854.

J'ai déjà eu occasion, dans la première partie de cet ouvrage, de parler de la *Bibliothèque des chemins de fer*. Je ne puis mieux clore mon livre qu'en citant, en partie, une des *nouvelles* insérées dans l'ouvrage ci-dessus indiqué ; voici l'histoire, que les bibliophiles me sauront gré de leur avoir fait connaître. Trois étudiants, dont l'un étudie la médecine, l'autre le droit et le troisième la peinture, séduits par l'éclat d'un beau jour de juillet, songeaient au moyen de faire une bonne partie de campagne, mais la poche de nos trois amis était tellement plate qu'ils allaient y renoncer, lorsque l'un d'eux fit remarquer à l'étudiant en médecine qu'il avait dans sa bibliothèque certain bouquin ayant pour titre : *Nouveau voyage d'un païs plus grand que l'Europe, avec les réflexions des entreprises du sieur de Lassale sur les mines de Sainte-Barbe*, etc.

« Oui, répondit celui-ci, un mauvais petit bouquin, que j'achetai huit sols chez un chaudronnier d'Amiens.

— Si tu veux me le céder, nous aurons la satisfaction de t'offrir une journée complète de plaisir.

Le marché est conclu pour dix francs.

— Qui m'aime me suive, » dit alors l'acquéreur. Mais laissons parler M. Charles Newil lui-même.

Nous sortîmes du Luxembourg par la grille de la rue du Pot-de-Fer, et en trois enjambées nous gagnâmes la rue Cassette.

Fabien leva le marteau d'une vieille porte cochère émaillée de clous à têtes carrées, et sur le battant gauche de laquelle s'ouvrait un petit guichet grillé.

« Du calme et de la dignité, messieurs, » nous dit Fabien après avoir frappé.

Un nez aviné et un quart de besicles apparurent derrière le guichet.

« Que demandez-vous? dit une voix aigrelette et chevrotante.

— Monsieur Bablin est-il chez lui? demanda Fabien.

— Oui; qu'est-ce que vous lui voulez? fit la portière.

— Nous lui apportons le livre qu'il cherche depuis six mois, continua notre ami, et nous venons de la part de M. Moser d'Inspruck.

— C'est différent, grommela la sorcière en entre-bâillant la porte. Montez au premier, au fond de la cour, la porte en face. » Et elle ajouta, en rentrant dans sa niche : « Essuyez vos pieds.

— S. V. P., sans vous presser, » me dit Édouard, en riant.

Nous montâmes silencieusement les trente marches du premier étage.

« C'est ici, dis-je en prenant délicatement le fil de fer qui servait de cordon de sonnette.

— Sonne franchement, à la manière anglaise, » me dit Fabien.

Un carillon formidable éclata à l'intérieur, un triple tour de clef résonna derrière le tambour de cuir vert qui s'élevait devant la porte, et une grande femme jaune, maigre et décharnée, vêtue de noir, la tête couverte d'un bonnet à grands tuyaux, apparut sur le seuil.

Fabien paraphrasa à cette funèbre duègne le texte qu'il avait pris déjà.

La ménagère baissa la tête pour nous toiser plus à son aise au travers des mailles de sa ruche, et, cet examen terminé, elle nous ouvrit une petite porte basse qui donnait dans l'antichambre, en étouffant, sous les plis d'un volumineux madras, les éclats d'une petite toux sèche et pointue.

Nous défilâmes l'un après l'autre dans une immense salle tapissée dans toute sa hauteur par des rayons de bois blanc surchargés de livres et de manuscrits.

« Hein ! qu'est-ce que c'est ? » cria une voix qui semblait venir du plafond.

Et, au même instant, un petit homme, enveloppé dans une robe de chambre de toile perse d'une saleté révoltante, glissa à terre le long d'une échelle double.

Nous étions en présence du célèbre biblioman e Bablin.

C'était un homme de trente-cinq à quarante ans que ce Bablin ; maigrelet et rachitique de naissance. Sa figure chafouine et anguleuse avait ce ton jaunâtre et vert-de-gris du gibier avancé.

Un pince-nez d'écaille chevauchait sur l'espèce de bec de vautour qui lui servait de nez, et un petit bonnet de velours noir graisseux couvrait son crâne dévasté, cerclé à sa base par une demi-couronne de cheveux blond albinos.

« Que désirez-vous, messieurs ? dit-il avec une légère nuance d'inquiétude et tout en reculant vers son bureau.

— Monsieur Bablin, dit Fabien avec bonhomie, nous possédons, entre autres livres curieux, un ouvrage que vous cherchez depuis longtemps, nous a-t-on dit

— L'édition du *Roman comique* d'Abraham Wolfgang? dit vivement le bibliomane.

— Avec la légende du *Quærendo*, n'est-ce pas? continua Fabien, qui voulait se poser du premier coup dans l'opinion de M. Bablin.

— Vous la possédez ?

— Ainsi que celle de Daniel Elzevier, édition *à la sphère*, ajouta Fabien avec un aplomb merveilleux ; mais ce n'est pas de cela que je désire vous entretenir aujourd'hui : seriez-vous désireux de vous procurer ce *Nouveau voyage d'un païs plus grand que l'Europe, par le R. P. Louis Hennepin, missionnaire récollet et notaire apostolique?*

— Utrecht, chez Antoine Schouten, marchand libraire, 1698, » exclama Bablin avec une étourdissante volubilité.

Fabien tira avec précaution le bouquin de sa poche et le présenta au bibliomane, qui se jeta dessus comme un loup sur une brebis. Un sourire nerveux grimaça sur les lèvres du collectionneur pendant qu'il feuilletait le livre.

« Je dois, avant tout, vous prévenir d'une chose, monsieur Bablin, fit notre ami, tout en lisant le titre des ouvrages rangés dans le corps de bibliothèque qui se trouvait à sa gauche : c'est que je connais la valeur du livre que je vous apporte. Il n'y a plus que quatre exemplaires de cet ouvrage : un à Berlin, un autre à Londres, à la bibliothèque du château de Windsor (vous savez que la dédicace en avait été faite à Guillaume III); un troisième se trouve à Rome, chez le cardinal Antonelli Sfazzi, et enfin celui-ci, que je vous céderai volontiers, si vous m'en offrez un prix raisonnable.

— Qu'est-ce que vous appelez un prix raisonnable? demanda Bablin, d'un ton goguenard qui nous fit frémir Édouard et moi.

— Trois cents francs, répliqua Fabien avec calme.

— Trois cents francs ! exclama Bablin en levant les bras et les jambes, comme ces polichinelles mécaniques qu'une ficelle met en gaieté; trois cents francs ! c'est juste deux cent quatre-vingt-dix francs de plus qu'il ne vaut.

— Oui, dit Fabien en allongeant le bras pour reprendre le livre, pour un écolier de quatrième qui irait le vendre chez madame Mansut, avec un dictionnaire grec et un *Gradus ad Parnassum*. Désolé de vous avoir dérangé, monsieur Bablin.

— Vous pensiez donc m'apporter une merveille ? reprit Bablin sans lâcher l'in-12.

— Non pas, monsieur Bablin; les merveilles valent plus de trois cents francs.

— Tenez, je n'aime pas marchander, je préfère commettre une folie... je vais vous compter soixante francs.

— Non, monsieur Bablin; en conscience, nous ne pouvons accepter. Le docteur Hawtrey, que vous devez connaître...

— Oui, oui, dit vivement Bablin, un bibliophile anglais.

— Le docteur Hawtrey m'en donnera quatre cents francs sans hésiter.

— Eh bien ! envoyez-le-lui, s'écria Bablin avec emportement.

— C'est ce que j'aurai le regret de faire dès demain ; ce petit retard nous gênera bien un peu, mais nous ne pouvons faire de gaieté de cœur un aussi déplorable marché.

— Ah ! ah ! vous avez besoin d'argent, ricana Bablin, en nous regardant par-dessus son pince-nez... Oui, je comprends, vous êtes jeunes et vous aimez le plaisir.... Bast ! il faut bien que jeunesse se passe... je vous ai dit cent francs, je crois. »

Fabien secoua la tête avec découragement.

« Ah! monsieur Bablin, dit-il, comme nous sommes loin de compte! pour vous être agréable nous ferions bien une petite diminution, mais si petite, si petite!

— Que ce n'est pas la peine d'en parler, appuya Édouard avec un aplomb qui étonna Fabien lui-même.

— Dites, reprit Bablin.

— Nous ôterons un louis, dis-je à mon tour.

— Allons, messieurs, nous dit Fabien en se retournant vers nous, les instants de M. Bablin sont précieux, ne le dérangeons pas plus longtemps.

— Un louis, répétait Bablin en tournant le bouquin en tous sens et en le pesant dans la paume de sa main... Allons, dit-il avec effort, et en ouvrant un des tiroirs de son bureau, je vais vous donner deux cents francs ; mais ne me demandez pas un centime de plus, vous ne l'auriez pas. »

Je faillis m'évanouir de stupéfaction, et, de son côté, Édouard eut comme des vertiges.

« Permettez-moi de consulter mes amis, fit notre Arabe en se rapprochant de nous.

— Accepte vite, fils d'Israël, lui dis-je en lui serrant la main.

— Je crois, dit-il d'une voix prophétique, que l'eau sera décidément bonne à Saint-Ouen.

— Et le vin donc! ajouta Édouard.

Nous nous regardâmes tous les trois, en nous mordant les lèvres pour ne pas éclater de rire.

« Eh bien! est-ce entendu? dit le bibliomane en posant les billets sur la tablette de son bureau.

— Oui, monsieur Bablin, soupira Fabien en empochant l'argent, je vais vous faire une petite facture. »

Le bibliomane dicta lui-même la formule de l'acte de vente.

« Partons, dit Édouard bas à Fabien.

— Un instant, que diable!

— Vous êtes amateur et connaisseur, à ce que je vois, jeune homme, dit M. Bablin en revenant vers nous, le visage épanoui et l'œil chatoyant.

— Oh! bien modeste, monsieur Bablin; j'aime les bons livres, voilà tout, et, comme je n'ai pas assez d'argent pour avoir une bibliothèque comme je la comprends, je préfère, lorsque j'ai un livre rare, le céder à un collectionneur de votre mérite.

— Et vous faites bien, jeune homme, s'écria le bibliomane avec exaltation; j'espère que, lorsque vous aurez un de ces livres, vous viendrez me revoir. Vous me parliez d'une édition des Elzevier que vous possédez; je dois vous déclarer que je n'estime que celles de Louis Elzevier Ier et de Louis Elzevier II; les Bonaventure d'Amsterdam sont de beaucoup supérieures aux éditions de Daniel. » Bablin prit dans la bibliothèque une demi-douzaine d'in-12. « Tenez, dit-il, voici l'édition Elzévier des *Mémoires de Philippe de Commines*, imprimés à Leyde en 1648; c'est quelque chose de déplorable, de honteux; mais, par exemple, voici une rareté.

— Permettez, dit Fabien en prenant le volume des mains du bibliomane : *l'Héroïne mousquetaire; histoire véritable de la vie de Christine, comtesse de Meyrac*; par de Préchac (Amsterdam, 1667) Daniel Elzevier, avec la sphère.

— C'est la plus belle et la plus nette justification qui soit sortie de leurs presses !

— Avez-vous des *Sambix* curieux? » demanda Fabien avec assurance.

Un éclair de triomphe illumina la face du bibliomane.

« J'ai le plus curieux de tous! s'écria-t-il en essuyant son pince-nez sur la manche de sa robe de chambre : les *Mémoires de Brantôme*, édition *expurgata* et tirée pour Philippe IV.

— Un Brantôme expurgé! fit Édouard au comble de l'étonnement.

— Oui, monsieur, répéta Bablin, un Brantôme expurgé ! c'est quelque chose d'incroyable, d'impossible ! Un bon quart du texte manque, et toutes les épithètes un peu libres sont supprimées ou énervées. C'est tout ce que vous voudrez, excepté du Brantôme ; messieurs, je ne donnerais pas cette édition pour mille écus ! Ce Brantôme, et le *Mystère du chevalier qui donne sa femme au diable, à dix personnages*, représenté en 1505, et dont la Bibliothèque royale ne possède que le premier feuillet, voilà ce que je vous défie de rencontrer dans une autre bibliothèque que la mienne.

— Il y a un livre bien rare que vous n'avez sans doute pas, reprit le futur avocat avec une mystérieuse importance : *l'Ordre qui a esté tenu à la nouvelle et joyeuse entrée que le roi Henri II a faicte en sa bonne ville de Paris. Édition de Jaqves Roffet*, avec la légende du *Moissonneur*.

— Hélas ! dit le bibliomane consterné, je n'ai pas un seul exemplaire de cet imprimeur.

— Vous en aurez un, monsieur Bablin, je vous le promets. »

Bablin laissa tomber sur le parquet les bouquins qu'il tenait dans ses bras, et voulut étreindre l'étudiant.

Édouard et moi voulûmes aider le bibliomane à ramasser ses livres ; il nous repoussa brusquement en criant d'une voix aigre :

« Ne touchez pas, messieurs, ne touchez pas ; je n'ai besoin de personne. »

Fabien renouvela au bibliomane l'assurance qu'il venait de lui donner ; et, après s'être excusé de lui avoir amené aussi nombreuse société, il prit congé.

M. Bablin nous reconduisit jusqu'à la porte, et serra avec effusion la main de Fabien.

« Vous êtes un brave jeune homme, lui dit-il d'une voix émue, et vous étiez digne d'avoir assez de fortune pour être bibliophile. Au revoir. »

Et il ajouta plus bas, en se penchant à l'oreille de Fabien :
« Quand vous reviendrez, n'amenez personne ; vous savez, je n'aime pas à recevoir tant de monde à la fois. La chair est faible voyez-vous, et on a bientôt fourré dans sa poche...

— Oh! monsieur Bablin!

— Ce n'est pas pour vos amis que je dis cela au moins... mais enfin j'ai mes idées, voyez-vous. »

La porte se referma sur nous, et la clef grinça de nouveau dans la serrure.

« Gertrude! cria Bablin derrière le tambour, je n'y suis pour personne. »

Nous prîmes d'assaut l'unique remise qui stationnait sur la place Saint-Sulpice.

Pendant que le bibliomane Bablin étiquetait, cataloguait et recollait son Antoine Schouten :

« Ah çà, mais où diable as-tu étudié la bibliographie? m'écriai-je quand nous fûmes installés dans notre *désobligeante*.

— C'est une science qui me coûte quinze mille livres de rente, mon pauvre Charles, me dit Fabien ; mon père s'est ruiné à acheter des Abraham Wolfgang, des Fricx, des Sambix et des Elzeviers.... Mais, bast! il me reste encore en héritage une centaine de bouquins que je *laverai* assez convenablement chez le bonhomme Bablin. Prends tes deux cents francs, mais soigne la carte là-bas.... »

Dix années se sont écoulées depuis le fantastique dîner de Saint-Ouen.

Édouard est médecin dans une petite ville de Normandie, Fabien est premier secrétaire d'ambassade en Orient, et moi j'écris sous des pseudonymes variés des nouvelles contemporaines pour la Bibliothèque des chemins de fer et des romans de mœurs pour cet excellent Cadot.

Oncques n'avais plus entendu parler du bibliomane Bablin, lorsque le hasard nous réunit tous trois, il y a un mois, dans un des salons du café d'Orsay, au coin de la rue du Bac. Ce pauvre Fabien, qui a rapporté de la cour de Téhéran une fièvre intermittente, regarda tristement le verre d'eau sucrée placé devant lui.

« Où êtes-vous, ma gaieté d'autrefois, dit-il en soupirant ; temps heureux de misère, mais de santé, de jeunesse et d'espérance, où la vie nous semblait si riante quand nos lèvres s'empourpraient des crus d'Argenteuil !

— Que veux-tu, mon cher Fabien ! on ne peut pas tout avoir : tu es dans une superbe position et ton avenir est assuré, prends ta fièvre en patience ; moi, j'ai bien une névralgie du cœur et peut-être mieux encore, et cela ne m'empêche pas de trouver que, pour grimacer souvent, l'existence a encore quelques joyeusetés.

— C'est égal, reprit Fabien, on était plus gai à l'époque où l'on faisait danser les deux cents francs du bonhomme.

— A propos, s'écria Édouard, je l'ai revu.

— Qui ça ?

— Bablin.

— Où donc ?

— A Londres.

— Bablin est allé à Londres !

— C'est bien peu vraisemblable.

— Mais c'est vrai.

— Les collectionneurs sont comme les avares, ils ne quittent jamais leur trésor.

— Oui, mais comme les livres rares ne viennent pas trouver tout seuls les bibliophiles, il faut bien que les bibliophiles se dérangent pour aller les chercher.

— Enfin, tu as vu Bablin à Londres?

— L'année dernière, à la vente du docteur Hawtrey.

— *All righ*! dit Fabien ; je m'explique l'expédition à présent.

— Eh bien, a-t-il retrouvé une autre édition d'Antoine Schouten?

— Non, mais il a soutenu dignement le pavillon des bibliophiles français.

— Il doit être joli, ce pavillon-là, dit Fabien en riant comme un écolier, trois rats *contre-passants* sur fond de parchemin.

— Enfin, quels exploits a-t-il accomplis?

— Il a débuté par pousser jusqu'à deux mille sept cent quatre-vingt-dix francs une bible de Coverdale, Zurich, 1535.

— Et on la lui a adjugée?

— Parfaitement bien, avec les œuvres d'Homère, édition de 1488, pour la bagatelle de dix-sept cent cinquante francs.

— Messieurs, s'écria Fabien, ce Bablin a les trésors de Monte-Cristo dans un vieux bas? il nous eût donné trois cents francs de notre bouquin si nous avions joué plus serré.

— Enfin, dis-je, il a fait une rafle complète des livres précieux du docteur?

— Oh, oh! reprit Édouard, il a trouvé là-bas un rude adversaire dans un certain baronnet Scheap... Scheak... un nom impossible, qui s'est fait un malin plaisir de lui égruger le cœur par des enchères fabuleuses. Pauvre Bablin, je vois encore sa stupéfaction et son désespoir, lorsqu'au moment d'obtenir, pour mille treize francs, le Rituel de l'Église anglicane, édition de 1560, le terrible bibliomane se l'est fait adjuger pour le double de la somme. Ç'a a été son coup de grâce; pour posséder ce Rituel, il eût vendu jusqu'à sa dernière culotte.

— Une heureuse spéculation à faire en Angleterre.

— Ce Rituel, voyez-vous, c'est sa pierre philosophale, à présent, sa terre promise; il le cherchera jour et nuit.... »

Édouard fut interrompu par une rumeur et une agitation extraordinaires, qui avaient lieu sous la fenêtre donnant sur le quai d'Orsay.

« Quelle foule! dit Fabien en se penchant au dehors; il sera arrivé bien certainement un accident, car on vient de porter un homme évanoui dans le café.

— Je vais voir ce que c'est, reprit Édouard en ouvrant la porte de notre cabinet, mes services ne seront peut-être pas inutiles. »

Nous descendîmes après lui.

« Vite, un médecin, un médecin, criait la foule.

— Je suis un médecin, moi, dit Édouard en se frayant un passage jusqu'au malade.

— Bablin ! » s'écria-t-il en reconnaissant le malheureux bibliomane, dont le visage décomposé était marbré de larges taches violettes.

Édouard tira une lancette de son portefeuille et tenta en vain de saigner le pauvre homme. L'apoplexie avait été foudroyante et tous les secours étaient inutiles.

« Mais comment cela est-il arrivé ? » demanda un curieux à l'étalagiste du Pont-Royal, qui était entré avec la foule et pérorait au milieu du café.

« Figurez-vous que ce brave monsieur s'arrête devant mon étalage, et, après avoir fouillé pendant un bon quart d'heure dans mes caisses, il finit par prendre ce gros livre que voilà, il en regarde le titre, et s'élance vers moi comme un fou.

— Combien ? combien ? me crie-t-il d'une voix altérée.

— Quinze sols, monsieur.

— Qui... quinze sols.... qu'il me répond, et le voilà qui fait deux tours sur lui-même, et puis patrata, sur le trottoir. »

Fabien prit doucement le livre que l'étalagiste avait apporté comme pièce de conviction.

C'était le Rituel de l'Église anglicane (*White Church*, 1560).

FIN

TABLE DES MATIÈRES

Préface.. v

PREMIÈRE PARTIE
VOYAGES LITTÉRAIRES SUR LES QUAIS DE PARIS

Lettres de I à XXVII. 1-154

SECONDE PARTIE
MÉLANGES TIRÉS DE QUELQUES BOUQUINS DE LA BOITE A QUATRE SOLS

Les œuvres de St.-Amand.	157
Le pastissier françois.	141
L'honneste femme, par le révérend père Du Bosc.	144
Poésies chrétiennes et morales d'Antoine Godeau, évesque de Vence.	146
L'Estat de la France, par Besongne.	147
Recueil des épistres, lettres et préfaces de monsieur de la Chambre.	152
L'honneste homme ou l'art de plaire à la Cour, par le sieur Faret.	155
Le nouvel Adam	157
La dévotion aisée, par le père Lemoine.	159
Maximes politiques mises en vers, par M. l'abbé Esprit	160
Les délices de la France.	161
Examen général de tous les estats et conditions et des péchés que l'on y peut commettre.	164
Poésies spirituelles par Malaval.	165
Les délices de l'esprit, par Desmarets.	166

TABLE DES MATIÈRES.

Dictionnaire apostolique	168
Les œuvres de monsieur de Montreuil	169
Les nouvelles œuvres de monsieur Le Pays	175
L'Esprit de Cour ou les cent conversations galantes, par René Bary	177
Histoire de la santé, par M. de ***	184
Les plus belles lettres des meilleures auteurs françois, par Richelet	185
Les questions d'une princesse sur divers sujets, avec les réponses, par M. Pontier, prêtre	195
Factum pour messire Antoine Furetière, abbé de Chalivoy, contre quelques-uns de l'Académie française	199
La manière de bien penser dans les ouvrages d'esprit. Dialogues	205
Satires ou réflexions sur les erreurs des hommes et les nouvellistes du temps	208
De l'amitié	210
L'Art de la poésie française et latine	212
Méthode pour apprendre facilement l'histoire de la Bible	214
Les œuvres de M. Sarasin	217
Le véritable secrétaire ou la belle manière d'écrire avec justesse sur différents sujets, par un gentilhomme français	219
La manière de nourrir les enfants à la mamelle, par messire Abel de Sainte-Marthe	220
Le poëte sincère ou les vérités du siècle	225
Amusements sérieux et comiques	229
Mélanges d'histoire et de littérature recueillis, par M. de Vigneuil-Marville	233
Caractères tirés de l'Écriture sainte et appliqués aux mœurs de ce siècle	235
Recueil de vers choisis	240
Pensées chrétiennes, par M. l'abbé de Choisy	241
Le génie, la politesse, l'esprit et la délicatesse de la langue française	247
Lettres choisies de messieurs de l'Académie française sur toutes sortes de sujets, par M. Perrault de l'Académie française	249
Règlement des familles, par le Père Sanderet	254
L'honnête homme et le scélérat	255
Le portrait d'un honnête homme, par M. l'abbé Goursault	259
Nouveau traité de la civilité qui se pratique en France entre les honnêtes gens	260

TABLE DES MATIÈRES.

Entretiens sur les devoirs de la vie civile et plusieurs points de la morale chrétienne, par M. l'abbé Marsollier	262
De la science du monde et des connaissances utiles à la connaissance de la vie, par M. de Callières	266
Huetiana ou pensées diverses de M. Huet, évêque d'Avranches	269
Discours pour l'ouverture de l'école de chirurgie, par M. Renaulme, docteur régent de la faculté de médecine de Paris	273
Dissertation sur la pauvreté religieuse, par le Père Thorrentier	275
La vie de monsieur le duc de Montausier	276
La guirlande de Julie pour mademoiselle de Rambouillet	279
Histoire d'un voyage littéraire fait en 1733 en France, en Angleterre et en Hollande	285
Imitation de notre Seigneur Jésus-Christ, édition de Lenglet Dufresnoy	288
Lettres *ne repugnate vestro bono*	289
Considérations sur les mœurs de ce siècle	291
Bibliothèque amusante et instructive	292
Entretiens sur les romans, par l'abbé J***	293
Conseils à un ami, par madame de Puisieux	295
De la vie privée des Romains	297
L'histoire des Grecs ou de ceux qui corrigent la fortune au jeu	298
Les sciences sur Golgotha sous la croix du Sauveur	302
La bibliothèque des dames	305
Récréations littéraires	305
Anecdotes de médecine	307
La décence en elle-même dans les nations, dans les personnes et dans les dignités, par M. Charpentier	309
Monsieur de Voltaire, peint par lui-même	310
L'art de se taire, principalement en matière de religion, par l'abbé Dinouart	311
Journal des dames	315
L'ombre errante	317
Histoire de Martinus Scriblerus, par Pope	319
La cantatrice grammairienne, par l'abbé Barthélemy	323
Essai historique et moral sur l'éducation française, par M. de Bury	324
Voyage de Figaro en Espagne, par M. le marquis Delangle	327
Calendrier philanthropique de 1789	329
Almanach des honnêtes gens de 97	332

TABLE DES MATIÈRES

Mon voyage ou Lettres sur la ci-devant province de Normandie, par Cadet de Gassicourt.................... 333
Voyage dans mes poches...................... 335
Le philosophe de Charenton, par l'auteur de la *Gastronomie*.... 336
Recueil des couplets d'annonce chantés sur le Théâtre du Vaudeville. 339
Histoire morale et profitable du prince Tôt ou tard........ 341
Le dernier chapitre de mon roman............... 342
Voyage sans bouger de place, par A. L. O. F.......... 346
Conseils à des surnuméraires.................. 347
De l'influence du Christianisme sur la condition des femmes, par M. Grégoire, ancien évêque de Blois.............. 348
Mémoires historiques et anecdotes de la cour de France...... 354
Fragments de divers Mémoires pour servir à l'histoire de la société polie en France, par M. le comte Rœderer............ 357
Un musée bibliographique au Louvre, par M. J. Techener..... 359
Le bric-à-brac avec son catalogue raisonné, par F. R. Grille.... 360
Marques typographiques, par M. Silvestre............ 362
Contes excentriques, par Charles Nevil............. 364

FIN DE LA TABLE

PARIS. — IMP. SIMON RAÇON ET COMP., RUE D'ERFURTH, 1

PARIS. — IMP. SIMON RAÇON ET COMP., RUE D'ERFURTH, 1.

www.ingramcontent.com/pod-product-compliance
Lightning Source LLC
Chambersburg PA
CBHW050431170426
43201CB00008B/632